DOS PRIMÓRDIOS DO DINHEIRO À ECONOMIA PÓS-BLOCKCHAIN

CRIPTO NOMIA

As 7 regras de negócios
transformadas pela blockchain

ANTONIO HOFFERT

Publicação independente
Criptonomia
Copyright @2019 por Antonio Hoffert
Disponível online em: www.criptonomia.com
Fale com o Autor em: + 55 (31) 9 9707 6411 ou aahoffert@gmail.com

Conteúdo: Antonio Augusto Hoffert Cruz Pereira
Transcrição e revisão: Tatiana Leite de Souza
Diagramação e design de capa: Izabela Andrade Guarino Hoffert
Imagem de Capa: adaptação de ilustração em artigo "Orbis: Rescaling Degree Correlations to Generate Annotated Internet Topologies".

[1ª edição] - Abril 2019

Impresso no Brasil

Este livro está em processo de registro na Biblioteca Nacional.

C R I P T O N O M I A / A N T O N I O H O F F E R T

Criptonomia é uma obra registrada na blockchain da Waves. Informações de consulta:

Hash: 33190f8cd5b9b15d3f3fdc6d2c323951e0376f89
ID da Transação: Asx1GLetf7bY5sZvCWj6Xm9zTCoK8iaRUhBSatNkjzkB
Carimbo de data e hora: 10:44:23, 15.04.2019
Link de Verificação: https://wavesexplorer.com/tx/Asx1GLetf7bY5sZvCWj6Xm9zTCo-K8iaRUhBSatNkjzkB ou utilize o link encurtado http://bit.ly/criptonomia

As informações acima (hash, ID de transação, carimbo de data e hora e link de verificação) foram geradas após o registro da obra Criptonomia na blockchain. Caso necessário, o autor poderá enviar a obra original conforme registrada em blockchain para verificação de autenticidade e autoria mediante solicitação por email [aahoffert@gmail.com].

HOMENAGENS

B L O C K C H A I N B H

Às Três Marias que tanto me guiaram.

PARTE II   95

PREFÁCIO

A imagem escolhida para capa da obra remete ao formato de uma flor popularmente conhecida como dente de leão. Uma característica notável da planta é a sua antifragilidade no que tange sua relação com agentes externos como o vento. Quanto mais fortemente agredida pelas correntes de ar maiores são suas chances de se propagar de forma diversificada. Tal habilidade de resistência à censura é o cerne da Criptonomia. De forma mais aprofundada, o observador atento percebe que o grafo é uma analogia a uma rede centralizada, e de fato, o mapa é uma visualização da internet desenvolvida por cientistas da computação da universidade de San Diego. A semente ao vento é a representação da quebra do paradigma centralizado.

Durante a história, podemos enxergar três fases econômicas que se pautaram as trocas de acordo com dois critérios a facilidade de se realizarem trocas e a liberdade monetária: a primeira pode ser considerada heterogênea em relação à padronização do meio de troca e sem coerção no que tange um orquestrador central do mesmo meio, na qual o escambo permanecia como a principal modalidade de troca e era executado por meio do intercâmbio de bens; a segunda fase que segundo os critérios estabelecidos foi homogênea e coercitiva, em que as moedas são criadas e forçadas pelos governantes de cada estado primitivo para servirem de instrumentos de pagamento pelas trocas realizadas; e por fim, chegamos à potencial nova fase, que ainda que não seja tão disseminada, já faz parte da nossa realidade: a economia homogênea sem coerção, em que as moedas não precisam se limitar aos protocolos centralizados. As criptomoedas não são impostas e nem reguladas pelo Estado, e os indivíduos têm a possibilidade de se tornarem economicamente emancipados, podendo escolher, segundo seus critérios, a melhor forma de realizarem suas trocas e custodiarem suas reservas de valor.

Todavia, entender o que são e como funcionam as criptomoedas e seus produtos derivados requer um arcabouço histórico que não está, necessariamente, ligado à narrativa histórica tradicional, e esta é justamente a proposta da primeira parte da obra Criptonomia: mostrar ao leitor que, para que chegássemos a este nível tecnológico e econômico, tivemos que passar por grandes mudanças de paradigmas societais, de modo que os problemas que se apresentam a nós, na atualidade, advém dos mesmos anseios dos homens primitivos e que ainda permeiam nossas relações: a necessidade por trocas cada vez mais eficientes e pelo estabelecimento da confiança entre os homens. A intensificação das relações econômicas no final do século XX com a globalização e o surgimento da internet – segunda grande revolução tecnológica responsável por alterar paradigmas estruturais da realidade – proporcionou o desenvolvimento e fortalecimento de movimentos que almejavam alterações no status quo, marcado ainda pela dependência governamental. A internet, principalmente, fora palco de grandes iniciativas que propunham a criação de contextos menos dependentes dos governos e que, ao mesmo tempo, fomentassem uma confiança entre as partes capaz de reger um novo ambiente de trocas, sem as censuras do meio tradicional e com mais segurança à privacidade dos entes.

Foi neste ínterim que as moedas digitais surgiram e se especializaram, até que fosse possível criar uma forma mais robusta e eficiente de unidade monetária – as criptomoedas. Contudo, elas não vieram desacompanhadas: para que fosse possível transacioná-las, o Bitcoin, que inaugurou a classe de ativos, trouxe na sua infraestrutura a arquitetura blockchain, uma plataforma tecnológica de registros blindada contra a censura por desenho de protocolo. Da mesma forma como a escrita foi uma consequência das necessidades econômicas e transformou tantos outros âmbitos da vida social, a blockchain incute ainda mais possibilidades, visto que se trata de um reservatório permanente que, per se, incentiva a confiança para novas e tradicionais formas de trocas.

A segunda parte da obra carrega a missão de apresentar porque a tecnologia foi concebida, como está sendo e será aplicada à diferentes indústrias e para distintas finalidades. É demonstrado para o que a tecnologia serve e para o que não serve, seus pontos fortes e fracos e como está inserida no mundo dos negócios. São abordados casos de uso, tipos de arquiteturas, ICOs e STOs a revolução que trará para o funcionamento jurídico, para as democracias e principalmente para as empresas. Ao fornecer registros permanentes sobre tudo aquilo armazenado, a Blockchain é vista como a mais relevante inovação com potencial de alterar a já complexa organização social. Entender como ela funciona e conhecer algumas de suas promessas é fundamental para navegarmos com maestria rumo ao novo ciclo econômico que está diante de nós, o da economia monetária homogênea sem coerção.

CRIPTONOMIA

DOS PRIMÓRDIOS DO DINHEIRO À ECONOMIA PÓS-BLOCKCHAIN

PARTE I
A HISTÓRIA DO DINHEIRO À LUZ DA LIBERDADE ECONÔMICA

1
O ALVORECER DA CONFIANÇA

"Nós tendemos a superestimar o impacto das novas tecnologias no curto prazo - e a subestimar seus efeitos no longo prazo." [1]

- Roy Amara

Quando você ouve a palavra "confiança", o que lhe vem à mente? A relação de compra e venda? Um contrato firmado entre partes? Um certificado de compra segura na web? Confiança sempre remete a uma relação e uma expectativa com grande previsibilidade de ser cumprida. Mas esta esperança só existe quando há o mínimo de informações possíveis sobre a outra parte que demonstrem que, em outras experiências, este mesmo tipo de expectativa foi cumprida. Isso serve tanto para relações sociais como também para prestações de serviço e quaisquer outros tipos de trocas que você possa realizar. A confiança está intimamente relacionada à segurança construída a partir da reunião e cruzamento de informações sobre determinada pessoa, seja ela física ou jurídica, objeto ou instituição, que lhe permite avaliar a reputação do outro. Esta relação de legitimidade que se forma a partir do momento em que se confia em algo ou alguém é justamente o cerne das relações sociais estabelecidas em uma sociedade. Mas você pode se perguntar: e de onde surge esta confiança? Em que momento que um ser humano passou a confiar no outro? Quais foram os atrativos que fizeram que com que alguém passasse a esperar algo de outra pessoa e a realmente acreditar que seria cumprido um acordo? Qual a origem da previsibilidade que dá segurança a uma troca?

A troca é o arquétipo da confiança[2], a transformação do conceito em ação. Quando você precisa de algo ou de alguma informação, você se comunica com alguém para que esta demanda seja satisfeita, e mesmo quando a comunicação ainda era incipiente, a latente necessidade por saciar as demandas dos homens fez com que as trocas se tornassem possíveis. Entretanto, nem sempre as trocas envolvem objetos materiais, pois qualquer compartilhamento de informação já é um intercâmbio em si. As primeiras, denominadas escambos, são assim caracterizadas por envolverem somente os bens trocados, sem a intervenção de nenhuma moeda, e é por contas delas que são estabelecidos os relacionamentos entre os seres humanos. Para que uma troca seja possível, é necessário haver interesse mútuo das partes envolvidas em algo que somente o outro tem ao mesmo tempo em que ele pode oferecer outro bem para o outro. O alinhamento de interesses só é possível com a comunicação, independente daquilo que é trocado, se é materialmente tangível ou não – tanto que o próprio ato de se comunicar já indica um tipo troca.

Se pensarmos em um contexto de extrema barbárie, como era no início da Pré-História, a comunicação verbal pacífica era consideravelmente menos desenvolvida, principalmente entre seres humanos que não se conheciam e, considerando a lei da selvageria, para que um indivíduo tivesse acesso ao que o outro possuía, bastava adquirir aquilo com base na sua força – a não ser que o tal objeto fosse oferecido por livre e espontânea vontade. Quandoa ameaça latente não se fazia presente, a trocas pacíficas poderiam fruir a partir da comunicação e de uma incipiente confiança que se estabeleceria na expectativa de que o outro lhe daria sua contrapartida esperada. A expectativa e a confiança nutridas pelo intercambio voluntário são as causas da diminuição da barbárie, e o homem percebe que o outro nem sempre é uma ameaça, mas uma ajuda à manutenção de sua própria sobrevivência. A cooperação e a comunicação, consequências das trocas, se tornam essenciais para que seja possível o estabelecimento de relações sociais.

O processo comunicativo, porém, é tentativo, ou seja, não podemos ter nenhuma garantia de que as mensagens terão o mesmo significado para os envolvidos nesta troca[3], especialmente em um contexto em que a manutenção da sobrevivência é o objetivo principal dos homens, que vivem isolados e em busca dos bens que a natureza pode lhes oferecer. Entretanto, com o sucesso desta comunicação e a efetivação das trocas, ainda na Pré-História, os homens conseguiram se organizar em pequenos grupos para que, juntos, aumentassem suas chances de sobrevivência. Quando esta confiança não era possível, fosse pela falha na comunicação ou pela expectativa em uma troca que não fosse cumprida, os homens voltavam a fazer o uso da força para a manutenção de sua homeostase – fosse por conta da competição por alimentos, reprodução ou para a proteção. Devemos salientar que, em um contexto em que o clima da Terra ainda era muito instável e marcado pelas baixas temperaturas, o cultivo de qualquer tipo de alimento era impossibilitado e os homens viviam em constante deslocamento em busca de áreas mais seguras que pudessem provir seus alimentos.

São os relacionamentos sociais que permitem uma diminuição na vulnerabilidade que se tinha de um sobre o outro, aumentando a expectativa de possíveis transaçõeas entre os homens. Consequentemente, os indivíduos têm um aumento no prazo de seus relacionamentos, na medida em que os acordos feitos promoviam a organização social em pequenas hordas. Estes agrupamentos, que se tornaram realidade ainda no período Paleolítico[4] - que data mais ou menos entre 2,7 milhões e dez mil anos A.C. – são caracterizados pela cooperação pela sobrevivência e a divisão de tarefas para a caça, pesca e a colheita de frutos fornecidos pela natureza[5]. A barbárie e a violência eliminatória ainda se instalavam quando havia algum tipo de ameaça à vida ou quando grandes catástrofes climáticas ameaçavam o provimento de alimentos pela natureza, fazendo com que os homens deixassem de priorizar a confiança construída entre o grupo e pensassem somente em suas próprias sobrevivências. Atualmente, mesmo com a comunicação tão arraigada e relacionamentos tão complexos, a violência eliminatória ainda é uma ferramenta utilizada – basta observar a permanência e manutenção de exércitos nacionais, a sofisticação de armas nucleares e a presença de conflitos armados em tantos lugares do mundo. As catástrofes naturais também podem ser motivo do estado de barbárie devido a perda da segurança e das expectativas de sobrevivência.

O degelo e a estabilização climática trouxeram uma nova variação aos alimentos encontrados na natureza e provocou o aumento de áreas férteis para o cultivo da agricultura, que culminou no sedentarismo dos agrupamentos. Se não houvesse essa fixação em um território, os homens continuariam nômades e buscando mantimentos para se manterem vivos. O sedentarismo se torna uma das grandes diferenças entre o período Paleolítico e o Neolítico – que compreende mais ou menos entre os anos dez e cinco mil A.C.[6] Ele está intimamente relacionado ao desenvolvimento de laços entre o homem e a terra, que possibilitam a formação da noção de propriedade e territorialidade. A partir de então, é possível afirmar que a posse se torna o prelúdio da troca, pois é somente com esta fixação na terra e a noção de propriedade que os homens passam a acumular bens e riquezas que poderão ser trocados futuramente. A terra se torna um bem tão essencial que, para defendê-la, muitos se dispõem a utilização da força armada para garantir sua propriedade e, por fim, sua fonte de riquezas. Ainda não eram todas as áreas do planeta que possuíam condições favoráveis ao sedentarismo, de modo que os agrupamentos começam a conviver uns com os outros. Nestes grupos, a cooperação se dá nos âmbitos do trabalho como também no social graças à ampliação dos graus de confiança e na especialização dos relacionamentos econômicos. A sobrevivência dos grupos sociais passa a depender cada vez mais de sua comunidade, culminando no surgimento de trocas informais, como o caso de empréstimos de ferramentas, por exemplo, que ilustram o desenvolvimento de expectativas de retornos que não são imediatas. Há uma variedade de alimentos, instrumentos de trabalho, objetos de uso pessoal e profissional e ocupações – essas, principalmente, consequentes da divisão de aptidões que surgiu ainda no período Paleolítico – que são transformados em itens aptos a serem negociados. Por isso, a primeira consequência do sedentarismo é a especialização de trocas, em que não teremos apenas trocas de um produto por outro, necessariamente. O controle sobre tudo aquilo que é trocado tende a se tornar cada vez mais difícil, sobretudo porque estas transações ficam mais frequentes e a quantidade de pessoas dispostas a trocarem seus bens aumenta.

Já no período Neolítico, temos a formação das primeiras experiências urbanas. Quando há uma estabilização desta população em uma área, o número de seus moradores tende a aumentar: as famílias começam a crescer e novos moradores são atraídos para determinados lugares devido às condições climáticas ou a fertilidade da terra para o plantio. Quanto mais esse contingente populacional aumenta, mais difícil se torna estabelecer trocas baseadas somente na confiança entre as partes, principalmente entre desconhecidos, pois havia um risco aumentado que os acordos não seriam respeitados. As primeiras experiências urbanas conhecidas são cidades de cidades da região da Suméria, na antiga Mesopotâmia, e a primeira delas foi Uruk, região do Iraque moderno. Estima-se que sua população chegou aos 80 mil habitantes[7], um número muito alto para um período tão prematuro da História civilizatória. Com tantas pessoas numa mesma cidade, o convívio social também já não é mais tão simples como no caso de pequenas comunidades, pois não há como estabelecer confiança íntima entre toda população, que se divide regionalmente e se relaciona por afinidade. Assim, trocas informais como o empréstimo se limitam aos grupos mais próximos, que têm algum convívio e confiança entre si e que compartilhavam os mesmos interesses – da mesma forma como acontece na nossa sociedade, viver em uma comunidade significa compartilhar um mesmo território, mas não necessariamente os mesmos interesses.

Com o surgimento da produção de excedentes e do aumento popu-lacional surge a necessidade por trocas mais sofisticadas. Uma vez que as pessoas passam a trocar não somente aquilo que precisam com mais urgência, muitos passam a estocar alimentos e acumular bens não pere-cíveis. Em determinadas épocas do ano, a produção de um bem pode não ter sido suficientemente elevada dado a fatores climáticos, dentre outros motivos. Muitos produtores passaram a guardar os excedentes da sua produção para garantirem estoque mais estáveis em diferentes momen-tos do ano e situações adversas. Os produtores precisavam manter algu-ma reserva disponível para evitar as consequências de problemas com a produção, tanto nos casos de excedentes quanto para a baixa produ-ção. Contudo, controlar esta produção inferior ou excedente era um gran-de desafio, pois não havia formas padronizadas de registrar aquilo que era produzido. Mesmo com uma crescente e variada demanda, não era possível garantir que haveria sempre, de fato, alguém que necessitasse aquilo que era produzido e, por isso, o próprio sistema de trocas permitiu que os homens atribuíssem valores simbólicos para cada tipo de produto, levando em conta, principalmente, a necessidade que cada um tinha para a vida cotidiana e a demanda que existia sobre eles. Assim, o valor de um produto estava diretamente relacionado ao consenso que se fazia sobre a importância percebida que ele tinha para si ou para a comunidade e também condições que influenciavam na oferta como tempo empregado de acordo com a complexidade de um trabalho.

As primeiras trocas envolviam produtos físicos, mas com o tempo, os habitantes de Uruk começaram a utilizar objetos que representavam as unidades transacionadas – pão, grãos, leite, mel, móveis e até mesmo metais. Os *tokens*, que indicavam valores simbólicos tais como as moedas o fazem, começaram a se multiplicar com a expansão e especialização do mercado de trocas e, no ano 3300 A.C., estima-se que já houvesse uma variedade de 250 deles[8], tanto para representar os itens trocados como também os objetos que os armazenavam. Tinham formatos de cones, pirâmides, esferas, discos e cilindros. Vamos tomar como exemplo a utilização dos tokens em formatos de discos para representação de grãos. De acordo com o tamanho dos discos utilizados, representavam pequenas, médias e grandes medidas de grãos. Por sua vez, as pirâmides correspondiam a um dia de trabalho de uma pessoa.[9].

Entretanto, havia uma preocupação em evitar que estas formas sofressem algum tipo de alteração ou que seu armazenamento fosse feito de maneira incorreta, intencionalmente ou não. Por isso, para aumentar a segurança da quantidade depositada nos potes de barro, muitos comerciantes começaram a gravar nestes potes as figuras dos *tokens* armazenados. O que começou como uma leitura pictográfica daquilo que havia dentro dos potes, se tornou mais tarde os registros cuneiformes. Essas marcas também poderiam ser feitas em barras de argila que, ao secar, se tornaram fichas registradas, também equivalentes aos *tokens* antes colocados dentro dos jarros[10]. O protagonismo que as trocas econômicas tinham na vida cotidiana foi o responsável pela urgência na criação de formas de registros, que foram satisfeitas somente com a criação da escrita cuneiforme.

Os registros cuneiformes são as marcações feitas em placas de argila ou barro com um material em formato de cunha, daí a sua denominação. Complexa, diversificada e escrita na língua sumérica[11], sua linguagem representava somente os objetos trocados nas transações. Com a sofisticação da linguagem e a importância que os registros passaram a ter na sociedade, transações, e não seus objetos somente, começam a registrar também a transação em si, numa forma de corroborar o ato da troca[12]. O que era antes uma cópia daqueles *tokens* materiais em forma de desenho se transformou em algo bem mais detalhado, com informações sobre os tipos de *tokens* e sua respectiva quantidade[13]. Com o aumento populacional e a diversificação das transações, já não havia outra forma de manter a confiança entre os indivíduos e os negociantes que não a partir do registro dos negócios feitos. As provas físicas tangíveis daquilo que fora negociado eram um testemunho do que se esperava que as partes cumprissem em um determinado período de tempo. Curiosamente, outros povos que não falavam a língua sumérica perceberam a facilidade que os registros trouxeram para as transações econômicas e, assim, passaram a registrar suas trocas da mesma forma como os sumérios faziam – inclusive na mesma língua, já que não sabiam como passar para os tabletes de barro aquilo que era acordado em suas próprias línguas[14].

O conceito de dinheiro pode ser considerado a demanda mais urgente da civilização, uma vez que logo na primeira oportunidade que seres humanos se reuniram em estamentos urbanos o mecanismo foi criado. Além disso o dinheiro é uma força motriz poderosíssima de inovação tecnológica. A tradição oral era a antiga plataforma tecnológica que sustentava as trocas, com a necessidade de suportar registros transacionais demandou-se a invenção de um outro paradigma de comunicação, a linguagem escrita. De fato, os mais antigos achados arqueológicos da escrita cuneiforme são tabletes de barros divididos em duas colunas, contendo representações de créditos e débitos.

Julius Jordan e Denise Schmandt-Besserat são dois arqueólogos expoentes para a descoberta dos registros escritos feitos pelos sumérios. Em 1929, Jordan descobrira parte do templo dedicado à deusa Inanna[15,16] onde estavam armazenados *tokens* relativos aos produtos alimentícios comuns da vida local. Já Schmandt-Besserat fora a responsável por relacionar os *tokens* encontrados aos registros em tabletes de barro encontrados no templo. Estes registros continham informações sobre a quantidade excedentes de alimento produzidos e deixado pelos agricultores, o que era dado aos trabalhadores e retirado por eles[17]. Os templos eram lugares considerados sagrados não só por serem as casas feitas para os seus deuses, mas também por simbolizarem o espaço da verdade e da justiça. Naquela época, a política e a religião estavam sempre associadas, uma vez que os governantes representavam também o poder religioso local. Por serem locais relativamente públicos os quais pessoas de diferentes estratos sociais poderiam visitar, os indivíduos tinham a possibilidade de checar aquilo que estava ali disposto. Como locais destinados a comunhão social que armazenavam certas transações relacionadas à registros de escravidão e senhoria, entradas e saídas de reservas de alimentos advindas e destinadas à uma multiplicidade de pessoas com diferentes níveis de acesso, os templos sumérios foram potencialmente a primeira experiência arcaica de validação coletiva de transações. A validação social das transações sempre foi uma demanda extremamente importante para os homens desde os tempos primórdios, pois a partir do momento em que se começa a viver em sociedade, é necessário que existam formas que atestem a validade das trocas e demais negociações estabelecidas.

Os escribas, responsáveis pelos registros dos contratos, eram pessoas muito relevantes naquela sociedade. Para fazerem seus registros, contavam com ferramentas próprias tais como canetas de junco, selos de cilindro que funcionavam como assinaturas, tabuletas curriculares, placas de escrita e até mesmo envelopes feitos com cera para protegerem os tabletes de argila[18]. Para evitar quebrar o envelope e possivelmente danificar o contrato, os escribas passaram a escrever informações nestes envelopes, que indicavam o que era acordado no seu respectivo contrato.[19] Usavam pequenos selos personalizados de cilindro de pedra ou metal que funcionavam como carimbos de assinaturas para atestar unicidade e evitar reproduçoes, sendo alguns até marcados com o nome ou o título de seus donos. Dependendo do tipo de registro feito, manipulavam as canetas de junco conforme as necessidades do registro e, quando não se tratavam de documentos muito importantes, também poderiam utilizar tábuas de madeira ou marfim cobertas com cera, de maneira que poderiam ser derretidas e reutilizadas.

A linguagem, que fora inventada para registrar as atividades econômicas, passou a ser utilizada em diversos outros casos. Na própria Mesopotâmia, a linguagem cuneiforme passou a registrar histórias e mitos, cartas, relatos sobre eventos e dados da astronomia.[20] Curiosamente, muitos templos e muros das cidades-estados tinham, em sua estrutura, prismas de argila com inscrições cuneiformes que relatavam campanhas militares de sucesso de alguns reinados. Além disso, com o registro era possível fazer qualquer tipo de acordo e ter a garantia de que havia uma forma de consultar aquilo que fora acordado, permitindo a cobrança formal de sua devida contrapartida. Isso levou ao desenvolvimento inédito de transações para além do tempo presente ou de contratos futuros, que são compromissos de compra e venda a um valor e tempo determinados, sempre envolvendo risco, e culminou também no desenvolvimento de conceitos como o de juros e crédito. Nos contratos futuros, o comprador tem a obrigação de comprar aquilo que fora estipulado e o vendedor deve oferecer seu produto com a qualidade e quantidade pré-estabelecidas. No contexto de Uruk, podemos aplicar este conceito em transações de alimentos produzidos que ainda não estão em boas condições de serem consumidos, sementes que ainda não foram colhidas, entre outros tipos de trocas, por exemplo.

Naquele tempo, a agricultura e a criação de animais eram algumas das principais atividades produtivas que existiam. Sob as devidas condições climáticas, era possível produzir alimentos para suas respectivas famílias e também trocar parte desta produção por outros alimentos e mercadorias. Se houvesse produção excedente mais trocas poderiam ser feitas ou a produção poderia ser armazenada nos templos. Se não houvesse excedente, muitas famílias não teriam o quê trocar pelo o que foi produzido e poderiam passar fome e se extinguir. Por isso, já naquela época, os produtores desenvolveram um sistema responsável por gerenciar estes riscos de produção, principalmente porque tudo aquilo produzido era muito vulnerável às intempéries, pragas, roubos e outros problemas que poderiam prejudicar o comércio. Este incipiente mercado de *commodities* – produtos de grande aceitação no mercado, com produção em larga escala e que estão menos suscetíveis à perda de qualidade – funcionava mais ou menos como o conhecemos. Pois também tinha suas regras firmadas em contratos[21].

A sofisticação do mercado e dos registros facilitou as negociações na medida em que o uso de *tokens* permitiu que a troca das próprias fichas, que representavam unidades de crédito para seus produtos correspondentes. Isso facilitou a padronização sobre o valor de cada mercadoria e tornou o sistema econômico mais consensual e organizado. Além disso, a possibilidade de se negociar tendo em vista os conceitos de crédito, débito e juros resultou em um tipo de artifício nunca antes utilizado: em situações em que uma das partes não tinha como pagar aquilo que fora estipulado em contrato, a consequência para o devedor poderia ser a escravidão por débito. Para garantir o retorno de uma operação e evitar prejuízos, o devedor poderia oferecer a sua força de trabalho, garantindo o pagamento ao outro. Mesmo que a prática da escravidão já fosse comum mesmo nos tempos primórdios[22], como no caso de escravos prisioneiros de guerra e também criminosos, a escravidão por débito se torna uma prática possível devido os registros das trocas.

A escravidão *per se* é uma aberração ética e atestado de barbárie já que se trata de um trabalho forçado de alguém em benefício de outrem. Entretanto, também denota uma relativa diminuição da violência historicamente conhecida antes do estabelecimento das trocas, já que a parte prejudicada não precisa apelar para a punição eliminatória como forma de garantir que a justiça fosse feita. Muitos devedores até mesmo preferiam se vender como escravos para quitar as suas dívidas[23], evitando a morte, por exemplo. Esta prática, anos mais tarde, sofrera alterações no reinado de Hamurabi, que determinou que a prática só poderia ser mantida por mais de três anos sobre o mesmo escravo, uma vez que o acúmulo de tabletes de barro que registravam estas transações começou a atrapalhar o trabalho dos templos e escribas[24]. Em outras cidades, chegou-se a usar moratórias – suspensões do prazo de pagamento – para controlar a situação de dívidas.

A revolução que a escrita trouxe para a vida social começou com a necessidade comercial de se registrar as trocas e outras atividades econômicas, mas a tecnologia da escrita cuneiforme fora aproveitada para todas as outras áreas da vida cotidiana. Num contexto socialmente estratificado como o de Uruk, os alfabetizados que dominavam a escrita eram considerados muito importantes. Mesmo sendo uma sociedade relativamente igualitária no que tange os direitos civis de homens e mulheres, somente meninos frequentavam as escolas, pois mulheres ainda não eram consideradas capazes de aprender a escrita[25]. Portanto, escribas e professores formavam a classe alta da cidade junto com arquitetos, construtores, sacerdotes e grandes comerciantes. A classe baixa era formada principalmente por funcionários dos grandes comerciantes, como padeiros, açougueiros, pescadores e construtores. Profissionais "liberais" também entravam nesta categoria, como proprietários de tavernas, músicos, artesãos, joalheiros e prostitutas. Já os escravos eram os excluídos da economia e de quaisquer classes sociais.

Com a especialização dos produtos, as trocas também começaram a variar: além de produtos tangíveis, muitas relações começaram a ser comercializadas na forma de prestações de serviço – comerciantes poderiam ter funcionários, além dos seus escravos, e seu trabalho era pago de acordo com as horas trabalhadas ou com o quanto era produzido. No caso dos registros, muitos continham cláusulas afirmando que os vende-

dores se comprometiam a não reivindicar novamente os produtos negociados e, sempre que firmados estes acordos, eram atestadas a presença
de testemunhas com suas respectivas assinaturas – aquelas feitas com
cilindros. Assim, a segurança que se adquire com a possibilidade do registro torna estas transações cada vez mais sólidas para ambas as partes, não só por poderem conferir todas as condições do acordo, mas pelo
fato de que haviam testemunhas terceiras que validavam aquilo que fora
negociado. A presença de um número maior de testemunhas indicava que
se tratava de uma transação muito expressiva e importante. É possível
encontrar registros de contratos de compra e venda, aluguel, contratos
de trabalho, parcerias, empréstimos e hipotecas, falência, procurações
jurídicas, casamento e divórcio, adoção e contratos de heranças[26]. A
preocupação com a proteção contra fraudes e trapaças era muito grande
naquela época, pois a realidade vivida já era marcada por este tipo de
conduta[27]. Prova deste fato pode ser observada em oito passagens no
Antigo Testamento da Bíblia Católica, por exemplo, que citam a proibição
da troca de pedras devido à diferenças em seu peso[28]. Uma das maneiras
encontradas para evitar falsificações e alterações em contratos foi o uso
de envelopes de cera totalmente cobertos com aplicações dos selos de
cilindros, sem deixar nenhum espaço para quaisquer outros registros de
transações posteriores[29].

Além da contratação de funcionários por um comerciante, que de-
talhava o período de trabalho e demais informações sobre a remunera-
ção do funcionário, os contratos de trabalho também poderiam se referir
à aquisição de mercadorias específicas, de forma que o registro passa
a caracterizar as condições e garantias do produto que se pretendia
adquirir. Exemplo disso é um contrato do ano 429 A.C.[30] em que o fabricante de um anel de ouro garantia ao comprador que a pedra de esmeral-
da no anel não cairia pelo prazo de 20 anos e, no caso da pedra cair antes
do período estipulado, o fabricante se comprometia a pagar uma multa
ao comprador. As co-parcerias, quando duas empresas ou indivíduos se
unem a fim de um mesmo objetivo, também eram possíveis de serem registradas. Elas poderiam ter relação com qualquer tipo de atividade econômica, como o caso de co-parcerias para empréstimos e investimentos
em atividades comerciais ou para gerenciamento de empreendimentos.
Estes contratos especificavam valores investidos, quantias que deveriam
ser entregues a cada uma das partes e também regulamentavam a relação da co-parceria.

Poderiam ser vendidos terrenos em que se cultivava algum alimento ou mesmo compras de alimentos sob o formato de contratos futuros, ou seja, se garantia a compra de algo que ainda não estava disponível. Com tantas opções de negociação, uma das práticas que se tornou comum em Uruk foi a compra e venda de escravos. Há registros de compra de venda de escravos que datam desde 2300 anos A.C. até mais recentes, como o ano 597 A.C.[31], e ambas revelam aspectos interessantes com relação ao trabalho deles. No primeiro caso, a venda do escravo também incluía a de seu filho e, no segundo, os vendedores garantiam que o escravo vendido não se tornaria insubordinado. Uma vez estabelecido um contrato trabalhista, as partes se comprometiam a executar aquilo que lhes era devido e, no caso de resultados abaixo do esperado, ou eram renegociadas as condições do acordo ou o empregado deixava de trabalhar para aquele senhor.

Aluguéis também poderiam ter suas condições de negócio registradas – acordos mais simples firmavam o período de vigência do contrato, sua validade, as informações sobre locador e locatários, bem como detalhes de suas famílias e demais informações com relação às propriedades. Da mesma forma como ocorriam com outros tipos de contratos, as transações de alugueis normalmente envolviam a assinatura de muitas testemunhas e também do terceiro de confiança, o escriba responsável por registrar o negócio. Estes contratos também poderiam envolver outras negociações além do aluguel em si, como no caso de um contrato do ano 487 A.C. em que o inquilino se comprometia a fazer reparos na propriedade alugada[32]. Neste caso, ficaram estabelecidos os valores a serem pagos bem como as datas para efetuar estes pagamentos. Se o dono da propriedade, entretanto, notasse que os tais reparos não foram concluídos, o inquilino deveria pagar uma quantia de shekels ao proprietário - e este valor também estava determinado no contrato. Os prazos dos contratos poderiam variar bastante, assim como os bens envolvidos nas transações. Poderiam ser feitos contratos de locação de terrenos e outros bens imóveis por 60 anos, por exemplo, como acontecera em um contrato firmado no ano 428 A.C.[33] em que foram estipuladas as áreas que seriam alugadas e outras que poderiam ser redistribuídas a outros locatários. Também era possível registrar acordos sobre empréstimos e hipotecas, e suas especificações determinavam até mesmo taxas de juros específicas para cada ano e mês vigentes do contrato. Alguns contratos não especificavam garantias ou imóveis hipotecados, mas geralmente todos eram bastante detalhados, incluindo informações sobre quais partes dos imóveis poderiam ou não ser vendidas ou hipotecadas, por exemplo. Caso os contratos não pudessem ser cumpridos, haviam novos acordos

registrados para as situações de falência, garantindo que os devidos direitos de todos os envolvidos seriam respeitados – inclusive, muitos já
constavam os valores dos devidos pagamentos para a todas as partes da
negociação.

A revolução de eloquência contratual causada pela escrita permite
que as relações sociais também se tornem mais complexas justamente
por conta da garantia que os acordos registrados possibilitavam, refletin-
do no fortalecimento do senso de justiça e na diminuição dos casos de
falsificação. Por isso, registros de relações como casamento, divórcio, heranças, adoções e até procurações jurídicas passam a serem afirmados e
armazenados nos templos de Uruk. A legalização das atividades sociais
também abarcou a realidade das procurações jurídicas, em que os
cidadãos poderiam cuidar dos bens dos outros ou mesmo agirem em nome
destas pessoas. A maioria era bastante detalhada sobre os limites desta
ação jurídica, que costumavam estar relacionadas ao gerenciamento de
negócios da família. Alguns também utilizavam este recurso para prever
determinadas atividades de outrem, como a obrigação de pagamentos e
outras prestações de serviço.

No que tange os casamentos, eles também eram regularizados por
contratos e, ainda que estejamos falando de mais de 2000 anos A.C., já
existia uma forma legal de formalizar os processos de divórcio. Os registros de casamento também poderiam conter detalhes sobre quantias a
serem pagas ao parceiro em caso de divórcio, mesmo quando a união
envolvia um escravo. Um contrato firmado no ano 2200 A.C.[34] mostra que,
na união entre uma escrava e um senhor livre, ela deixaria de ser escrava enquanto o casamento durasse e, caso fosse desfeito, voltaria à
escravidão. Entretanto, mesmo escrava, ela receberia uma quantia equivalente ao pagamento de uma pensão alimentícia de seu ex-marido. Pensar que até mesmo as condições de divórcio e pensão alimentícia eram
mencionadas neste tipo de registro, de mais de quatro mil anos atrás, é
muito curioso.

O reconhecimento legal que os contratos passaram a ter mudaram o
paradigma sob o qual as relações se davam, pois estes começaram a se
respaldar em garantias que eram combinadas anteriormente e que estavam passíveis de serem conferidas e julgadas. Por volta dos anos 2000
A.C., o casamento era tratado como um negócio e muitos eram firmados
a partir da compra da esposa ou pelo recebimento de um dote[35]. Em casos de divórcio, as condições sobre as pensões alimentícias mudavam
de acordo com o responsável pelo fim da relação. Se fosse o marido

quem quisesse o divórcio, normalmente as mulheres seriam beneficiadas economicamente, mas se fosse a esposa quem decidisse terminar a relação, ela ou não teria um retorno financeiro tão atrativo ou poderiam até mesmo serem condenadas à morte ou a voltarem à situação de escravidão – no caso da mulher escrava que conseguira a emancipação a partir do casamento.

Os relacionamentos familiares também se complexificaram com a institucionalização de contratos relativos a adoções e sobre direitos de heranças. Em um contrato de compra e venda de escravos, que data de 597 A.C, um detalhe que chama a atenção: a cláusula sobre a adoção, que também era uma forma conhecida de emancipação e passível de ser registrada mesmo nos anos 2000 A.C.[36]. Naquela época, já constava a possibilidade de venda daquele em posição de ser adotado e a especificação sobre as garantias do direito de herança deste indivíduo que, mesmo sendo adotado por outra família, ainda teria direito a receber aquilo que pertencera à sua família biológica. Mais tarde, as condições que envolviam os direitos de adoção e herança tornaram-se mais complexas – um parente poderia intervir num processo de adoção no caso de haver alguma discordância com relação ao direito de herança daquele que será adotado, por exemplo. Em um caso de 544 A.C.[37], um casal não tinha filhos, mas a esposa já era mãe de um menino, fruto de um casamento anterior. O então casal resolve adotar esta criança, que inclusive concorda em ser adotada pelo novo companheiro de sua mãe, mas o pai do homem não aceitava que este neto "ilegítimo" fosse adotado, pois no futuro poderia herdar seus bens. Assim, ele deixou registrado que, no caso de sua morte, seu filho deveria adotar seu próprio irmão e seus filhos para que somente eles fossem herdeiros de seus bens. Os contratos registrados também poderiam ser refeitos por aqueles que o firmaram, como foi o caso de uma adoção registrada dois anos mais tarde, em 542 A.C.[38]. Um senhor de idade havia adotado um escravo para ser seu cuidado até o fim de sua vida, mas tal serviçal foge. Um tempo depois, este escravo volta a ser capturado por um membro da família deste senhor, que resolve desfazer o contrato de adoção e fazer um novo contrato, desta vez tornando o escravo emancipado como escravo eterno daquele tal membro da família que o encontrou e de sua próxima geração.

Com relação aos contratos de herança, que correspondem aos direitos de sucessão hereditários de alguém sobre todos os bens de outrem, normalmente os parentes mais próximos eram quem tinham direito a receber heranças, mas nem sempre eram contemplados. Muitos destes contratos impunham condições aos herdeiros para que pudessem receber aquilo que lhes era devido, permanecendo as vontades daqueles que possuíam os bens em questão[39], como ilustrado no caso anterior. Outras vezes, as pessoas poderiam já se desfazer de seus bens ainda em vida, determinando o destino de cada um deles. Para que os contratos fossem desfeitos, somente seus responsáveis poderiam fazê-lo, e eles contavam com a vantagem das tábuas de barro serem facilmente desmanchadas pela sua quebra ou perda de validade. Naquela época, a tecnologia empregada em placas de barro ou argila ainda era incipiente e, devido à fragilidade do material no qual eram feitos os registros – que eram vulneráveis às intempéries, fraudes e a decomposição do próprio material – os governantes faziam, de tempos em tempos, um jubileu, cerimônia em que todas as placas eram quebradas e os acordos registrados eram desfeitos. Assim, devedores já não tinham mais débitos, escravos por dívidas adquiriam a liberdade e partes da economia começava um novo ciclo.

Nota-se que o conceito de dinheiro na sua forma abrangente, se tornou o principal motor de inovação que originou a escrita, uma tecnologia sem precedentes. A revolução que a escrita traz para a sociedade modifica toda a nossa história e, para muitos historiadores, essa técnica é um dos critérios utilizados para dividir a história da humanidade entre Pré-História e História. Com os vestígios da escrita cuneiforme, inaugura-se uma nova etapa na história da humanidade, que passa a documentar sua cultura e acontecimentos ao longo do tempo. Provavelmente os sumérios não tinham dimensão dos impactos que o surgimento da escrita teria para a história da humanidade – aliás, só conhecemos a história como ela, com toda sua complexidade e detalhes dos acontecimentos, por conta dos registros. Mesmo que a oralidade fosse capaz de transmitir a história, é com a escrita que temos seus detalhes e que podemos registrar o que acontece hoje. O que nasceu como consequência das necessidades econômicas, atualmente é uma das tecnologias mais poderosas a disposição do homem.

A exposição da adoção contratual registrada na sociedade suméria serve dois propósitos principais, além de suspender de forma irreversível uma ingênua noção de primitividade do ordenamento jurídico/comercial rotulada à antiguidade, papel bem executado por Nassim Taleb durante sua obra Incerto. O primeiro de narrar o salto civilizatório que a evolução dos sistemas de registros podem imputar à uma sociedade. O segundo de demonstrar que desde os primórdios da civilização estamos tentando resolver exatamente os mesmos problemas de confiança, autenticidade, unicidade e verificabilidade de transações a fim de tornar nossas interações mais justas e eficientes.

Normalmente temos muito mais expectativa sobre a tecnologia e seus impactos a curto prazo, e nos esquecemos de que elas poderão alterar qualquer cenário de futuro que possamos imaginar. E desta mesma forma teremos muita dificuldade de antecipar o potencial tecnológico da *blockchain a longo prazo*. Com a criação das criptomoedas, a *blockchain* surge como uma rede em que se registram todas as transações feitas pelas moedas digitais com fácil verificação por qualquer pessoa. Ela se baseia na confiança de que as trocas tenham sucesso. Conhecida como "protocolo da confiança", é uma rede descentralizada que tornou a possibilidade de violação dos seus registros quase impossível. Na blockchain não há apenas uma fonte que controle a atividade e os registros nela acrescentados, de maneira que tudo aquilo registrado passa por uma validação de todos que estiverem conectados à rede. As informações são alocadas individualmente ou em blocos, e estes blocos estão ligados a outros blocos de informações, formando uma cadeia compartilhada e permanente, como uma espécie de índice que pode ser acessado por qualquer pessoa. Desta forma, bem como sua primeira aplicação foi no âmbito econômico, com as criptomoedas, a *blockchain* é uma ferramenta tecnológica capaz de registrar todas as relações estabelecidas pelos indivíduos que, por terem seus dados facilmente verificáveis, têm mais confiança ao realizar negócios. A plataforma dá suporte a esta confiança e facilita o relacionamento entre as partes, que passam a não depender de terceiros para verificar todos os detalhes de um acordo. Por incentivar a interação direta entre as pessoas, tem o potencial de registrar uma gama de acordos maior do que podemos imaginar e de resolver problemas que ainda não foram percebidos de maneira que podemos ser os novos sumérios da história e estarmos à beira de uma revolução transacional que irá afetar a sociedade tal como a conhecemos.

2
O VALOR SUBJETIVO

O PREÇO DA HEGEMONIA

"Deixe-me emitir e controlar o dinheiro de uma nação e não me importa quem faz suas leis."

- Mayer Amschel Rothschild

O surgimento dos registros modificou o paradigma social tal como era conhecido pela humanidade, trazendo segurança para as relações sociais e econômicas. Tais relações antes precisavam da confiança construída pelo relacionamento para que houvesse qualquer expectativa de que aquilo que estava sendo trocado teria sua contrapartida. As trocas se especializaram e os registros passaram a ser utilizados para diversas atividades, de modo que serviam como garantias tangíveis para que todas as condições impostas durante uma negociação fossem verificadas e cobradas pelas partes. Todavia, a condição para o sucesso de uma troca era o consenso com relação ao valor dado a um produto – caso contrário, as trocas seriam puramente arbitrárias e sujeitas a quaisquer regras. Então como estabelecer o valor de algo tendo em vista a variedade de produtos disponíveis e os tipos de trocas que podem ser estabelecidas?

A forma de se estabelecer o valor e o preço de um bem é altamente subjetiva, ou seja, a importância que cada indivíduo dá a cada bem afeta o seu valor acordado por meio de um consenso entre comprador e vendedor. Este consenso pode ser estabelecido pela demanda do mercado, pelas tendências e necessidades da vida cotidiana e até mesmo pelo o desejo que ele desperta nos consumidores. O valor subjetivo não está atrelado ao objeto em si e nem ao tempo e trabalho utilizados para produzi-lo, então só pode ser medido por quem o consome. Sua intangibilidade é uma configuração cultural e, por isso, cada agrupamento social atribuirá valores subjetivos e importâncias diferentes para os mesmos bens – na própria Suméria, há mais de 3000 anos A.C., isso já era observado, daí os valores diferentes para cada tipo de *token*. Já naquela época, a cultura tinha uma enorme importância na vida econômica, social e política, então muitas coisas poderiam ser associadas à riqueza, funcionando como *tokens* e atuando como moedas. Usualmente, para exercer funções de moedas, os bens devem possuir três características: servir como meio de troca, ter unidade contábil e ser reserva de valor[40]. Para ser um meio de troca, este objeto deve servir como intermediador de trocas, facilitando diversos tipos de transações de outros bens como um denominador comum. Quando o valor de um bem é frequentemente usado para comparar ou medir o valor de outros bens, ou quando o valor é utilizado para indexar débitos futuros, então esse bem funciona como unidade contábil. Por fim, quando um objeto é adquirido primariamente para acumular valores que serão utilizados em negócios futuros, então ele está servindo como uma reserva de valor. A maioria dos bens não perecíveis apresentam essas características das moedas[41], e elas podem variar em menor ou maior grau, mas somente a moeda possui as três características simultaneamente[42].

Devido à importância que os alimentos tinham para a cultura econômica, grãos e semelhantes foram os primeiros itens a serem utilizados como moeda. Historicamente, esta correlação é classificada como "dinheiro *commodity*" e conta com a característica do próprio dinheiro poder ser consumido, mas ainda assim fora bastante utilizada sob as formas de sal, manteiga, arroz, milho, cevada, chá e animais – o sal, inclusive, teve um papel muito significativo enquanto moeda na época dos impérios romanos, com o termo "salário" sendo criado a partir do termo "sal" para se referir ao pagamento dos soldados[43]. Além da possibilidade de consumo, outra desvantagem do dinheiro na forma de alimento estava na facilidade para ações fraudulentas, como aconteceu com sementes de cacau utilizadas como moeda pelos astecas. Naquele tempo, havia uma indústria especializada em adulterar estas sementes, substituindo seu conteúdo por lama, para que pesassem mais e fossem necessárias, no final das contas, menos unidades para o pagamento das trocas[44].

Ao longo da história, produtos não perecíveis e não comestíveis também foram utilizados como moedas, variando, principalmente, de acordo com a cultura e a importância (o valor subjetivo) que tais objetos tinham para a sociedade. São exemplos disso o cigarro, peles de animais, conchas e até dentes de baleia em Fiji, que por sua vez valiam muito mais que ouro. As moedas, especificamente, vão surgir somente por volta do século VII A.C.[45] no reino da Lídia, uma vez que era necessário ter um maior controle sobre as atividades comerciais e as transações. Por causa das moedas, a solução de débitos era muito mais imediata, principalmente porque se tratava de objetos muito simples, feitos com materiais leves e de longa duração, e que podiam facilmente transportáveis. O fato das moedas serem redondas, por exemplo, era ainda vantajoso para o comércio, porque a dificuldade de alteração dos materiais trazia mais segurança para as pessoas.

Ao contrário do que acontecia com o dinheiro em forma de alimento, as moedas de metais mantinham melhor sua matéria e valor mesmo depois de serem trocadas. Os metais eram bens valorizados também por não serem tão abundantes na natureza, de maneira que a escassez estimulava o seu valor. Cada moeda tinha um valor específico conforme seu tamanho e peso, e os tipos de metais utilizados em sua fabricação variavam de acordo com sua disponibilidade local. Feitas com ferro, bronze, cobre, prata, estanho, chumbo e latão[46], as moedas eram arredondadas para diminuir as chances de serem lascadas, e seu formato se tornou mais sofisticado conforme os avanços tecnológicos e a descoberta do tempo de decomposição de cada um dos seus materiais. O ouro era um metal que praticamente não perdia seu brilho e sua massa com o passar do tempo, e por ser muito importante culturalmente, tornou-se um expoente na história – o valor subjetivo do ouro estava associado, muitas vezes, às oferendas feitas deuses, ao sol e a elementos mágicos comuns em lugares como o Antigo Egito, a Índia, entre os maias e os incas[47].

A cunhagem das moedas, ou seja, a identificação com imagens ilustradas em alto-relevo bem como é feita atualmente, continha indicações de sua origem e eram feitas para dificultar as falsificações, que eram recorrentes naquele contexto econômico. Quanto menores as chances de alterações nas moedas, mais segurança e confiança as transações inspiravam – o fato das moedas cunhadas da Lídia terem a imagem do seu rei estampada em um dos seus lados inspirava ainda mais segurança nas transações com povos de outras regiões, que ratificavam o valor das moedas graças à sua origem confiável e aparentemente legítima[48].

A riqueza dos impérios era formada pela arrecadação de impostos, no caso da Lídia, o comércio tinha tal importância que foi o responsável por muitas mudanças na estrutura e organização da sociedade. Intenso e especializado[49], fora na Lídia que o comércio desenvolveu sua forma varejista, perdendo um pouco seu caráter exclusivo de trocas e se tornando cada vez mais livre e variado. Por conta disso, a oferta e a demanda por serviços e o consumo por produtos de luxo cresceu a ponto de serem criadas casas de jogos de azar e bordeis. Entretanto, a riqueza produzida na Lídia não fora investida no aumento e especialização da produção, focando-se no consumo e na expansão do império, principalmente, que pode ser ilustrada pela construção de fortificações que aumentassem seu poderio militar e, consequentemente, facilitassem a conquista de novos povos e territórios. Mesmo com o fim do império da Lídia, anos mais tarde, a prática do uso de moedas não se perdeu, principalmente porque outros povos perceberam as vantagens e a revolução causada por esta nova tecnologia no mercado, adotando-as imediatamente.

Assim, as moedas se espalharam pelo mundo todo através do comércio e, internamente, se dispersaram graças à imposição dos seus governos. Os astecas, por exemplo, monitoravam o comércio local e se certificavam de que o padrão de troca utilizado era o de seu governo. No caso de descumprimento, os comerciantes poderiam sofrer punições[50] - prática que se repetiu em grande parte do mundo durante toda a história moderna do dinheiro. A implementação das moedas trouxe unificação ao

comércio e facilitou as trocas, mas também acarretou na vulnerabiliza-
ção da população com relação ao governo, pois era cada vez mais in-
fluenciada pelas suas decisões de emissão. Já na Idade Antiga, com a
formação dos primeiros grandes impérios históricos[51], a instituição governamental se consolidou como a única com pseudo-legitimidade e poder
econômico suficiente para arcar com os custos de criação, manutenção
e imposição das moedas em um território, uma vez que dispunham da
capacidade militar para impor o seu padrão territorialmente, lidar com o
combate a fraudes e falsificações e com o processo de cunhagem destas moedas. Mesmo que grandes comerciantes tivessem poder para criar
suas próprias moedas, ainda não conseguiam competir com o arcabouço
hegemônico dos impérios, principalmente no que tange a capacidade de
coerção e imposição de moedas em circulação. A ênfase dada sobre a
coerção monetária é um aspecto muito importante na história das moedas
estatais e não pode ser equiparada a uma questão de competição entre
moedas, pois o que estava realmente em jogo era a hegemonia daquele
governo através da imposição de sua própria moeda, que ratificava sua
influência e poderio sobre determinado território.

O advento da moeda estatizada, ou do monopólio monetário
trouxe dois grandes impactos imediatos. O efeito positivo de um padrão
monetário é a hegemonia proporcionada no pagamento por bens e serviços facilitando as trocas de forma generalizada. Todavia tal conveniência
acarretaria em um preço sutil relacionado ao controle da base monetária
por uma instituição centralizada. Tal advento é descrito como marco inaugural de mais um mecanismo de transferência de riqueza sistematizado
por Franz Oppenhelmer, como a segunda via. A primeira via de geração
de riqueza, conhecida como via economica se dá por meio de trocas voluntárias que resultam em geração de valor. A segunda é pela via política
na qual a apropriação de riqueza se faz pela via coercitiva, nesse caso,
principalmente pela expansão da base monetária. É dessa forma que a
moeda passou de um bem meramente econômico para se tornar um instrumento político.

Ainda que as trocas comerciais desempenhassem um importante
papel como fonte de enriquecimento de uma comunidade, o recolhimento
de impostos – que já era uma atividade exercida ainda na época da antiga Suméria[52] - também era um instrumento de controle bastante eficiente

sobre a população. Muitos governos se fortaleceram e a expandiram seus domínios graças a uma cobrança de impostos – facilitada pela implementação de moedas nacionais. As forças militares reiteravam a importância daquelas moedas na sociedade na medida em que forçavam seu uso exclusivo no comércio e, ao mesmo tempo, eram pagos com elas, criando um ciclo de ratificação da importância que tinham naquele contexto. Ainda hoje as moedas nacionais são os instrumentos de troca mais importantes dentro de seu território, e assim o são enquanto não surgirem outras moedas que ofereçam nenhum tipo de ameaça à soberania das moedas oficiais. Curiosamente, em regiões periféricas onde as moedas oficiais não têm a mesma inserção econômica que no resto do país, moedas alternativas surgem como um novo instrumento de comercialização – é o caso das moedas sociais, que levam este nome justamente por seu valor estar relacionado à importância que têm em determinados agrupamentos. Estas moedas funcionam como uma fonte de riqueza em um contexto onde o enriquecimento tradicional é precário, principalmente por conta dos problemas econômicos enfrentados pela região. Contudo, ainda que estas moedas sociais atuem como uma fonte de crédito e desenvolvimento social e econômico para estas pequenas comunidades, sua circulação não ameaça a soberania das moedas nacionais. Os Bancos Centrais têm ciência de sua circulação e, mesmo que não as controlem, reconhecem os benefícios gerados para os contextos em que são aplicadas[53]. Estas moedas estão diretamente vinculadas a Bancos Comunitários, que são instituições sem fins lucrativos gerenciadas pela comunidade e pela própria configuração da economia que é formada a partir de sua circulação[54]. Só no Brasil circulam aproximadamente 100 moedas sociais[55] e são registrados 103 Bancos Comunitários[56].

Portanto, podemos observar que o ciclo primitivo da hegemonia de uma moeda se dá através de sua coerção em uma sociedade, de maneira que o próprio governo usa esta imposição para garantir a manutenção de seu poder e sua expansão. Contudo, nem sempre esta expansão é o anseio ou interesse da população local, que geralmente está mais preocupada com a preservação de sua segurança e das condições de produção. Ainda assim, mesmo sem ter como controlar o destino do dinheiro pago ao seu governo, a população acaba se tornando cúmplice do financiamento da expansão do império na medida em que consolida sua legitimidade ao usar a moeda nacional para pagar seus impostos e realizar as demais atividades comerciais. Quando um governo expande sua capacidade de captação de impostos, ele aumenta também a sua esfera de poder, que culmina em uma maior autonomia da gestão das políticas monetárias – esta gestão pode, inclusive, financiar a expansão de territórios a partir de conflitos armados, prática muito comum na época dos grandes impérios. Assim, o poder de hegemonia trazido pela imposição de uma moeda oficial fortalecia este sistema político de maneira indireta: tratava-se de um ganho sistêmico, pois enquanto estes Estados primitivos tinham o controle sobre o dinheiro que era usado em seu território e que dava legitimidade ao próprio governo, o valor subjetivo destas moedas também se estabilizava. Desta forma, o governo aumentava sua legitimidade para controlar a economia local e podia, até mesmo, injetar mais dinheiro de acordo com seus interesses – que poderiam ser de expansão territorial e financiamento militar, como no caso da Lídia[57] e do Japão na Segunda Guerra Mundial[58], para o investimento do aumento da produção, entre outros.

Além disso, a população só tem costume de questionar as medidas econômicas tomadas quando as consequências negativas da má gestão da política monetária recaem sobre seu poder de compra – e quando isto acontece, são os próprios reguladores econômicos os responsáveis por influenciarem o mercado na expectativa de o restabelecer. Neste sentido, a macroeconomia pode ser pensada a partir da hipótese das expectativas racionais, que se fundamenta na ideia de que os indivíduos se ajustam racionalmente às mudanças e estímulos[59]. Entretanto, quando há uma alteração na quantidade de moedas circulantes, especialmente nos casos injeção de liquidez, os preços dos bens ofertados são quase que automaticamente reajustados resultando em inflação e na diminuição do valor de compra, que significa precisar de mais moedas para indicar uma mesma quantidade de riqueza[60]. Por isso, o aumento da quantidade de dinheiro circulante não é sinônimo de mais recursos, pelo contrário.

Com a manutenção de sua hegemonia monetária, os governos usufruíam de diversos ganhos diretos e indiretos. Além dos ganhos indiretos de fortalecimento de todo o sistema econômico e político no qual estava inserido, os Estados se beneficiavam – e ainda se beneficiam – com a produção das moedas – fenômeno conhecido como senhoriagem. O termo senhoriagem vem da palavra «senhor», que era o responsável pela cunhagem das moedas na Idade Média[61]. Ainda que haja custos de produção, o processo gera uma diferença entre o valor de face e o valor real, lucro que é capturado por quem produz a moeda[62]. Ainda que promova ganhos considerados relativamente baixos, no Brasil este valor chegou a representar cerca de 5,5% do PIB de 1989 – ano em que a taxa de inflação era alta e variava constantemente – e, em 2012, ficou estimado em apenas 0,4%[63]. Outro ganho direto da emissão de moedas vem da injeção de "dinheiro fresco" na economia, que causa o chamado "efeito cantilhão": quando este dinheiro se torna disponível no mercado, leva certo tempo até que os agentes econômicos percebam que há mais moedas no mercado e o preço dos produtos também não é alterado logo em seguida. Na medida em que este aumento de capital de giro é sentido e a moeda começa a valer menos devido o aumento de sua oferta, os preços de todos os bens começam a aumentar como forma de tentar restabelecer o valor das moedas.

Estar vulnerável à coerção de uma moeda única é também sentir, em primeira mão, as consequências de alterações de políticas de controle de preços e taxas de câmbio, bem como arcar com a falta de privacidade e a possibilidade de censura. A falta de privacidade está relacionada à fiscalização de tudo aquilo que uma pessoa tem, viabilizada através da declaração compulsória do seu imposto de renda – especialmente sobre a pessoa física, uma vez que esta declaração sinaliza todos os rendimentos dos contribuintes nacionais, estejam eles no seu país ou no exterior[64]. Já no que tange à censura, o Brasil experimentou o confisco e o congelamento de preços logo após a retomada da democracia, justamente no primeiro dia de mandato do primeiro presidente eleito, Fernando Collor de Mello. Visando o combate à hiperinflação no país, o presidente lançou uma série de medidas que incluíram o confisco dos depósitos bancários e da poupança da população, além da estipulação de valores máximos para serem sacados destas reservas nos bancos. O Plano Collor, como ficou conhecido, gerou uma queda de 4,3% no PIB naquele mesmo ano e no consequente processo de *impeachment* do presidente, dois anos depois[65].

O controle sobre os preços e a taxa de câmbio, que também estão sob a responsabilidade do Estado, são consequências da imposição forçada de uma moeda padrão. A taxa de câmbio, que pode ser abitrada em proporpoçoes fixas ou entre bandas flutuantes, diz respeito aos preços das moedas internacionais com relação a uma específica, sendo definida tanto pelo Banco Central como também por outros agentes autorizados por ele[66]. Além disso, somente o poder central pode fazer a compra e a venda de moedas estrangeiras – algo um tanto paradoxal tendo em vista a crescente internacionalização do mercado monetário. Ainda assim, a coerção de moedas nacionais ainda é uma prática muito impositiva e que se mostra cada vez mais especializada, principalmente por conta dos mecanismos de fiscalização e controle das relações econômicas e financeiras estabelecidas interna e externamente.

Também podemos observar que o poderio monetário de um Estado cresce com a aceitação da sua moeda por outros países. O caso do dólar é o mais emblemático, pois o tratado de Bretton Woods determina a vinculação do ouro ao dólar, não só pelo fato do ouro ser sinônimo de riqueza, mas também por conta da favorável situação econômica dos Estados Unidos. Entretanto, veremos mais adiante que esta paridade não fora respeitada e, com a injeção de mais dólares na economia internacional, a moeda americana começa a perder o seu valor e a dívida externa do Estado aumenta cada vez mais, prejudicando não apenas a economia americana, mas todo o sistema internacional que se pauta nas transações em dólares. Neste sentido, a moeda adquire também um caráter político muito importante para o poder central, pois ratifica o poderio estadunidense no âmbito internacional e, internamente, força seus cidadãos a utilizarem somente esta moeda em suas transações econômicas. Tanto na época da formação dos Estados nacionais, ainda no século XVIII, como atualmente, a base econômica sustenta todo o funcionamento de uma sociedade e, quando há o controle do instrumento das transações econômicas, o poder central garante que toda a população permaneça dentro de um sistema político e econômico pautado na sua hegemonia, retroalimentada pela legitimidade que ganha a partir do uso de suas moedas. Portanto, os ganhos difusos da entidade nacional estão relacionados à manutenção do sistema, que incentiva a permanência do Estado nacional como detentor do poder de controle da própria economia.

Em um contexto em que a globalização e o surgimento da internet começam a modificar o sistema internacional, há um aumento dos chamados fluxos internacionais – as trocas de todos os tipos entre Estados e cidadãos – e, com ele, formam-se redes globais de trocas[67], muito aceleradas e que diminuíram a percepção espacial[68] que se tinha sobre o mundo. As descobertas e inovações dos meios de comunicação e a integração do mercado internacional possibilitaram ainda mais especializações nas trocas e uma nova noção daquilo que se tem como nacional e internacional. Quando estas noções dizem respeito ao governo, a preocupação pela sua manutenção é ainda maior, pois a acessibilidade a determinados tipos de informações poderia significar uma ameaça à sua soberania e à segurança nacional como também à privacidade implicada nas suas relações e trocas. A discussão sobre a privacidade das informações registradas no meio virtual é concomitante ao próprio surgimento da internet e, na década de 1990, um grupo de matemáticos, programadores e especialistas em criptografia se reuniu Estados Unidos para debater justamente o *status* dessa proteção e o que poderia ser feito para garantir a proteção dos registros deixados por eles e a criação de algum nível de confiança entre os usuários no contexto virtual: assim como acontece em transações interpessoais, as trocas no âmbito da internet também precisavam contar com algum nível de segurança que gerasse a confiança entre os usuários. Foi com o uso da criptografia e da matemática que este grupo de ativistas pela privacidade *online* começou a projetar uma nova base social pela qual as relações de trocas poderiam contar com mais privacidade e confiança entre seus membros[69]. O surgimento do movimento *cypherpunk* foi consequência das demandas deste grupo – seu nome se refere a uma união entre o mundo da tecnologia e da criptografia em prol de uma resistência à ordem social, com uma grande preocupação sobre a ameaça à privacidade dos cidadãos comuns a partir das suas informações pessoais e históricos de navegação na rede.

A preocupação de estar sob constante vigilância do governo, agências de comunicação, entre outros envolvidos na configuração da vida virtual lembra a discussão de Michel Foucault[70] sobre a institucionalização do poder e o controle que ele exerce sobre seus cidadãos de maneira completa, infiltrando-se em todas as órbitas da vida social de tal forma que seus membros ficam suscetíveis ao seu sistema como um todo. Esta espécie de vigilância exercida pelo poder estatal, no caso da economia, poderia ser ilustrada a partir do uso de uma mesma moeda nacional imposta pelo Estado, que unifica as transações econômicas para garantir a condição de tutelado sob o Estado em que todos os seus cidadãos e instituições estão abarcados. Mesmo dentro do contexto virtual da internet, em que supostamente todos os indivíduos têm livre acesso e podem obter qualquer tipo de informação, as ameaças em torno desta liberdade poderiam surgir por parte do Estado, camufladas sob a intenção de proteção e dos próprios usuários. Esta era a grande preocupação dos membros do movimento *cypherpunk*.

Nick Szabo, um de seus expoentes, propôs a criação de um domínio na internet assegurado pela criptografia onde as pessoas teriam privacidade para fazer suas trocas sob sigilo. Este *cyberespaço* não poderia sofrer nenhum tipo de coerção ou violência vindo de qualquer Estado ou indivíduos, representando, portanto, um local em que a confiança seria consequência do próprio contexto mantido pelos seus usuários. Sua maior contribuição, porém, está relacionada à criação de um dinheiro virtual que seria utilizado neste espaço – para Szabo, o dinheiro também tinha um papel fundamental no desenvolvimento das relações sociais, uma vez que a economia era o motor dos demais setores da sociedade. Ele também defendia uma sociedade livre da imposição de moedas nacionais, onde os cidadãos escolheriam quais as moedas preferiam usar – uma realidade que perdurou até o século XIX nos Estados Unidos e outros países[71]. Contudo, o dinheiro e seu valor estavam pautados na segurança atribuída por seu Estado e, por isso, o dinheiro virtual – que ele teve contato enquanto trabalhava em uma *startup* holandesa – ainda não estava nem perto de ter a mesma legitimidade que uma moeda nacional tinha no mercado. Além disso, estas moedas também deveriam ter as três principais características que as qualificam: servir como meio de troca, ter unidade contábil e ser reserva de valor[72], além de ter seu valor vinculado à utilidade e algum nível de escassez.

No que tange à escassez, podemos observar o caso dos Estados Unidos na década de 2000: desde 2001 sua oferta monetária crescia[73] e, consequentemente, a oferta de crédito acabou por impulsionar o investimento do cidadão americano em novos imóveis – que remontam às políticas de facilitação do acesso à moradia difundidas ainda na década de 1990. Entretanto, estes empréstimos eram feito sob a forma de hipoteca, ou seja, os cidadãos davam seus imóveis como garantia de pagamento dos empréstimos. Contudo, estes pagamentos não foram feitos e o setor imobiliário tornou-se insustentável. Junto dele, o mercado financeiro – que fora atraído para o setor imobiliário pela possibilidade de altos lucros em curto prazo, formando a "bolha" imobiliária – também se viu preso a um sistema em que os títulos das hipotecas vendidos não valiam nada, uma vez que não seriam pagos. Os preços dos imóveis começaram a cair e muitos investidores tentaram vender seus títulos, causando o estouro dessa bolha imobiliária[74]. Muitos bancos sofreram com as vendas destes títulos, que culminaram em grandes crises e falências – como aconteceu com o Lehman Brothers – e promoveram mais instabilidade interna e externa. Além disso, o fato da política monetária do então presidente George W. Bush manter o preço do dólar baixo levou outros Estados a parearem suas políticas monetárias de acordo com o valor do dólar – daí as consequências também serem sentidas em todo o mundo.

Este tipo de crise ilustra que, em qualquer mercado, agentes públicos e privados podem atuar de maneira irracional, estimulados principalmente pela–possibilidade de lucros fáceis e rápido retorno. No caso dos agentes públicos, ainda que o Estado como um todo sofra com as consequências de suas decisões econômicas, os mais afetados por suas consequências são seus cidadãos – exatamente o que aconteceu com o americano após a crise de 2008. Naquele contexto, ao invés de deixar que os bancos que compraram os títulos "podres" das hipotecas sofressem com as consequências de suas escolhas, o governo americano autorizou a injeção de 700 bilhões de dólares do dinheiro público, arrecadado pelos impostos, nestes bancos, para sanar os prejuízos causados pelo estouro da bolha do setor imobiliário e a crise financeira[75]. Na década de 1990, a Suécia também enfrentou uma crise inflacionária causada pelo estouro da bolha do setor imobiliário e, para reerguer sua economia, contou com um plano econômico que não se alinhava às ideologias políticas dos Estados Unidos – que inclusive se mostraram muito interessados nas políticas adotadas pelo país europeu, que se recuperou com relativa rapidez da então crise. Quando esta eclodiu na Suécia, a decisão tomada pelo governo da época foi a de nacionalizar, temporariamente, parte dos bancos privados, a fim de que o Estado pudesse agir na economia até que seus índices fossem estabilizados. Além disso, enquanto os bancos eram supervisionados pelo Estado, eles forneciam capital para a economia não parar de funcionar[76]. Nacionalmente, este acordo gerou certa confiança para as partes envolvidas, principalmente para os banqueiros suecos, e ainda que os especialistas europeus demonstrassem aos gestores americanos que havia garantias registradas de que ações dos bancos seriam vendidas aos seus respectivos proprietários após a superação da crise – o que de fato aconteceu –, os americanos não conseguiram se desassociar dos seus ideais de liberalismo, contrários a qualquer possibilidade de nacionalização de uma instituição privada, e optaram por não adotar as medidas[77].

A decisão pela injeção de 700 bilhões de dólares nos bancos privados também objetivava seu reerguimento para que então pudessem retomar a estabilidade econômica do país, mas a solução acabou por solucionar apenas a situação financeira dos próprios bancos[78]. A população, mesmo sem estar de acordo com a solução encontrada, não pôde fazer nada para impedir a medida, pois não tinha como lutar contra a legitimidade que fora concedida pela própria sociedade ao governo e ao regime de monopólio monetário não democrático. A revolta causada pela impunidade aos responsáveis pela crise bem como à má aplicação do dinheiro público culminou em uma série de protestos denominada "Occupy Wall Street: We Are the 99%", em 2011[79]. Os protestantes reivindicavam punição aos responsáveis pelo colapso econômico de 2008 como também à desigualdade social e econômica advinda deste processo – o índice de 99% diz respeito ao restante da população que não se encaixa no índice de 1% dos detentores da riqueza do país. Este movimento também protestava contra o poderio que bancos e algumas empresas multinacionais têm sobre a economia nacional e internacional, já que além de causarem a recessão internamente, afetaram a economia mundial. A luta contra a injustiça sistêmica é um dos pilares de grupos revolucionários que buscam uma sociedade mais igualitária quanto à distribuição de renda e a estrutura social e política, e denunciam constantemente a assimetria do acesso ao poder e o atual regime democrático pautado pelo dinheiro. A partir da transferência do poder para cidadãos que não são privilegiados, seus integrantes buscam promover uma mudança do *status quo* da sociedade.

A preocupação com a centralização do poder baseada na detenção de dinheiro é análoga àquela que surgiu nos grupos *cypherpunk*, pois a concentração de poder central permite a criação de mecanismos que controlem aspectos da vida social dos indivíduos – seja com relação à privacidade das informações dos usuários da internet, como no caso das reivindicações dos *cypherpunks*, ou com o acesso ao poder de decisão, tais quais as demandas dos manifestantes do *Occupy Wall Street*. A descentralização do poder e do controle de informações diminuiria a vulnerabilidade dos usuários da internet e traria mais confiança e segurança para todos. Sob a mesma lógica, os cidadãos comuns que possuem reservas em suas moedas nacionais estão muito mais suscetíveis a sofrer com as complicações de uma crise econômica, não só porque estão presos ao regime monetário de cunho forçado, mas também porque esta e tantas outras entidades centrais geralmente proíbem a manutenção de reservas em moedas estrangeiras. Além disso, na maioria dos casos é muito provável que grande parte destes indivíduos não tenha nenhuma variação em seus investimentos e muito menos uma assessoria jurídica, tributária ou de investimentos que os aconselhem a variar estas aplicações. Todavia, pela primeira vez na história moderna, estamos mais próximos de uma realidade econômica menos centralizadora, principalmente por contas das iniciativas de criação de criptomoedas – que surgem no contexto da crise de 2008 – e das transações que já são possíveis através delas. Qualquer indivíduo está apto a manter investimentos em criptomoedas, que não são atreladas a um Estado nacional específico.

Neste ínterim, olhando para a história da humanidade, podemos levantar três grandes períodos econômicos pautados nas trocas: o primeiro se caracteriza por ser uma **economia monetária heterogênea sem coerção**, onde o escambo permanecia como a principal modalidade de troca e era executado por meio do intercâmbio de bens; o segundo fase é da **economia monetária homogênea com coerção**, em que as moedas são criadas e forçadas pelos governantes de cada estado primitivo a ser instrumentos de pagamento pelas trocas realizadas; e o terceiro é de uma **economia monetária homogênea sem coerção**, que está relacionado à promessa de uso de moedas que não são estatais – as criptomoedas – e que, portanto, não têm seu uso obrigatório e regulado pelo Estado. Antes das criptomoedas, o único agente que possuía a legitimidade para criar moedas e que tinha a capacidade de lidar com os custos de sua manutenção era o Estado nacional. Porém, a partir do momento em que existe a possibilidade que transações sejam validades socialmente de maneira eficiente tal monopólio é comprometido. O Bitcoin, a primeira criptomoeda, baseada na infraestrutura de protocolo que ficou conhecido como cadeia de blocos é fundamentada em uma arquitetura descentralizada, sem estar sob a tutela de apenas um servidor ou criador – aliás, nem mesmo se sabe quem foi ou quem foram os responsáveis pela criação da *Bitcoin*.

Assim, a tecnologia já se mostra capaz de transcender a discussão que envolve o a natureza de seus criadores, os seres humanos. Pautada na dicotomia entre duas possíveis naturezas do homem – a de Rousseau[80], que afirmava que o homem era bom, mas poderia ser corrompido pelo sistema civilizatório; e a de Hobbes[81], que definiu um homem naturalmente mal que poderia criar um sistema corrupto em consequência de suas próprias vontades egoístas – a discussão sobre esta dualidade já foi tratada no contexto de sistemas descentralizados, pois trata-se de um sistema que depende pouco da natureza humana. Por ser uma tecnologia baseada fundamentalmente na matemática da teoria dos jogos, ela fica aquém das circunstâncias criadas pelas intenções individuais isoladas, desincentivando proibitivamente ações mal intencionadas. Apesar de vivermos em um sistema onde as vontades dos detentores de poder ainda são as dominantes e que a população ainda se encontre à mercê dos interesses políticos e econômicos das agendas nacional e internacional, a possibilidade de privacidade e transparência em relações econômicas criadas pelas criptomoedas coloca sob questionamento a autoridade não democrática consequente da coerção estatal e o *status quo* de toda a organização social.

3

LASTRO E VALORIZAÇÃO DAS MOEDAS

"Não há meios mais sutis, nem mais seguros de derrubar a base existente da sociedade do que depreciar a moeda. O processo envolve todas as forças ocultas da lei econômica do lado da destruição, e faz isso de uma maneira que nem um homem em um milhão é capaz de diagnosticar."

The Economic Consequences of the Peace, John Maynard Keynes

O valor está fundamentado em dois alicerces: a escassez e a utilidade. A escassez diz respeito à relação entre a quantidade de bens ofertada e a demanda por eles e, neste caso, indica que há uma oferta muito menor que sua demanda[82]. A configuração do mercado, também conhecida como "lei da oferta e da demanda", determina que a oferta limitada de bens cataliza sua valorização, podendo gerar um aumento de seu preço e desequilíbrio do mercado, que só voltará a se equilibrar quando a oferta for reajustada. O princípio pode ser demonstrado até mesmo em bens da natureza como o ar e a água – no caso do ar, que é abundante, normalmente não há tanta preocupação sobre uma possível escassez, mas para quem vive em países onde o ar puro chega a ser quase mensurável, o valor dado a este bem é muito maior. A China é um bom exemplo deste caso: por conta do aumento populacional, de sua industrialização e da quantidade de carros em circulação[83], a poluição do ar vem apresentando índices preocupantes para a saúde de sua população – tanto que já é possível encontrar garrafas de ar puro sendo vendidas por 450 reais[84].

Já a variável da utilidade é determinada pelo índice de satisfação que um bem traz para um indivíduo[85], de modo que sua mensuração também é subjetiva, pois vai depender de cada indivíduo, suas necessidades, a cultura local e de outros infitos parâmetros. Para a oferta de moedas também se aplica esta lógica da escassez e utilidade, pois mesmo que o valor nominal de cada unidade seja atribuído pelo seu respectivo Estado, a valoração destas moedas corresponde à sua utilidade e escassez naquele mercado. Então, as moedas feitas com metais são culturalmente valorizadas devido à escassez dos metais na natureza e sua utilidade para a organização e unificação comercial[86]. A legitimação das moedas se deu por conta da imposição de moedas únicas feitas pelos governos e pela própria autoridade e autonomia atribuída a eles, fortalecendo um sistema em que estes poderes centrais se tornam os únicos capazes de lidar com seus custos de produção, implementação e distribuição. Assim, a população começa a se ver cada vez mais vulnerável à sua gestão e políticas monetárias, que nem sempre estão alinhadas aos interesses dos cidadãos, especialmente em casos de medidas de injeção de mais moedas, que desequilibram a economia e a riqueza dos países sob a forma da inflação, por exemplo.

Na modernidade, a atribuição de valor às moedas sofreu algumas alterações. Muito diferente do contexto de paz do século XIX, em que os âmbitos econômico e político se mantiveram estáveis, o século XX foi atravessado por duas grandes guerras e muitas crises econômicas e financeiras. Havia o interesse por parte das grandes nações da época em recuperar aquela mesma estabilidade do século anterior, e se acreditava que seria justamente o sistema padrão-ouro, implementado ainda no século anterior, e o imperialismo que conseguiriam trazer alguma estabilidade às grandes potências da época e aos demais Estados nacionais[87]. O ouro se mantinha como o metal mais valorizado pelos Estados nacionais e, por isso, suas as reservas de valor eram feitas principalmente neste metal. O comércio era viabilizado graças às trocas de moedas e, quando aplicado ao contexto internacional, já era imprescindível a existência de um mecanismo que convertesse seus valores de acordo com o poder econômico de cada economia e, por conseguinte, o valor de suas moedas. Naquela época, fora acordado pelas potências que, para que estas trocas fossem justas, as moedas deveriam ser lastreadas no ouro, de maneira que uma determinada quantia de metal correspondia a uma respectiva quantia de cada moeda. Para preservar a paridade no ouro e evitar a variação do preço das moedas, estes Estados também se comprometeram a aplicar políticas monetárias capazes de regularizar a quantidade de unidades ofertadas de acordo com o ouro que possuíam[88]. Assim, para avaliar a riqueza que cada Estado detinha, era necessário converter a quantidade de moedas disponíveis com sua reserva em ouro ou em libra esterlina – moeda que já era equiparada ao ouro.

A manutenção deste sistema monetário se dava de acordo com a atribuição de taxas alfandegárias fixas, promovendo uma maior liberdade comercial e, por conseguinte, o aumento das exportações, fundamentais para o fomento do crescimento econômico. Quanto mais intensa fosse a comercialização, maior seria a liquidez monetária, interna e externamente, significando mais ouro para ser utilizado em transações[89]. Estabilizar a economia, portanto, era um interesse muito maior que qualquer outra proposta política, pois seria a partir das trocas comerciais que a prosperidade econômica poderia ser alcançada. Por se tratar de uma configuração elaborada pelos grandes *players* da época, os países mais pobres não tinham como se isentarem da configuração deste sistema e, para garantirem sua autonomia econômica, acabavam recorrendo a empréstimos e financiamentos junto aos países mais ricos para conseguir mais ouro ou para aplicar no aumento sua produção para o comércio exterior. Os bancos centrais cobravam taxas de redesconto de bancos comerciais[90] - taxas de juros cobradas para determinados tipos de alavancagens – que eram manipuladas de acordo com a iminência da perda de ouro ou de acordo com a necessidade de intervenção na oferta monetária de seu Estado.

O respaldo do sistema padrão-ouro estava no compromisso dos bancos centrais para com a manutenção da conversibilidade externa – o que, na prática, implica certo risco destes bancos perderem sua liquidez e, consequentemente, ameaçarem a estabilidade do próprio sistema. Não havia mecanismos que impedissem que Estados que se encontrassem em situação de ouro escasso e entrassem em um processo de recessão. De fato, não eram todos os Estados que conseguiam manter o equilíbrio de sua balança de pagamentos – índice relativo ao fluxo de transações monetárias e de bens entre o mercado nacional e também para com os outros países[91]. A quantidade de desequilíbrios começou a aumentar e a se tornar cada vez mais frequente, principalmente porque os países deficitários sempre recorriam à exportação de ouro para garantir o lastreamento de suas moedas. Isso gerava uma queda nos preços dos seus bens no mercado internacional, uma diminuição da riqueza recebida e até mesmo em menos ofertas de empregos, que causavam outros problemas na economia interna. Para isso, uma das alternativas encontradas foi o estabelecimento de empréstimos interbancários, que consistiam em uma cooperação capaz de gerar aumento de liquidez no país a partir de baixas taxas de redesconto, que permitiriam os bancos conseguissem empréstimos junto a outros bancos. Uma vez recuperada a quantia emprestada, era garantido aos bancos um pequeno lucro proveniente dos tomadores de empréstimo, para além daquilo que fora emprestado[92].

O fim da Primeira Guerra Mundial trouxe a devastação e o aumento dos desequilíbrios econômicos, mas também culminou na própria crise do sistema padrão-ouro. Os Estados Unidos se sobressaiu como o Estado mais rico do sistema, sendo o único a garantir a reconstrução das economias europeias aliadas por meio da exportação de alimentos, produtos de consumo básico e bens industrializados. Este mercado consumidor europeu, sedento pela reconstrução da economia, foi o motor do crescimento da já pungente economia americana, que se beneficiou internamente com o aumento na oferta de empregos, na queda dos preços e na disponibilização de crédito aos cidadãos. Desta forma, o dólar americano também se fortalecia, fator determinante para a próxima configuração de um padrão de valoração monetária, voltada não só ao restabelecimento do comércio internacional, mas para a própria estabilização do valor atribuído ao dólar: o sistema Bretton Woods.

Elaborado pelos vencedores da guerra, o acordo pretendia nortear as relações econômicas estabelecias a partir do compromisso do governo americano em equiparar o valor do dólar e a emissão de moedas à quantidade de ouro que dispunha. Era como um novo lastro ao ouro, mas dessa vez feita com o dólar, protagonista das relações econômicas e da reconstrução da Europa pós-guerra. Para os norte-americanos, a implementação deste sistema era muito vantajosa, especialmente porque a conversibilidade favorecia ainda mais suas exportações e, por conseguinte, o aumento de sua riqueza[93]. Desta configuração surgem algumas organizações internacionais voltadas ao auxílio do equilíbrio econômico do sistema, como o Fundo Monetário Internacional (FMI), responsável por monitorar políticas monetárias e financiar o restabelecimento de divisas dos Estados; o Banco Mundial, idealizado para auxiliar no crescimento econômico mundial; e a Organização Internacional do Comércio (OIC), fundamental para a negociação das barreiras alfandegárias dos Estados[94].

O sistema Bretton Woods se sustentou, por muitos anos, graças à cooperação entre os bancos centrais e os governos, mas começou a se deteriorar quando houve a transferência da responsabilidade pelas decisões econômicas das mãos do mercado e de seus próprios ajustes para os gestores do governo, que nem sempre eram capazes de promover desvalorizações monetárias controladas ou tinham os recursos necessários para lidar com a necessidade de liquidez do mercado internacional. A desvalorização cambial, que era uma alternativa que os gestores poderiam utilizar para reajustar o equilíbrio econômico, nem sempre era aplicada pelos gestores, que temiam não conseguir normalizar essas taxas novamente[95]. Além disso, com o fim da Segunda Guerra Mundial e a recuperação dos Estados europeus através da reconstrução financiada pelos Estados Unidos pelo Plano Marshall, a economia americana se viu novamente desestabilizada, bem como ocorrido com o fim da Primeira Guerra. O país já não exportava tanto quanto no início do sistema Bretton Woods, começou a importar muitas mercadorias da Europa e ainda teve que arcar com gastos militares com a Guerra da Coreia, desestabilizando seu balanço de pagamentos e aumentando a frequência dos seus déficits. Isso gerou ataques especulativos sobre o dólar no mercado internacional, especialmente sobre a capacidade do banco central norte-americano em manter a paridade do dólar com o ouro.

De fato, os Estados Unidos começaram a emitir moedas e a vender títulos do governo para tentar sanar seus problemas deficitários - tanto que, na década de 1960, já havia mais dólares no mercado que a quantidade de ouro no país[96] - e o aumento da oferta monetária causou o aumento da inflação. Temendo a desvalorização do dólar, muitos Estados começaram a cogitar a troca de seus dólares por ouro para manter suas riquezas e, em 1971, a situação econômica internacional forçou o então presidente americano, Richard Nixon, a anunciar a suspensão temporária da paridade do dólar com o ouro. A conversibilidade do dólar em ouro era a fundamentação de acordo Bretton Woods, e com o seu fim, o regime deixou de existir oficialmente em 1973[97]. A quebra de confiança sobre o governo norte-americano acabou por condenar o regime de Bretton Woods. O dólar, então, sofreu desvalorizações, as taxas cambiais se tornaram flutuantes (assim permanecem até hoje) e a moeda, de forma geral, se torna fiduciária: ela já não é mais lastreada a nenhum metal e não tem, portanto, nenhum valor colateral advindo da escassez[98]. Essa moeda só vai adquirir valor a partir do momento em que houver confiança entre os agentes de uma troca, que entrarão em consenso sobre a representação de valor daquela moeda. Entretanto, a confiança sobre o valor da moeda fiduciária vem de forma forçada: o Estado estabelece um valor para ela, uma vez que é a instituição fornecedora de produção monetária, e todos os seus cidadãos e instituições passam a operar suas relações econômicas a partir destas determinações.

Após o fim de Bretton Woods, os Estados se tornaram menos receosos para emitir moedas pelos seus bancos centrais com taxas de câmbio flutuantes, sendo o lastro das moedas determinado pelo volume de reservas que tinham – a emissão era feita de acordo com o produto interno bruto (PIB) de cada Estado[99]. Se a decisão pela emissão não fosse feita cuidadosamente, esta liberdade poderia gerar a inflação interna e o endividamento público. No contexto internacional, na medida em que não há regras para o funcionamento do mercado financeiro, a consequência é a falta de incentivos para que os bancos centrais auxiliem na recuperação dos desajustes cambiais. O fim do acordo mostrou que a cooperação entre os Estados só era possível quando havia vantagens mútuas, políticas e econômicas, entre as partes, mas que não estavam pareadas com os mecanismos de ajuste das taxas cambiais e a mobilidade de capitais daquele sistema[100].

Uma vez que a moeda americana perdeu em grande parte o seu elemento de escassez que adivinha de seu colateral em ouro, a busca geopolítica por parte da equipe econômica de Nixon pela manutenção do dólar como padrão monetário internacional foi retomada, agora alicerçada no outro grande expoente do valor, a utilidade. Para contornar este cenário, a comunidade internacional começou a associar a riqueza a outro bem natural, o petróleo. Matéria-prima de vários combustíveis e fonte de muitos produtos de uso doméstico, importante para o setor industrial e valorizado no comércio internacional[101], o petróleo vinha adquirindo importância no mercado internacional desde a revolução industrial, e é no século XX que atinge seu ápice por parte da demanda global. Concomitante ao fim do padrão dólar-ouro de Bretton Woods, o preço dos barris de petróleo sofre um aumento e cada Estado começa a se balizar de acordo com o mercado financeiro – o chamado regime "dólar-Wall Street", que se caracterizava pela supremacia dos bancos privados no papel de financiadores do crescimento interno e pela diminuição da supervisão econômica via bancos centrais, gerando um aumento da dependência dos mercados do sul e do leste asiático, principalmente, aos acontecimentos de Wall Street e ainda mais pressão no mercado internacional como um todo[102]. Vale lembrar que, adotando este regime, os Estados Unidos conseguiam fortalecer, aos poucos, a sua posição econômica na medida em que consolidavam o dólar no sistema internacional pelo processo de senhoriagem: enquanto que o próprio governo consegue controlar o valor de sua moeda a partir de políticas cambiais, suas empresas nacionais eram bem menos atingidas pela variação cambial do que as de outros Estados devido o fato de já operarem em dólar[103].

Além disso, em 1974, o mesmo Richard Nixon estabelece um acordo com o rei Faisal, da Arábia Saudita, maior produtor de petróleo no mundo, que em troca de proteção militar dos poços de pet'roleo se compromete a venda dos barris de somente em dólares americanos – ação que ainda é mantida[104]. Surgem, então, os chamados petrodólares (dólares ligados ao comércio petrolífero) que abastecem as reservas de bancos privados que serão os principais financiadores do crescimento e desenvolvimento industrial da maior parte dos países do sistema internacional, já que tanto o Banco Mundial quanto o FMI não tinham os recursos necessários para cobrir toda a demanda. Desta forma, os Estados Unidos garantiriam o valor de sua moeda não mais na escassez, mas na utilidade – uma estratégia que se revelou bastante conveniente para o governo norte-americano e que, ainda hoje, reforça o próprio valor do dólar no mercado financeiro internacional.

O mercado passou a depender muito da renda do mercado do petróleo. Estima-se que entre 5 e 8% do PIB mundial estava concentrado nos seus produtores[105], que aplicavam este dinheiro no sistema bancário privado. Ele também foi beneficiado pelo financiamento da industrialização dos países em desenvolvimento, que lhe rendia juros sobre estes empréstimos – ainda que a expansão da oferta de créditos tenha diminuído as taxas de juros comercializadas, o mercado alcança o limite do liberalismo: inicia-se a hegemonia dos bancos privados. Este novo regime, contudo, se mostrou bastante frágil e vulnerável a crises externas, especialmente dentro do contexto americano, pois além do governo não ter mais o controle nos mercados de crédito e financeiros, os países que formavam a Organização dos Países Exportadores de Petróleo (OPEP) – criada em 1960 para gerenciar as políticas de produção e venda do petróleo no contexto dos seus países integrantes[106] –, entram em um processo de nacionalização de suas produções[107]. Somado à conjuntura internacional, parte dos membros da OPEP, que detinha cerca de dois terços de toda a exportação mundial, entram em conflito devido a guerra de Yom Kipur, gerando no mercado o aumento do preço dos barris entre 70 e 100%. Já em 1979, com a segunda crise do petróleo, a situação financeira de muitos Estados também era de crise, com dívidas que chegavam a 67% de todo o crédito mundial[108]. Isso reforça a situação de dependência dos governos para com seus bancos privados e gera conjuntura parecida com a que podemos observar no contexto da crise de 2008.

Muitas outras crises sobre o valor dos barris vieram após os grandes choques do petróleo da década de 1970, acompanhadas de mais oscilações no preço do petróleo e de governos cada vez mais dependentes do mercado financeiro internacional e dos bancos privados para financiar seus crescimentos ou auxiliar em suas recessões. Outrossim, com o fim do lastro ao ouro e ao dólar, os Estados se isentaram da responsabilidade de manter o preço de suas moedas e qualquer tipo de mensuração de suas riquezas de acordo com suas reservas, adquirindo ainda mais autonomia para apelarem à impressão de papel-moeda para garantir, ainda que temporariamente, o pagamento de seus compromissos. Os petrodólares, que ainda existem – e que são constantemente reciclados, inclusive –, não resolvem o problema da emissão arbitrária de moedas, deixando a população cada vez mais vulnerável às políticas adotadas pelos seus governos. As moedas fiduciárias, que passaram a ser adotadas após o fim do sistema de Bretton Woods, têm seu valor baseado na confiança dos indivíduos para com o órgão emissor das moedas, aumentando a responsabilidade governamental em garantir o insustentável valor de sua moeda nacional[109].

Mesmo que o governo detenha a maior parte da responsabilidade pela impressão de papel-moeda, a criação de dinheiro também é feita pelo sistema bancário através da criação de linhas de créditos para os cidadãos[110], ratificando o modelo da moeda fiduciária. Ao armazenarem o dinheiro de outrem, principalmente na forma de poupança de cidadãos comuns, os bancos adquirem a capacidade de emprestar estes valores a outras pessoas. Ao fornecer empréstimos, os bancos cobram também juros, que representam o custo sobre o serviço prestado pelo banco no tempo[111]. Assim, partindo da prerrogativa de que tudo aquilo que fora emprestado será pago – e com juros – os bancos têm liberdade para concederem créditos a outros indivíduos e instituições a partir da criação de um dinheiro "virtual", que só é possível existir quando há uma expectativa de que receberão fundos de poupadores. Mesmo que os poupadores recebam juros ao fim de seus contratos, o valor acrescido é muito menor que aqueles juros recebidos pelo banco ao fornecer crédito para outrem. A diferença que é criada a partir do recebimento de juros é parte da chamada reserva fracionária[112], que está intimamente relacionada à atividade de concessão de créditos de um dinheiro que, de fato, os bancos não têm.

Para não ter que transacionar este dinheiro arrecadado, os bancos costumam vender títulos relativos a estes montantes para credores, acionistas e outras instituições – por sinal, os depósitos bancários nos Estados Unidos eram lastreados em cerca de 10% do valor contido nas reservas bancárias, enquanto que, no Brasil, esse valor era de aproximadamente 28% em 2010[113]. Muitos destes títulos eram comprados por bancos de investimento, que conseguiram certa autoridade e legitimidade para pressionar seus governos de acordo com seus próprios interesses[114]. Desta forma, a população se torna refém não só das diretrizes monetárias de seu governo, como também dos interesses de grandes instituições privadas que, geralmente, não têm seus interesses alinhados com o bem-estar geral da população, conhecidos como intermediários financeiros. Ao mesmo tempo em que ainda há uma grande dependência, por parte dos governos, aos bancos privados – vide o regime dólar-Wall Street –, os cidadãos comuns estão ainda mais alheios às decisões de terceiros, porque também dependem das diretrizes econômicas e financeiras de seus governos. Um dos exemplos mais nítidos desta relação pode ser observado pela emblemática crise de 2008.

Podemos citar duas empresas que acabaram se tornando parte do sistema de crédito viciado vigente nos Estados Unidos: a Fannie Mae (*Federal National Mortgage Association*) e a Freddie Mac (*Federal Home Loan Mortgage Corporation*). Responsáveis, principalmente, pelo fornecimento de liquidez ao mercado hipotecário, as duas empresas tradicionalmente atendiam às necessidades governamentais – especialmente porque foram empresas públicas por muitos anos. Essa injeção de liquidez se dava através da compra de títulos bancários correspondentes ao crédito fornecido aos cidadãos, que lhes permitia realizar novas hipotecas[115]. Os títulos hipotecários adquiridos eram vendidos para todo o mundo e, devido à sua demanda, os bancos americanos passaram a aumentar a quantidade de empréstimos fornecidos, que gerou o crescimento de seus ativos (o valor dos seus empréstimos) e passivos (dinheiro concedido em empréstimo). Entretanto, a venda destes títulos acabou por diminuir a preocupação com relação ao pagamento das hipotecas por parte dos cidadãos. Além disso, tanto a Fannie Mae quanto a Freddie Mac tinham linhas de crédito especiais no Tesouro americano, ou seja, o próprio governo garantia uma proteção às empresas, o que atraía ainda mais investidores a elas e aos seus títulos hipotecários[116]. O fato destes títulos serem vendidos internacionalmente contribuiu para que as consequências da crise fossem mais abrangentes, geograficamente.

A existência destas instituições ratificava o interesse do governo norte-americano em manter o sistema bancário privado, não só porque ele era capaz de disponibilizar crédito para a população e para entidades públicas e privadas, mas também porque havia mercado para a compra de seus títulos de hipotecas – no caso, a Fannie Mae e a Freddie Mac. Além disso, se trata de um sistema que também cria dinheiro, mas a um custo muito menor quando comparado com o governamental via Banco Central, especialmente porque são instituições que contam com uma prerrogativa constitucional para criar dinheiro a partir da concessão de empréstimos e da cobrança de juros[117]. O governo também aproveita do poderio e importância de seu Banco Central para dar alguma garantia à sociedade de que as atividades deste sistema de reservas fracionárias são "controladas", de alguma forma, por esta entidade – controle que é apoiado pelos bancos privados, uma vez que a entidade auxilia na manutenção do seu sistema bem como se beneficia dele[118]. Todavia, a existência de Bancos Centrais e de quaisquer outras instituições públicas não garante que os bancos privados não aproveitem a posição destas entidades para competirem entre si pelo aumento de suas reservas fracionárias, reforçando a importância destas entidades no contexto econômico nacional.

Contudo, não podemos deixar de registrar a disparidade entre a quantidade de dinheiro criada pelas entidades nacionais e pelo sistema bancário a partir da concessão de linhas de crédito. Em 2012 no Brasil, por exemplo, enquanto o valor de cédulas e papel-moeda girava em torno de 153 bilhões de reais, o valor do crédito bancário criado e emprestado era de 2,17 trilhões de reais, sendo 74 vezes superior ao valor do dinheiro físico em posse dos bancos (29 bilhões de reais) e 14 vezes superior à quantidade de papel-moeda em toda a economia[119]. A criação de crédito bancário - que não se trata de um dinheiro físico, já que está relacionado, especificamente, a um sistema de dígitos eletrônicos que são criados pelos próprios bancos – também acaba influenciando na quantidade monetária circulante, pois assim como acontece com a injeção de liquidez por parte do governo, acarreta na inflação dos preços[120] e tantas outras consequências.

Neste ínterim, a alternativa contra a vulnerabilidade dos cidadãos com relação ao sistema monetário vigente que surge após a crise de 2008 é a adoção de criptomoedas, que têm como fundamentação a emissão de uma quantia monetária controlada e determinada por desenho de protocolo e que também é acessível a todas as pessoas que tiverem interesse em transacionar com elas. No caso do Bitcoin, uma criptomoeda descentralizada na qual todos seus usuários são os verdadeiros controladores da moeda, existe menor probabilidade de sofrer por desequilíbrios causados pela alteração ou arbitrariedade da sua emissão monetária, que não está sob a responsabilidade de uma entidade única[121]. Seu preço também é reforçado pelo mercado e pelo consenso criado pelos seus usuários em torno do que seria seu valor subjetivo. Trata-se, portanto, de uma maneira mais robusta de solucionar o problema do valor, a partir de uma união mais eficaz da escassez e da utilidade. Uma vez que as soluções anteriores de atribuição valorativa a partir da escassez, com o padrão-ouro deturpado pela centralização, ou da utilidade, com os petro-dólares, falharam tanto por causa de decisões tomadas pela governança ou porque não se tratavam de soluções permanentes – ou seja, já nasciam fadadas ao fracasso a longo prazo –, a adoção do dinheiro fiduciário após o fim de Bretton Woods fora uma solução que acarretou em consequências nefastas para a sociedade. Os indivíduos já não precisam mais depender de uma conjectura que facilita a corrupção sistemática a partir da produção imprudente de dinheiro – seja por parte do governo ou do sistema bancário –, pois podem contar com uma tecnologia que lhes dá a autonomia necessária para evitar problemas que podem acarretar até mesmo na destruição do próprio regime monetário fiduciário[122].

4

MOEDAS DIGITAIS, VIRTUAIS E CRIPTO

DO E-CASH AO BITCOIN E BLOCKCHAIN

"O dinheiro não será o mesmo para sempre (...) Mas o future do dinheiro involve algum tipo de moeda global que é completamente interoperável." [577].

- Marcus Swanepoel

As trocas se intensificaram no século XX não só por conta da globalização, mas também devido aos avanços tecnológicos de setores como o das telecomunicações[123], que facilitaram a integração e expansão da economia principalmente com o auxílio da internet. Ela funciona com base na arquitetura denominada "modelo cliente-servidor", no qual os usuários trocam suas informações entre si a partir dos serviços fornecidos por servidores, que são conjuntos de processos cooperativos[124] que armazenam sites, aplicativos e conteúdos em geral[125]. Os servidores trocam mensagens que são configuradas em protocolos de comunicação, constituídos pelas demandas e respostas das partes em formato de códigos e outros dados. Se estas trocas se dão entre cliente e servidor, costumeiramente não é necessária a intervenção de nenhum outro intermediário[126], porque o próprio servidor é capaz de fornecer todas as respostas solicitadas. Este modelo, descrito como de arquitetura de dois níveis, é muito diferente do caso de servidores que são especializados somente em algumas informações ou tarefas, principalmente porque estes necessitarão do auxílio de mais um servidor, chamado intermediário, que pode proporcionar alguns recursos enquanto que um terceiro fornecerá os dados para o primeiro servidor[127]. Este modelo de servidor de três níveis é vantajoso na medida em que facilita sua própria manutenção, tornando-se também mais seguro e flexível para os usuários devido ao fato das suas informações não estarem dependentes de uma fonte exclusiva. Por isso, assim como a divisão de tarefas tende a aumentar a produtividade entre indivíduos, essa divisão de tarefas também facilita o próprio armazenamento e desempenho dos servidores.

O modelo de servidor de três níveis também não se limita à internet em si: serviços como bancos de dados e e-mails, por exemplo, também aproveitam esta arquitetura para tornar a experiência de seus usuários mais segura, já que será necessário que o servidor processe uma solicitação para então replicá-la[128]. São as réplicas fornecidas pelo servidor, inclusive, que os usuários têm acesso ao abrir uma página da internet. Elas são denominadas "pacotes de dados" por se tratarem de pequenos grupos de informações que são arranjados pelo servidor a aparecer na página de seus usuários, justamente para que eles tenham acesso a exatamente àquilo que fora solicitado[129]. Aplicada ao caso dos e-mails, podemos ver a configuração de réplicas a partir da ótica de que tanto a parte que enviou uma informação quanto a que a recebeu possuem, no fim das contas, um só conteúdo que fora armazenado no servidor daquele e-mail. Por isso, no contexto da internet, qualquer informação é passível de replicação, de modo que não é possível garantir nenhum tipo de escassez às informações, dados e transações compartilhadas. A única maneira de conseguir a unicidade de acesso a um dado é através de um controlador central que emite credenciais, tal como acontece com as informações bancárias de um correntista, que fornece aos seus clientes senhas individuais que garantem o compartilhamento delas somente entre banco e usuário.

Os controles de segurança por trás dos servidores tendem a ser mais rígidos com relação à replicação dos dados de seus clientes, já que são os únicos para quem toda a responsabilidade de controle e manutenção recai em casos de invasão ou vazamentos de informações[130]. Estes servidores centralizados eram a únicas soluções até então conhecidas para evitar o problema da unicidade e replicação de informações, mas era justamente esta centralização de poder que o movimento *cypherpunk* abominava, principalmente no que tange à garantia da segurança dos registros deixados pelos usuários da internet e à confiança para que as relações possam se expandir em todos os âmbitos – inclusive comercialmente. Foi com o uso da criptografia e da matemática que este grupo de ativistas pela privacidade *online* começou a projetar uma nova base social pela qual as relações e trocas poderiam ser estabelecidas com mais privacidade e confiança entre seus membros[131]. Essa motivação levou Nick Szabo a desenvolver um domínio na internet pautado pela criptografia onde as pessoas poderiam fazer suas trocas em segurança e sob sigilo. Ele também cria um dinheiro virtual específico para este espaço, que além de não estar atrelado a nenhum Estado, também deveria cumprir as três principais características que qualificam uma moeda – servir como meio de troca, ter unidade contábil e ser reserva de valor[132], além de ter seu valor vinculado à utilidade e a algum nível de escassez. Nick Szabo não foi o primeiro a idealizar um dinheiro no formato digital para facilitar trocas comerciais, mas tanto ele quanto seus antecessores não conseguiram criar um sistema sustentável que fosse capaz de superar o problema do gasto duplo.

Da mesma forma como quaisquer tipos de informações podem ser replicadas na internet, as moedas digitais também sofriam da mesma prerrogativa. O gasto duplo se constitui no ato de usar uma mesma moeda em mais de uma transação[133], literalmente. Esta multiplicação do dinheiro virtual é típica da própria moeda fiduciária que, por não ser lastreada, está sujeita a uma reprodução imprudente. Porém, as moedas fiduciárias físicas conseguem correr menos riscos de sofrer do gasto duplo, já que, ao efetuar uma transação, a perda daquela determinada quantia é facilmente verificável – enquanto que o comprador adquire um produto ou serviço, o vendedor recebe aquela quantia. Em um contexto em que a replicação é uma condição *sine qua non*, a verificação das transações monetárias se torna ainda mais difícil, especialmente se não houver um poder centralizado capaz de coagir a multiplicação, assim como acontece com o sistema bancário e o armazenamento de dados de seus clientes. Muitas moedas digitais, antes mesmo daquela proposta por Nick Szabo, tentaram superar este problema sem a interferência de um poder central, que poderia ameaçar a liberdade dos usuários da rede através da censura e coação. A história destas protocriptomoedas – moedas que, mesmo utilizando a criptografia, ainda estavam inseridas somente no contexto da internet – pode ser dividida em três fases: a fase do dinheiro digital, com o eCash como seu grande representante; a onda do Web Based Money, sendo o E-gold seu mais famoso exemplo; e a terceira fase, das criptomoedas, com o Bitcoin como o primeiro a superar o problema do gasto duplo[134].

4.1 O Dinheiro Digital

O surgimento de denominações como dinheiro eletrônico, virtual e digital conota sua íntima relação com a adoção da internet e, ainda que pareçam significar a mesma coisa, elas não o são. O dinheiro eletrônico é aquele cuja função é representar uma quantidade de dinheiro "físico" armazenado em um banco, e através de notas com os valores de saldos destas contas e cartões magnéticos, o montante do dinheiro eletrônico é conhecido e acessado pelos seus responsáveis, respectivamente. Os cartões magnéticos também funcionam como certificados de propriedade das contas bancárias, já que contam com informações sobre as contas e seus devidos responsáveis e que, inclusive, somente o banco e os donos dos cartões têm acesso ao dinheiro que está guardado, de forma que há mais segurança para os indivíduos, que precisam de uma senha de acesso a tal reserva monetária. Contudo, esta segurança implica a presença de um órgão central – o banco – que além de assegurar a privacidade das informações entre a instituição e seus clientes, também autoriza e valida suas demandas. Esta proteção de dados, gestão de demandas e manutenção das contas, por exemplo, têm um custo para os correntistas que vai além das taxas por eles já pagas. Esse custo implica na corroboração do sistema vigente de concentração de poder e detenção de informações pessoais nestas instituições e da vulnerabilidade total dos indivíduos a elas. Exemplo disso é o fato de que cada banco comercial, para manutenção das atividades dos seus clientes e a segurança de suas informações, costuma-se cobrar valores específicos pelos seus serviços, garantindo também a corroboração do sistema centralizador de poder – tanto do exercício das atividades financeiras como também da detenção de informações pessoais. A constatação desta centralidade e da potencialidade destas capacidades no que tange a liberdade, a coerção e a segurança dos dados disponibilizados foram alguns dos motivos que geraram o engajamento e reivindicações do movimento *cypherpunk*[135]..

O dinheiro eletrônico pode também ser entendido como dinheiro digital, uma vez que diz respeito a um montante físico que é armazenado em algum lugar[136]. Ele não conseguiu, de fato, solucionar o problema do gasto duplo e da centralização de poder no contexto da internet, especialmente por estar fundamentado no ambiente em que este tipo de fenômeno é parte de seu sistema constituinte. Já as moedas virtuais são exclusivas do universo digital – podem até ter uma representação monetária física, mas sua existência não é imprescindível para sua validação. Moedas criadas para universos ficcionais, como jogos *online*, podem ser consideradas como moedas virtuais, bem como as criptomoedas – ainda que sejam uma subcategoria dentro da classificação de dinheiro virtual[137]. Estas moedas virtuais são fundamentalmente criadas no mundo virtual e, por isso, são controladas e emitidas por seus desenvolvedores, de modo que sua maioria ainda não é regulamentada pelos Estados nacionais[138] - fato que está mudando, visto que Estados como a Venezuela[139] e Ilhas Marshall[140] já criaram, mesmo que de forma controversa, e adotaram-nas como moedas oficiais ou paralelas a elas. Desde 2016, 24 países[141] têm estudado a possibilidade de adoção de criptomoedas em suas economias, sendo que, em 2018, Estados como Turquia, Irã[142], Rússia, Suécia, Israel, Índia e China[143] ocupavam a dianteira desta empreitada.

A primeira onda das protocriptomoedas começou a se manifestar ainda no final da década de 1980, quando o criptógrafo americano David Chaum criou o primeiro sistema de dinheiro eletrônico em que o anonimato dos usuários e das transações era parte de sua constituição[144], o eCash. Por se tratar de uma forma de dinheiro digital, o software permitia que fossem feitas transações comerciais em estabelecimentos reais que fossem equipados com tal tecnologia. Os pagamentos eram vinculados, criptograficamente, a um banco comercial que assegurava a validade das transações a partir de assinaturas digitais de chave pública[145] que correspondem a uma tecnologia denominada "cega", atuando de forma a mascarar o conteúdo das transações e desvincular seus autores antes mesmo das assinaturas serem feitas, através da criptografia[146]. Ainda que as assinaturas pudessem ser verificadas publicamente e o sistema, como um todo, oferecesse vantagens aos seus usuários, o eCash não teve muito sucesso nos Estados Unidos, principalmente devido o desinteresse sobre o anonimato que esta tecnologia permitia. Já a Holanda, que estava sob um contexto onde as transações monetárias ainda não estavam engajadas na tecnologia e se davam, em sua maioria, em dinheiro físico, e que também não contava com tantas opções de cartões de crédito[147], o eCash obteve mais sucesso, principalmente com relação às possibilidades trazidas pela tecnologia que oferecia sigilo e privacidade aos seus usuários. Isto fez com que Chaum se mudasse para o país e levasse sua então companhia, a DigiCash, para continuar seu trabalho.

Preocupada com a segurança de seus usuários contra as ameaças de coação e censura por parte de grandes corporações e governos, a DigiCash fora a responsável por propor um sistema de caixa digital em que não seria possível o rastreamento, por parte destas instituições, de pagamentos realizados por usuários feitos *online*[148]. Contudo, o fato do comércio eletrônico ainda não ser muito difundido levou as pessoas a adotarem cartões de crédito como uma fonte mais segura para as suas transações, mesmo que isso envolvesse estar vulnerável às corporações financeiras. Além disso, a DigiCash também enfrentou problemas com o Banco Banco Central da Holanda[149], aumentando a diminuição do interesse pelo eCash e gerando, consequentemente, a falência da DigiCash[150]. Muitos entusiastas da tecnologia acabaram por esquecer as propostas de privacidade e autonomia e de gerenciamento de um ambiente monetário alternativo com uma moeda própria do DigiCash e do eCash de David Chaum. Todavia, o grupo de criptógrafos que mais tarde se organizou no movimento *cypherpunk* levou a proposta adiante – projetos de moedas digitais datam desde a década de 1990 até o início dos anos 2000[151], mas sistemas monetários que se aproximassem mais das propostas das moedas virtuais só vieram mais tarde.

4.2 O Web Based Money

A segunda onda de protocriptomoedas, conhecida como *Web Based Money* – o dinheiro com base na web – se caracterizou pela expansão das moedas digitais, a especialização das formas de pagamentos *online* e pelo aparecimento das moedas virtuais, ou seja, aquelas criadas exclusivamente no âmbito da rede. Ela se inicia em meados da década de 1990, marcada pela simultaneidade de dois acontecimentos fundamentais para a contextualização tecnológica e jurisdicional da época: ao mesmo tempo em que a Netscape Communications, empresa americana de serviços de computação, demonstra ter muito interesse nas moedas digitais[152], o Instituto Monetário Europeu, precursor do Banco Central Europeu, divulga um documento[153] em 1994 em que alertava as desvantagens e possíveis problemas que o dinheiro digital e cartões de crédito pré-pagos poderiam trazer para o contexto econômico, principalmente com relação à possibilidade de competição entre o dinheiro digital e as notas emitidas por bancos e as moedas nacionais.

Foi nesta mesma época que surgiram empresas especializadas em pagamentos virtuais tais como a FirstVirtual e o PayPal, que atuavam como intermediadoras de transações econômicas *online*[154]. A FirstVirtual intermediava trocas de informações entre compradores e comerciantes – ela informava comerciantes sobre a intenção de compra de clientes, fornecendo à empresa os dados dos compradores e aos clientes as informações sobre a forma de pagamento das empresas. Esta constante troca se informações se mostrou bastante dispendiosa por ser feita inteiramente via trocas de e-mail, além de não garantir o anonimato dos envolvidos[155]. A tecnologia da época ainda não suportava uma troca de informações tão instantânea como a atual e, para os comerciantes, a FirstVirtual não era tão positiva, uma vez que o recebimento do pagamento só acontecia três meses após a compra – já que os clientes tinham este mesmo período para contestar a cobrança da fatura. Já a PayPal oferecia serviços de pagamento e transferência entre indivíduos comuns, num sistema conhecido como "*peer-to-peer*"[156], que ligava diretamente comerciantes e clientes. Esta tecnologia chamava muito mais a atenção da população em geral, não só por se tratar de um serviço mais prático – mesmo com a intermediação da PayPal –, mas também por ser mais seguro que qualquer outro serviço anterior, principalmente na viabilização dos mais diversos tipos de trocas[157]. Ainda que funcionasse através da troca de e-mails entre as partes, de fato ela proporcionava uma via virtual de acesso ao dinheiro, se consolidando no mercado virtual por conta do mercado de cassinos, de apostas *online*[158] e como forma de pagamento das compras efetuadas na então crescente eBay. A varejista, que tinha seu próprio sistema de pagamentos online[159], mas que não era tão bem sucedida quanto a concorrente[160], acabou comprando a PayPal em 2002.

O sucesso do modelo de pagamentos digitais proposto pela PayPal levou outras empresas a investirem neste setor. A Gold & Silver

Reserve Inc. foi uma delas, propondo uma forma de pagamento baseado em moedas digitais de ouro, que tinham seu valor baseado nas reservas de ouro e de outros metais de seus órgãos armazenadores privados – metais universalmente aceitos e invulneráveis às flutuações cambiais e decisões políticas, não sofrendo, portanto, as desvantagens das moedas fiduciárias[161]. Além do fato de todas as operações de seus clientes serem feitas via internet, outro fator positivo era o fato destas moedas estarem garantidas pelo ISO 4217, certificação internacional responsável por estabelecer códigos para as moedas nacionais e supranacionais circulantes – tal como acontece com o dólar (representado como USD) e o euro (EUR), por exemplo[162]. O fato de possuir esta certificação[163] demonstra o caráter sóbrio da proposta destas moedas, que se multiplicaram desde o lançamento da E-Gold, no final da década de 1990 e na primeira década dos anos 2000. Entretanto, seu valor não se isentava de riscos, já que estavam inseridas em um mercado não regulamentado que poderia gerar insegurança para os clientes e até competições desleais entre as empresas, culminando em falta de transparência para os usuários[164]. Os compradores destas moedas também não podiam contar com nenhuma garantia de que as moedas seriam aceitas amplamente no comércio, já que as moedas fiduciárias ainda eram absolutas, mesmo em seu formato digital, colocando em risco a própria efetivação deste novo tipo de moeda digital.

A Gold & Silver Reserve Inc. lançou a E-Gold, primeira moeda deste tipo, em 1996, antes mesmo do surgimento da PayPal. A mecânica por trás do E-Gold era bastante simples: o interessado em adquirir a moeda comprava uma quantidade de metal por cartão de crédito ou transferia uma quantia que já possuía para a empresa[165], que uma conta para o comprador e lhe creditava o valor respectivo em E-Gold[166]. A Gold & Silver Reserve Inc. teve um crescimento exponencial[167] em 2000[168], mas ainda que propusesse um sistema de pagamento online semelhante ao Paypal e outras empresas do ramo, enfrentou muitos problemas judiciais nos Estados Unidos e teve uma vida útil muito curta. Além disso, mesmo se tratando de uma empresa dos Estados Unidos, a moeda era considerada *offshore*. Isso significa que não estava sob a regulamentação americana, atraindo muitos clientes interessados em utilizar o serviço para transações fraudulentas. Outras empresas do ramo também foram alvo de lavagem de dinheiro e até mesmo ataques de grupos criminais especializados em fraudes e roubos de identidade[169], colocando em risco sua existência e a dos metais armazenados e de seus usuários[170]. A Gold & Silver Reserve Inc. não conseguiu licença para operar nos Estados Unidos[171] devido seu caráter de mercado alternativo no ramo dos pagamentos virtuais[172] e por conta do contexto americano pós atentados de 11 de Setembro, que trouxe ainda mais insegurança sobre o ramo de pagamentos. Muitos ainda afirmavam que terroristas utilizavam este tipo de dinheiro digital para organizar atentados[173]. Moedas digitais como e-bullion, IntGold, GoldMoney e 1mdc[174] também se baseavam em reservas de ouro, mas nenhuma delas fora tão expressiva quanto a precursora.

A perda de expressividade destas moedas digitais está relacionada justamente ao problema do gasto duplo, pois mesmo sendo gerenciadas por instituições de poder centralizado, elas não foram capazes de se desvencilhar da replicação das unidades monetárias em um ambiente propenso a este tipo de ação. Outros dois casos, entretanto, são bastante curiosos, pois ambos estão ligados ao movimento *cypherpunk*: o Bit Gold, de Nick Szabo, e a B-Money, de Wei Dai. Ainda que não tenham nem mesmo sido lançadas, vários de seus aspectos serviram de modelo para a criação de criptomoedas como o Bitcoin, anos mais tarde.

4.2.1 O BIT GOLD

Nick Szabo criou o Bit Gold em 1998, mas só o apresentou ao público em 2005. Tratava-se de uma moeda digital que também propunha relações econômicas mais seguras, na medida em que estavam sob um sistema tecnológico mais descentralizado de manutenção, pois não envolviam a ação direta de indivíduos. Ainda que o cerne do projeto não estivesse na privacidade[175], como acontecera com o B-Money, Szabo valorizou um dos aspectos mais importantes do movimento *cypherpunk* ao apoiar o desenvolvimento das unidades monetárias a partir da resolução de problemas computacionais criptográficos através do sistema Hash-Cash – solução criada pelo também criptógrafo do movimento *cypherpunk*, Adam Back, que pretendia limitar a replicação e o recebimento de e-mails de *spam* bem como combater os abusos destas replicações feitos por indivíduos anônimos[176]. O HashCash era muito semelhante às propostas de Cynthia Dwork e Moni Naor[177] para o fim do recebimento de e-mails *spam*, e baseava-se numa configuração de prova de trabalho que basicamente obrigava os usuários da rede a provarem que fizeram determinados trabalhos para conseguirem algum retorno, em moedas digitais, deste sistema[178]. Inspirado pelo eCash de David Chaum, este sistema fazia uso de *hashes* parciais – *hash* é algoritmo que assegura a integridade de um determinado conteúdo contra alterações, sejam senhas, dados ou quaisquer tipos de informações[179] – para gerar retornos aos seus proponentes[180], que poderiam ter custos elevados, arbitrariamente, para serem calculados, mas que também poderiam ser verificados com certa rapidez[181]. A proposta da HashCash, portanto, trabalhava especificamente com técnicas de *hashing* de transformação de dados em sequências numéricas a fim de proteger determinado conteúdo[182]. Este sistema não obteve o retorno esperado e, no final das contas, também não poderia funcionar como dinheiro, já que se tratava de um retorno que não poderia ser gasto livremente – nem todos os lugares aceitavam esta forma de pagamento. Além disso, também estava sujeito à criação desenfreada de novas unidades monetárias, uma vez que os avanços tecnológicos possibilitavam computadores cada vez mais rápidos e que poderiam ter, portanto, maior capacidade para gerar problemas computacionais (muitas vezes inúteis) a serem resolvidos[183].

Uma das inovações trazidas pelo projeto do Bit Gold era a aliança entre a criptografia e a tecnologia dos contratos inteligentes, que são contratos autossuficientes executados via códigos computacionais. Eles estabelecem diretrizes acordadas entre as partes e não requerem a intervenção de um indivíduo ou árbitro para resolver questões relacionadas ao seu conteúdo, já que o próprio contrato antecipa possíveis contestações e já toma as medidas cabíveis para tais[184]. Desta forma, também proporcionam uma configuração *peer-to-peer* às transações, que facilita negociações entre desconhecidos mesmo no contexto da internet na medida em que gera confiança entre entes que não têm nenhum incentivo para confiarem no outro. No âmbito da internet, antes dos contratos inteligentes só se poderia estabelecer uma transação confiável entre indivíduos desconhecidos era por meio de instituições e corporações que atuavam como intermediários, como o caso do eBay[185], e, com seu surgimento, os indivíduos se emancipam.

O Bit Gold também propunha uma ancoragem subjetiva de suas unidades monetárias com o ouro, pois Nick Szabo sabia dos problemas que o dinheiro fiduciário traziam para a própria concepção do valor das moedas – vistas as crises hiperinflacionárias do século XX[186]. Também confiava na escassez dos metais para torná-los valorizados e independentes da imposição de um preço por qualquer indivíduo ou instituição, mas o fato é que o preço dos metais dependia do valor subjetivo dado pelos Estados e quaisquer outras instituições, e, ademais, transações que envolviam metais eram dificultosas no contexto da internet, na medida em que o próprio deslocamento do metal no momento da efetivação da troca poderia ser custoso e inseguro para os envolvidos. Por isso, sua proposta final baseava-se em provas de trabalhos[187], responsáveis por calcular *bits* - dígitos binários representados pelo 1 ou 0 que reproduzem unidades de informações[188] -, e que, mais tarde, seria conhecida como "mineração", no Bitcoin.

A criação de unidades de Bit Gold seria feita em algumas etapas: séries de *bits* com desafios computacionais seriam criados pelo próprio sistema e apresentariam soluções pelas provas de trabalho, asseguradas por marcas temporais ("*timestamps*") – registros feitos no sistema sobre as atividades, que ficam armazenados em dados que indicam a data e a hora das resoluções[189]. As soluções apresentadas pelos seus usuários seriam adicionadas a um registro de propriedade e avaliadas por um conjunto de servidores – o que evidencia a preocupação com a descentralização de poder. Uma vez inventariadas em um registro de propriedade central, seriam computadas as unidades monetárias respectivas para cada contribuinte correspondente – a quantidade recebida dependeria da posição de cada um neste registro central, que era estabelecida de acordo com as soluções e com o momento em que os registros foram feitos. Para que as moedas criadas fossem fungíveis, era necessário que estes usuários combinassem unidades monetárias diferentes com funções matemáticas de valores equivalentes[190].

Todavia, o sistema do Bit Gold tinha falhas. Ele dependia da arquitetura dos computadores, e não apenas das operações matemáticas – os computadores deveriam ser capazes de executar as funções devidas, mas o tempo que cada usuário levaria para resolver os problemas propostos poderia variar. Mesmo que o sistema pudesse verificar, com precisão, a dificuldade do trabalho e o seu tempo de criação – dado que o Bit Gold assegurava suas soluções pelas marcas temporais – ele não estava totalmente imune a fraudes, muito menos à inflação, já que as melhorias na tecnologia poderiam desencadear um aumento da emissão das unidades monetárias. Mesmo que este aumento pudesse ser contornado, a demanda crescente tornaria as moedas não fungíveis, ou seja, não teriam os mesmos valores[191], sofrendo com os mesmos problemas das moedas fiduciárias. Entretanto, ainda não tenha resolvendo o problema do gasto duplo, o modelo do Bit Gold serviu de exemplo para outras moedas, tais como o B-Money e o Bitcoin, anos mais tarde.

4.2.2. O B-Money

Nesta mesma fase do *Web Based Money*, outra moeda digital aparece, mas desta vez sem estar relacionada ao ouro: a B-Money, idealizada por Wei Dai. Assim como os demais membros do movimento, Wei Dai também estava preocupado com a segurança dos indivíduos e a manutenção da privacidade, principalmente no que tange às trocas comerciais e os meios pelos quais estas trocas são feitas – o dinheiro. Pensando justamente em manter um ambiente de cooperação entre seus membros sem que houvesse um Estado ou instituições vinculadas a ele que centralizassem o poder e o utilizasse para regulamentar os rumos das relações sociais e econômicas, ele se inspirou na criptoanarquia e criptoanálise dissertada por Timothy May. Um dos grandes nomes do movimento *cypherpunk*, propôs dois protocolos de um modelo monetário digital chamado B-Money[192]. Mesmo sabendo que o primeiro seria impraticável devido às próprias condições sob as quais o sistema estava baseado, ele serviria de inspiração para o segundo, mais exequível.

O primeiro protocolo se fundamentava em uma rede em que não seriam rastreáveis os usuários e as informações ali compartilhadas, funcionando mais ou menos como no modelo das configurações de chaves públicas e privadas estudadas por David Chaum[193]. A proposta era de que todos os membros da rede mantivessem um banco de dados com informações relativas às quantias monetárias disponíveis de todos, que tinham suas identidades protegidas pela criptografia[194]. Este banco de dados, que se assemelhava aos livros centrais de registro comuns em sistemas monetários[195], estaria disponível a todos e seria controlado e atualizado por eles mesmos, diminuindo as possibilidades de ameaças de bloqueio e quasquer interferência nas transações vindas de um ente central. Esta característica era potencializada pela tendência à cooperação entre os membros. Outro aspecto interessante nesta primeira proposta dizia respeito à criação de dinheiro a partir da transmissão de soluções de problemas computacionais: além de não limitar quem poderia, de fato, criar este dinheiro, o protocolo sugeria a equivalência do valor das unidades ao custo computacional da solução dos problemas, a previsibilidade do cálculo da quantia a ser criada e a proibição de custos práticos ou mesmo intelectuais às moedas. A transferência deste dinheiro também era feita de maneira compartilhada, de modo que todos os membros do sistema teriam acesso às transações dos pseudônimos e a sua validação viesse do consenso dos usuários – que só aceitavam transações que não resultassem em valores negativos para uma das partes[196].

Havia também uma regularização sobre a realização e execução de contratos entre seus membros. Os contratos deveriam incluir cláusulas constando estipulações de valores relativos a indenizações, a identificação de um possível árbitro e todas as informações e assinaturas respectivas aos envolvidos na negociação – sendo as assinaturas uma condição para a efetivação do acordo. A validação[197], que viria com a posse das assinaturas dos envolvidos, também estava condicionada à não denotação de qualquer prejuízo às partes e ao débito do valor de reparação estabelecido em uma conta específica para o contrato, que seria assegurada por um *hash*. Contudo, seu protocolo também não resolvia o problema do gasto duplo, não só porque as unidades monetárias do B-Money poderiam ser replicadas, mas também porque poderiam ser enviadas simultaneamente para mais de um membro e até transferidas antes mesmo que os membros da rede pudessem atestar aquela transação como sendo inválida[198]. Ademais, o próprio Wei Dai reconhece que, para além da dificuldade em conseguir a aprovação de todos os membros sobre as questões envolvendo os custos computacionais, os avanços tecnológicos, de maneira geral, nem sempre estão alinhados com as propostas de transparência do movimento *cypherpunk*, de forma que nem todos os membros da comunidade teriam o mesmo alcance às atualizações do sistema – que variaria de acordo com os dispositivos eletrônicos que possuíssem[199].

Por isso, o criptógrafo lança seu segundo protocolo relativo ao B-Money, em que, desta vez, o acesso ao banco de dados de todas as transações (o livro central) seria restrito a servidores, um conjunto especial de participantes conectados entre si por um canal de transmissão que contribuiriam com certa quantia monetária, armazenada em uma conta especial, que financiaria qualquer processo que sofressem de má gestão através do pagamento de indenizações. Da mesma forma como funcionava o primeiro protocolo, os membros que efetuassem qualquer tipo de troca nesta rede deveriam verificar o andamento da transação no banco de dados, mas desta vez, o acesso a ele não seria direto: como somente os servidores[200] teriam este poder, os usuários seriam informados pelos servidores sobre o status dos acordos realizados. Os servidores também deveriam estar comprometidos com a prosperidade monetária do B-Money, lançando, periodicamente, relatórios sobre a criação de suas moedas[201] que seriam verificados por todos os membros do sistema, garantindo o controle da equivalência entre a quantidade indicada no banco de dados e a soma do saldo de todos, e também assegurando a própria manutenção da comunidade. Sua intenção era criar uma nova economia digital fundamentada em um contexto mais seguro e eficiente para que seus membros estivessem livres de tributações e pudessem executar suas trocas de maneira voluntária[202], mas a criação das unidades monetárias foi seu grande empecilho. Wei Dai chegou a propor um apêndice[203], uma espécie de subprotocolo, aos já existentes do B-Money, em que a criação das moedas funcionaria se assemelharia a um tipo de leilão entre os membros e servidores do sistema. O processo seria dividido em quatro fases[204] (planejamento, licitação, computação e a criação do dinheiro), mas o projeto ainda não era completo e não tinha a robustez necessária para superar o problema do gasto duplo, que fez com que também não fosse implementado, como fora admitido pelo próprio Wei Dai[205].

De maneira geral, muitas moedas digitais e virtuais geraram preocupação por parte dos governantes, principalmente por conta da ligação de alguns projetos a movimentos anarquistas. Exemplo disso foi quando uma destas propostas se aproximou demasiadamente de movimentos de caráter ainda mais extremista: ainda em 1997, Jim Bell[206], um ex-engenheiro da Intel, publicou um documento que incitava a organização de uma conta específica para reunir fundos, em moedas digitais, que viabilizassem a aplicação de punições a governantes que não satisfizessem os anseios da população – punições que envolviam desde o afastamento do tal político de seu cargo até mesmo o seu assassinato[207]. Apesar disso, a tecnologia empregada na criação destas novas moedas ampliou o escopo de possibilidades para as relações econômicas e financeiras, que não mais precisavam mais contar apenas com as ferramentas disponíveis.

4.3 Criptomoedas: uma nova forma de moeda virtual

As moedas virtuais são assim classificadas por serem criadas, armazenadas, obtidas e transacionadas neste mesmo contexto, e não precisam ter uma representação física para garantir seu valor[208]. A especialização tecnológica e a necessidade por solucionar o problema do gasto duplo trouxeram a inserção de técnicas da criptografia para a formação das novas unidades monetárias e proteção de suas transações[209], de modo que estas criptomoedas não fossem facilmente replicadas. Em abril de 2018 já era possível contabilizar mais de 1500 tipos de criptomoedas[210], ilustrando a tendência do mercado internacional em abrir cada vez mais espaço para transações por meio estas moedas.

Ainda que sejam criadas por entidades privadas, estas moedas não são emitidas de acordo com a vontade de seus criadores, ou por quaisquer membros deste novo sistema. A emissão das unidades monetárias é feita de acordo com diferentes algoritmos de distribuição e consenso sendo que o mais comum esta relacionado com a oferta de problemas criptográficos aos usuários, e está baseado em provas de trabalho, de resolução de problemas computacionais[211]. Aliás, a descentralização da emissão é o grande diferencial desta subcategoria de moedas virtuais[212], desafiando não só o papel de órgãos responsáveis pela emissão de moedas fiduciárias, como Bancos Centais, mas todo o paradigma econômico baseado nestas moedas controladas pelos Estados nacionais.

4.3.1 O BITCOIN

A criptomoeda inaugural é o Bitcoin, desenvolvido pelo pseudônimo Satoshi Nakamoto em 2009[213] e descrito como um sistema de dinheiro eletrônico *peer-to-peer*[214]. Esta configuração torna as transações menos custosas aos usuários na medida em que a criptografia ocupa o lugar da confiança, de modo que sua arquitetura cliente-servidor fornece a todos os usuários as mesmas capacidades, funções e responsabilidades[215] no sistema. Um dos grandes diferenciais do Bitcoin é conseguir, finalmente, acabar com o problema do gasto duplo através do seu servidor *peer-to-peer*, também conhecido como a plataforma blockchain. Com suas marcas temporais organizadas pela ordem cronológica dos registros públicos, a blockchain permite aos usuários o compartilhamento de quaisquer dados, informações ou serviços que também estão passíveis de verificação por todos. A permanência e imutabilidade destes registros, inclusive, dificulta qualquer tentativa de manipulação de usuários, grupos ou entidades, que não conseguem agir isoladamente para que alterações sejam feitas.

Ao contrário das moedas digitais e virtuais anteriores, o Bitcoin está fundamentado em cadeias de transações, e não mais de dados, formando os blocos de informações que sustentam a blockchain[216]. Assim, ao realizar uma transação, os envolvidos trocam moedas e *hashes*: as moedas são cadeias de assinaturas digitais ligadas a um problema criptográfico resolvido, e os *hashes* são os algoritmos que asseguram a integridade[217] das transações feitas anteriormente. Além disso, as transações também implicam no registro das chaves públicas das partes, que são códigos de identificação. É o registro de todas as informações referentes à troca e às partes envolvidas o fator que evita a ocorrência do gasto duplo das unidades monetárias[218], pois os usuários verificam e validam as transações feitas a partir da avaliação do histórico permanente de tudo o que fora feito com as criptomoedas correspondentes à transação em questão. A validação das transações depende do consenso descentralizado dos usuários da rede, e depois disso as transações são adicionadas à blockchain, se tornando registros permanentes.

Imagem 01: Funcionamento das transações na Blockchain

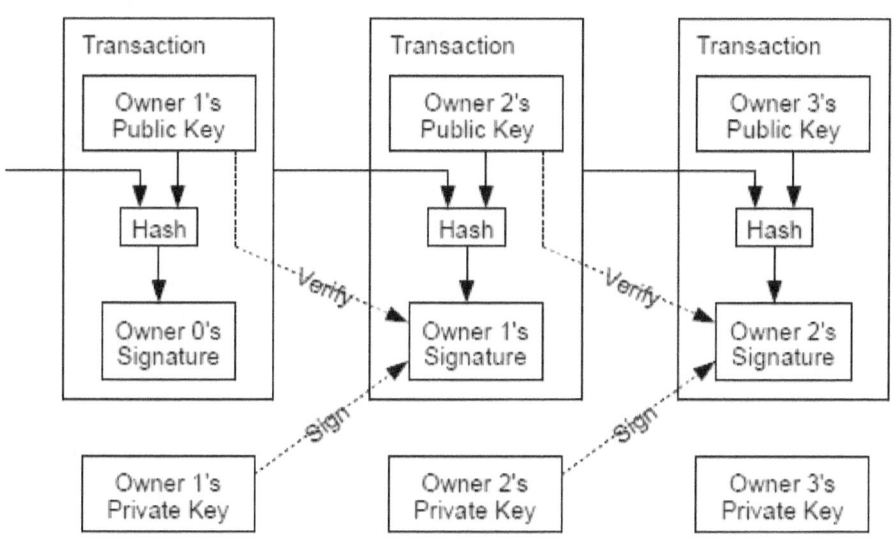

Fonte: NAKAMOTO, 2009, p. 2.

O destinatário das unidades monetárias pode verificar os *hashes* fornecidos, as assinaturas feitas no acordo e, por fim, a cadeira de códigos da propriedade[219]. Na Blockchain, as transações são agrupadas em blocos e asseguradas por marcas temporais (*timestamps*), que dificultam alterações e possíveis falsificações das informações contidas nos *hashes*. Os blocos que compõem a Blockchain são ligados entre si e compostos também por desafios computacionais, que lembram as provas de trabalho e equações computacionais do Bit Gold e do B-Money, e que geram novas unidades monetárias a partir de *hashes* destes cálculos, produzidos em larga escala e com capacidade de rápida criação de unidades monetárias[220]. Por isso, o valor dos Bitcoins está baseado tanto na escassez quanto na sua utilidade – a utilidade está ligada aos seus benefícios de utilização e a escassez corresponde ao esforço demandado pelos desafios computacionais que precisam ser resolvidos e ao limite de unidades monetárias que podem ser emitidas e ao programa de mineração do próprio sistema, que diz respeito aos indivíduos que podem conseguir resolver os problemas computacionais e obter estas moedas como recompensa.

Para que os blocos fiquem completos e gerem novas moedas, é necessário um grande trabalho computacional, que não costuma vir de um indivíduo apenas. Tal esforço não vem mais das CPUs (*Central Processing Unit*) ou de GPUs (*Graphic Processing Unit*), mas de equipamentos desenvolvidos especificamente para o fim da mineração, os ASIC (*Application-specific Integrated Circuit*)[221]. A produção das unidades monetárias, porém, não está deterministicamente ligada aos «solucionadores» dos problemas criptográficos criados pelo sistema, mas sim por uma espécie de loteria estocástica que favorece os maiores esforços computacionais e que respeita o limite de Bitcoins totais que poderão ser criados. Além disso, o Bitcoin aproveita a ideia da prova de trabalho vinda do HashCash para aplicar ao seu processo de criação monetária: a prova de trabalho verifica os valores contidos em um determinado *hash* e o tempo de trabalho implicado na resolução do problema. Aliado às marcas temporais, o resultado obtido não pode ser alterado – a não ser que todo o trabalho que compõe o bloco seja refeito[222]. Outra vantagem deste sistema diz respeito à exigência de uma representação significativa para a validação das transações, de modo que aqueles que detinham muitos endereços de IP[223] eram beneficiados.

Com o sistema inaugurado pelo Bitcoin, a prova de trabalho começa a ser calculada de acordo com o esforço computacional envolvido, diminuindo as chances de falsificações. Entretanto, isso não impede que empresas invistam muito dinheiro em grandes quantidades de computadores para organizar grupos de resolução dos problemas de *hashes* e, assim, monopolizar a produção de novas unidades monetárias. Ademais, ao contrário do que era suscetível de acontecer com o Bit Gold e o B-Money, o Bitcoin apresenta um esquema de aumento da dificuldade dos problemas computacionais que são criados, compensando o aumento da velocidade de resolução dos problemas bem como a capacidade do *hardware* dos computadores, regidos pela Lei de Moore[224], em que o poder de processamento computacional dobraria a cada dois anos, aproximadamente. A partir do momento em que novas unidades monetárias são criadas, o interesse por resolver os problemas dos *hashes* aumenta e, justamente para evitar a possibilidade de monopólio empresarial via investimentos em mais máquinas, a dificuldade de resolução dos problemas computacionais aumenta conforme a rapidez das resoluções[225]. A emissão de novas unidades monetárias é programada pelo próprio sistema de acordo com uma função algorítmica que prevê sua emissão e velocidade e que, necessariamente, diminuirá ao longo do tempo – muito diferente do que tem acontecido com as moedas fiduciárias comuns, que têm aumentado em volume especialmente nos últimos anos. No caso do Bitcoin, há o limite de 21 milhões[226] de unidades monetárias a serem emitidas, o que contribui para que a escassez promova algum valor real à moeda.

Gráfico 01: Escala logarítmica de Bitcoins em circulação

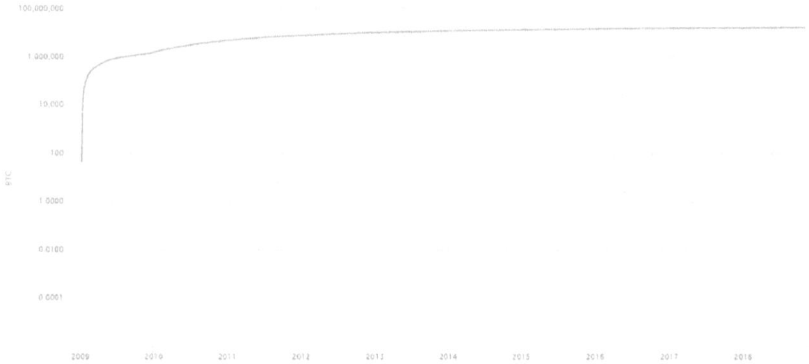

Fonte: Blockchain, 2018[227].

No que tange o Bitcoin, o acesso às informações sobre a quantidade de moedas em circulação é livre, independente do período escolhido, e a escala logarítimica também indica que a emissão de Bitcoins não aumenta arbitrária e exponencialmente, ilustrando a escassez da moeda. A emissão funciona segundo alguns passos: as novas transações são transmitidas a todos os usuários, também conhecidos como «nós», e vêm acompanhadas de novos problemas computacionais. O poder computacional dedicado pelos mineradores deverá resolver os problemas apresentados, e quando uma solução for encontrada – criando uma nova prova de trabalho – toda a informação do bloco é transmitida aos usuários. Eles só validarão as informações do bloco se todas as suas transações forem válidas e for observado que ainda não houve o gasto prévio daquela prova de trabalho apresentada. A partir do momento que o bloco e suas informações correspondentes forem validadas pelos membros, um novo bloco é criado naquela cadeia de transações: este bloco conterá tanto o *hash* do bloco aceito como também o *hash* anterior a ele[228].

Trata-se de um sistema que continuamente tenta evitar falhas, mas que ainda assim não está imune a elas. Se acontecer, por exemplo, de duas provas de trabalho serem transmitidas simultaneamente aos membros, alguns podem receber as informações antes de outros, e isso pode ser prejudicial, já que a ordem de recebimento vai alterar o produto na medida em que os membros trabalharão com o primeiro recebido, para só então partir para o segundo. À primeira vista, a ordem não faria diferença, já que é muito provável que todos trabalhem para encontrar as soluções de ambos os problemas, mas as marcas temporais anexadas às provas de trabalho favorecerão aqueles que as resolverem corretamente antes dos outros. Mesmo sendo um sistema em que a produção de novas unidades monetárias não está deterministicamente ligada aos «solucionadores», os membros/nós trabalharão cada vez mais para estender suas cadeias criptográficas - eles costumam considerar cadeias mais longas como mais prováveis de serem as corretas. O que pode acontecer, então, é que uma prova de trabalho correta, de fato, poderá surgir antes mesmo de todos terem tido a oportunidade de trabalhar com o *hash* ideal. A simultaneidade de entrega de provas de trabalho só vai ser resolvida quando a próxima prova de trabalho já apresentar a solução correta que, por conseguinte, terá uma ramificação do *hash* ainda mais longa. Desta forma, os membros começarão a trabalhar nesta nova prova de trabalho, mais longa - que considerarão como a correta[229]. Assim, os usuários serão recompensados com novas moedas somente quando houver a verificação e a validação das transações registradas[230].

A primeira emissão de Bitcoin nasce tão logo que a primeira transação é registrada na Blockchain, e o surgimento de um novo bloco incentiva o registro de novas transações, criando suporte para a criação e circulação de mais moedas no sistema. A circulação delas também é proporcional ao aumento do trabalho de mineradores. Contudo, os incentivos para a mineração não vêm só de novos registros – as taxas de transação, que são os valores de entrada dos registros e das prova de trabalho também financiam a produção de novas unidades monetárias. Se o mercado alcançar o número pré-determinado de moedas que devem circular, as taxas de transação passam a serem os incentivos dos mineradores – tornando o sistema menos apto a sofrer com a inflação[231], uma vez que estes incentivos destacam os riscos dos usuários serem prejudicados com ações desonestas e incentivam, por fim, a manutenção da honestidade para com os registros de suas transações e o processo de mineração. Os riscos envolvem desde a possibilidade dos minerado-res perderem seus pagamentos para agentes fraudulentos até o aumento do número de moedas circulantes, que geraria a inflação e diminuiria o próprio valor do Bitcoin. Aliás, os usuários podem se proteger de invasões e tentativas de fraudes através de alertas coletivos que detectam blocos inválidos, mas a verificação individual ainda é a alternativa que oferece mais segurança e garantia de sucesso aos usuários[232].

No que tange à privacidade, o sistema da Blockchain permite que os usuários estejam a par de todas as etapas de uma transação, mesmo não podendo vincular as informações dos registros às suas identidades dos usuários, que são protegidas por *hashes*. Eles atuam de modo que as chaves públicas mantêm-se anônimas através da ação de um novo par de chaves, pública e privada, que atuam em cada transação feita justamente para impedir a vinculação das chaves às identidades[233]. Este sistema, porém, não impede totalmente que algumas correspondências sejam feitas, e os riscos disso acontecer possibilitam a exposição das de-mais transações do usuário descoberto para com os outros membros. Por isso, o Bitcoin promete melhorias para o funcionamento de seu sistema e para a manutenção da privacidade dos seus membros – como é o caso da mudança dos endereços dos usuários com o tempo e a habilitação de mensagens API no momento das transações, uma tecnologia que permite a transmissão de dados[234] e que, no caso do Bitcoin, diminuiria as chan-ces dos endereços dos usuários serem contaminados durante a realiza-ção de um pagamento[235].

Assim como outras moedas virtuais, as criptomoedas não estão vinculadas a nenhum Estado nacional e são acessíveis a qualquer pessoa que tenha acesso à internet. Suas transações, então, não são limitadas por nenhum feriado, horários de funcionamento, fronteira ou burocracias, tais como as de bancos e demais agentes financeiros. Além disso, as taxas de transação dependem das corretoras[236] e não são tabeladas por nenhum órgão. Contudo, o fato de não serem regulamentadas prejudica uma adoção mais rápida por parte de governos e instituições financeiras.

As transações feitas em Bitcoins- não podem ser desfeitas e não contêm informações das partes envolvidas na transação. Enquanto seus membros forem incentivados a manter relações honestas uns com os outros – já que fraudes e quaisquer outras ações desonestas colocariam em risco a riqueza de todos na rede – a segurança do próprio sistema tende a aumentar. Por isso, podemos pensar o gerenciamento do contexto criado pelo Bitcoin e a blockchain pela teoria dos jogos – princípio matemático que busca compreender a tomada de decisão, a lógica de interações e interdependência entre usuários de um mesmo sistema[237]. Os resultados das interações dependerão das circunstâncias das relações – se são de cooperação ou competição – e das decisões tomadas pelos usuários. Contudo, é possível chegar a um equilíbrio para esta relação, o Equilíbrio de Nash[238], a partir da avaliação das estratégias dos envolvidos e dos resultados que podem ser alcançados de acordo com as decisões tomadas.

O Bitcoin não é a única criptomoeda a se basear na blockchain para viabilizar as transações econômicas. A Ethereum, por exemplo, têm sua emissão baseada na prova de participação (*proof of stake*), uma alternativa ao elevado grau de consumo de energia necessário à geração de novas unidades monetárias. Este consumo pode ser um fator que eleve os custos de produção das moedas – inclusive, para uma cada transação em Bitcoin, a quantidade de energia elétrica utilizada é equivalente ao que uma família holandesa tradicional consumiria em duas semanas[239]. A metodologia de prova de participação leva em conta a quantidade de unidades monetárias e por quanto tempo um indivíduo as possui para que então seja feita uma seleção aleatória de quem receberá novas oportunidades de mineração[240]. Desta forma, aqueles que possuem maior capacidade computacional não seriam, necessariamente, os detentores do maior poder computacional[241] - algo que poderia acontecer com empresas que investissem em máquinas capazes de realizar a mineração de Bitcoins, por exemplo, gerando uma centralização na emissão de novas moedas.

Um modelo diferente, proposto pelo pseudônimo Sunny King e Scott Nadal, reformula o modo de cunhagem trazido pelo Bitcoin e também tenta promover mais segurança para a criação das moedas, uma vez que a falsificação deste processo é bem mais difícil que no modelo da prova de trabalho[242] - seria necessário que um grupo detivesse 51% ou mais da quantidade total de moedas circulantes para que pudesse ter controle sobre o sistema, algo que, além de muito caro, seria contraproducente, já que o valor destas moedas diminuiria sob a iminência da ameaça. Devido o processo mais aleatório de escolha de mineradores, este sistema propõe uma realidade em que nem sempre os detentores de mais unidades monetárias seriam escolhidos para criar os próximos blocos. O modelo também pode ser considerado mais consensual que os anteriores por demandar menos energia elétrica para seu funcionamento, dando chances para que mais membros façam parte do seu sistema. Essa economia também significa a diminuição da necessidade de problemas computacionais para manter a rede funcionando, o que ajudaria na manutenção do preço de suas moedas. Todavia, ao passar por modificações visando a superação de problemas, este modelo acabou desenvolvendo novos paradigmas, que ainda são incertos – como o caso da criação da prova de participação delegada, em que é usado um algoritmo de consenso para manter um acordo irrefutável sobre a verdade na rede, funcionando como uma democracia digital por meio da combinação entre os votos dos membros do sistema e um sistema de reputação[243].

Outra metodologia de mineração que vale ser citada é a da prova de capacidade (*proof of capacity*), que depende do espaço livre no disco rígido dos computadores[244] e, por isso, consome ainda menos energia para a produção de unidades monetárias – como é o caso da moeda Burst. Este modelo não depende da quantidade de moedas que um usuário possui para determinar quem serão os mineradores para os novos problemas computacionais, de maneira que os baixos custos relativos aos discos rígidos permitem que qualquer um possa minerar. A criação de novas unidades monetárias depende da leitura feita no espaço dos discos rígidos e é dividido em três etapas: a reunião de dados, a atribuição de recompensas, e a mineração de fato, que diz respeito à leitura de um software sobre os dados acumulados nos discos rígidos.

A escolha por transacionar com criptomoedas pode ser benéfica para comerciantes, que podem expandir seus negócios sem a dependência de instituições financeiras – tais como as provedoras de cartões de crédito, que possuem altos índices de fraudes e contam com altas taxas e custos relativos à administração do dinheiro arrecadado pelos comerciantes. Assim, a emancipação sobre um agente central destaca as vantagens da adoção do Bitcoin, que permitem que os usuários tomem conta daquilo que lhes pertence. Além da ajuda da criptografia e do backup das transações registradas na blockchain, os usuários ainda contam com a transparência, proteção de seus dados e o anonimato durante as transações graças ao uso de *hashes* e a adoção de chaves públicas e privadas diferentes no decorrer das transações[245]. Ademais, dificilmente um indivíduo ou organização poderá ter o controle de todo um sistema que é necessariamente descentralizado, assegurado pela criptografia e dependente do consenso da maioria dos membros da rede para a validação das informações e transações registradas.

Porém, seu sistema também possui desvantagens, como o baixo grau de adoção, a volatilidade do valor da moeda e seu desenvolvimento contínuo[246]. Neste sentido, pretendo responder às quatro grandes críticas com relação às criptomoedas: o fato de não terem valor intrínseco – já comentado no capítulo sobre valor subjetivo; o fato de não terem lastro – acordado no capítulo relacionado ao término do padrão ouro; o problema de sua adoção – que se já não fora feita, não será mais; e a questão de estarem inseridas em uma bolha de preços. As duas últimas são o atual foco da seguinte discussão.

4.3.1.1 SE AINDA NÃO FORAM, SERÃO ADOTADAS?

O baixo grau de aceitação está intimamente ligado ao fato de que se trata de uma tecnologia que muitas pessoas ainda desconhecem, levando à não aceitação em grande parte do comércio. Ao pensar na adoção de novas tecnologias, nos aproximamos do modelo sociológico proposto por Everett Rogers[247] sobre o ciclo de vida das tecnologias e sua adoção, que se divide em cinco etapas. Este modelo, utilizado para explicar tantas outras transformações na vida social causadas pela tecnologia, leva em conta aspectos psicológicos, sociais e econômicos dos indivíduos – daí sua grande aceitação na literatura especializada[248].

A adoção de uma nova tecnologia é feita primeiro pelas pessoas classificadas como inovadoras, que assumem riscos mais facilmente por estarem inseridos em um contexto já de maior inserção tecnológica e científica – seja por conhecerem pessoas ligadas a essas áreas ou por seu grau de instrução. Os inovadores costumam ter bastante consciência financeira e geralmente se enquadram em classes sociais mais altas, ampliando as condições para arcarem com possíveis falhas desta nova tecnologia. A segunda etapa começa logo depois e se caracteriza pela adoção da tecnologia pelos primeiros consumidores[249], gerando um aumento do consumo dos produtos ou tecnologias trazidas pelos inovadores. Quando comparados com os inovadores, são mais criteriosos na escolha de quais inovações serão adotadas. A terceira fase é a da maioria precoce, em que a adoção leva necessariamente mais tempo que as fases anteriores, de modo que seus membros fazem uma maior avaliação sobre a inovação e seus benefícios. Somente depois deles é que começa a quarta etapa, da maioria tardia, que são mais céticos às inovações, de maneira geral. Ocupam posições sociais mais baixas que os membros das fases anteriores, têm pouca lucidez financeira e menor grau de educação. A terceira e quarta etapa são as mais longas de todo o processo. Finalmente, os últimos a adotarem a nova tecnologia são os retardatários, que podem ser mais velhos que os demais indivíduos, mais ligados a tradições e podem também ocupar posições inferiores no status social e econômico[250].

Gráfico 02: Tempo estimado para adoção de tecnologia

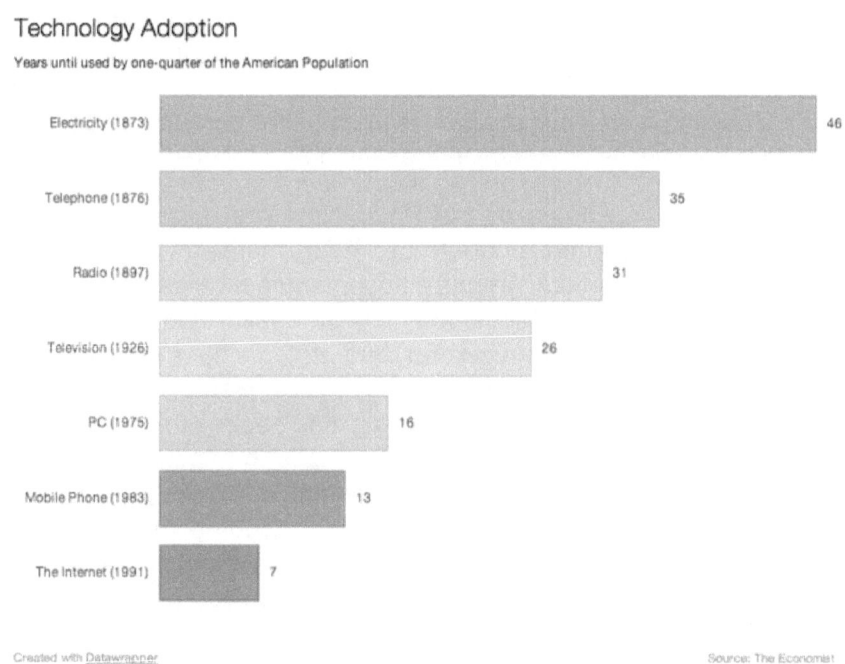

Technology Adoption

Years until used by one-quarter of the American Population

Fonte: Elaborado com informações extraídas de MCKINEY[251], 2014.

O modelo proposto por Rogers sofreu algumas alterações com o tempo, mas ainda consegue ilustrar um panorama geral do comportamento da sociedade com relação à adoção de inovações tecnologias. Se pensarmos nas últimas grandes inovações, como mostra o gráfico, o tempo relativo de inserção das novas tecnologias de redes tem diminuído paulatinamente, consequência que pode ser atribuída ao aumento do acesso à informação – trazido, inclusive, por muitos destes dispositivos. Ainda assim, as criptomoedas e a Blochchain, que foram lançadas há quase dez anos, não seguiram o mesmo padrão. Mesmo que o Bitcoin tenha se popularizado, é necessário que mais empresas aceitem transacionar com estas moedas para que elas também possam se beneficiar dos efeitos de sua rede[252]. Uma justificativa para a crítica da aceitação – de que se elas não foram adotadas até agora, não serão mais – é a quebra de paradigmas trazida pelas criptomoedas. Por não estar ligada a nenhum Estado nacional e haver pouca regulação financeira sobre seu uso, os Bitcoins impõe um certo desconforto institucional, assim como aconteceu com as moedas digitais, o fato de suas transações possibilitarem o anonimato dos usuários além de atrairem membros interessados em ações ilícitas é uma característica para qual a maioria das instituições não estão preparadas para administrar[253]. O status quo, público e corporativo que absorveu todas as demais tecnologias de rede têm dificuldade de assimilar a blockchain em seus processos justamente porque a descentralização vai muitas vezes contra os interesses de protocolos centralizados.

No caso emblemático da Silk Road, site especializado em comércio de produtos ilegais (considerado como um mercado *darknet*), onde eram vendidos desde armas, drogas e documentos falsificados e também poderia ser contratados serviços como os de assassinos de aluguel. A Silk Road funcionava pelo *software* Tor, que protegia seus usuários, através do anonimato, contra eventuais censuras provenientes de instituições com poder centralizado[254]. As transações, não rastreáveis, eram feitas diretamente entre os envolvidos e, muitas vezes, o pagamento era feito com moedas virtuais. Devido os desdobramentos que o site proporcionou, principalmente com relação ao comércio e prestação de serviços ilegais, seu fundador, Ross William Ulbricht – também conhecido como Dread Pirate Roberts, na plataforma – fora condenado à prisão perpétua[255].

A baixa adoção do Bitcoin também está relacionada à volatilidade de seu preço, que impediriam as criptomoedas de funcionar como verdadeiras unidades de conta e reservas de valor[256]. Contudo, o amadurecimento e a emissão controlada e planejada do Bitcoin diminuiria, em longo prazo, as consequências do problema de sua volatilidade, pois uma vez que se sabe o limite de Bitcoins a serem produzidos, a flutuação de seu valor não seria consequência de sua emissão e também não sofreria com uma possível inflação. Além disso, alguns especialistas criticam seu modelo de emissão monetária que, por não estar ligado a nenhuma entidade central, obrigaria as criptomoedas a se basearem na confiança entre os usuários para então adquirirem algum valor subjetivo[257]. Neste caso, vale lembrar que as próprias moedas fiduciárias também não têm nenhum valor intrínseco e que também dependem do consenso da sociedade para terem, de fato, algum valor de mercado.

Como todo ativo nascente, estão suscetíveis a especulações e atividades financeiras que interfiram na sua valoração – realidade que tende a se atenuar com o tempo, teoricamente, principalmente se houver

uma maior difusão do conhecimento sobre as criptomoedas, o amadurecimento de seu sistema e tecnologia, e a consequente ampliação de sua
aceitação[258]. Atualmente, o sistema do Bitcoin e de tantas outras criptomoedas ainda possui recursos incompletos e que estão constantemente
em desenvolvimento. O seu amadurecimento e a implementação de novas ferramentas e recursos podem consolidar as vantagens já oferecidas
por estas criptomoedas, principalmente no que diz respeito à sua segurança e acessibilidade.

Entretanto, uma alternativa às criptomoedas tem ganhado popularidade no mercado financeiro. As *stablecoins* (moedas estáveis) são criptomoedas cujo preço está vinculado a um ativo do mundo real[259], como
o ouro ou moedas fiduciárias. Elas utilizam esta paridade para manterem
seu valor, ao mesmo tempo em que aproveitam vantagens trazidas pela
tecnologia da blockchain, tais como a agilidade e segurança das transações e o fácil acesso às unidades monetárias[260]. Alguns países, inclusive,
já contam com algum tipo de instrumentação jurídica para este tipo de
criptomoeda, como é o caso dos Estados Unidos e da Suíça, e isto pode
ser muito positivo para o próprio desenvolvimento de regulamentação às
criptomoedas comuns[261]. Até 2018, já foram registradas 57 *stablecoins*,
sendo que 23 delas ainda se encontravam ativas e as outras 34 estavam em fase de testes. No entanto, a estabilidade de preço ainda não
era uma realidade para todas aquelas ativas – somente a Tether, a mais
famosa e questionável stablecoin[262], vinha cumprindo sua promessa[263].
Ela aproveita a tecnologia da blockchain para que seus usuários estejam
assegurados pelos seus métodos de auditoria, manutenção e contabili-
zação no que diz respeito às funções das moedas[264]. Para muitos empresários e comerciantes, as criptomoedas comuns podem não ser tão
benéficas para seus negócios, uma vez que sua volatilidade influencia
diretamente na variação dos valores dos seus fluxos de caixa. Por isso, as
stablecoins surgem como uma alternativa para aqueles que não podem
– e não querem – lidar com essa variação, ao mesmo tempo que ainda
aproveitam os recursos tecnológicos das criptomoedas: a utilização e integração de contratos inteligentes para algumas transações, a agilidade
nas movimentações financeiras, os baixos custos de manutenção, a
fungibilidade, entre outros[265].

As *stablecoins* podem ser classificadas de acordo com seus mecanismos de estabilidade, que são de dois tipos: aquelas lastreadas em
ativos, que representam 77% das stablecoins disponíveis[266]; e as algorítmicas, em que a emissão de suas unidades monetárias depende apenas

de cálculos e algoritmos, não tendo, portanto, nenhuma ligação com ativos. As *stablecoins* lastreadas em ativos, que mantêm a estabilidade do seu valor de acordo com as taxas cambiais, se dividem em duas categorias: as que têm como base moedas fiduciárias e as que se lastreiam em criptomoedas. As baseadas em moedas fiduciárias funcionam de acordo com a emissão de notas promissórias de pagamento, em que há um fundo de reserva para a absorção dos depósitos em moedas fiduciárias e a emissão respectiva das *stablecoins*. Já as que são lastreadas em criptomoedas possuem, portanto, uma criptomoeda correspondente ou uma cesta delas, não necessariamente numa proporção simétrica, e são garantidas por contratos inteligentes, de maneira que não é necessário haver uma terceira parte centralizada para monitorar o lastro. Esta paridade com criptomoedas, entretanto, é um pouco frágil, principalmente por conta da volatilidade de seu valor. Para evitar que a *stablecoin* perca este valor e casos de desvalorização das suas criptomoedas correspondentes, elas devem manter reservas com uma proporção de valor significantemente maior que a daquela criptomoeda desvalorizada[267]. Já no caso das *stablecoins* algorítmicas, a manutenção da estabilidade do seu valor demanda o balanceamento da oferta de unidades monetárias conforme sua demanda, calculada por seus respectivos *softwares*. Assim, quando sua demanda aumenta, sua oferta também precisa aumentar – e o mesmo acontece com a diminuição da demanda, em que se torna necessária uma redução da sua oferta[268].

Um dos grandes desafios das *stablecoins* é o escalonamento de sua liquidez – daí a importância de um investimento capaz de assegurar que haverá reservas disponíveis para todas as aplicações feitas nestas moedas[269]. O receio da população e dos legisladores, principalmente, que ainda associam as criptomoedas, de forma geral, aos golpes executados com Bitcoin e as pirâmides financeiras também dificulta a adoção das *stablecoins*. Além disso, escassa regularização sobre as atividades comerciais das *exchanges*, que são as casas de troca e corretoras responsáveis pela comercialização das criptomoedas, permite a adoção de diversas métricas para o estabelecimento de taxas aos seus clientes – inclusive, as próprias *exchanges* ainda não aderiram à comercialização de *stablecoins*, que podem ser ainda mais vantajosas para as suas atividades, pois implicam no aumento do volume de transações e consequentemente, na viabilização de reservas de fundo mais seguras[270].

A prova de fundos, que diz respeito à equidade do montante de *stablecoins* em circulação e sua respectiva reserva em moedas fiduciá-

rias ou criptomoedas, também é uma dificuldade para sua populariza-
ção, tendo em vista que a transparência desta relação é fundamental
para que os consumidores tenham confiança no seu valor de mercado.
Ainda que a emissão e destruição dos seus tokens estejam ligadas a
uma unidade central e isso proporcione um grave ponto de falha, seu
papel está relacionado ao provimento de soluções de negócio, e não à
infraestrutura de transação, de modo que todas as atividades ligadas às
stablecoins permanecem descentralizadas: as trocas não precisam de
nenhum tipo de autorização, não podem sofrer intervenção de terceiros,
e os protocolos de comunicação entre os usuários são totalmente abertos
e transparentes [271]. Além disso, seus usuários gozam de as baixas taxas
de transação, arbitragem facilitada para negociar seu montante e agilidade na concretização das transações. A escolha da melhor *stablecoin*
dependerá, portanto, das suas pretensões de uso, o grau de confiança
implicado na moeda – se é necessário, para o usuário, que seja uma
moeda totalmente descentralizada, por exemplo -, a conformidade com a
sua regulamentação e a escalabilidade da própria moeda[272]. Seus valores
também são determinados pelo consenso da sociedade, assim como as
moedas fiduciárias, e no caso daquelas que têm a paridade com um ativo
financeiro real, a volatilidade do seu valor é ainda menos sentida pelos
seus usuários.

4.3.1.2 As criptomoedas são uma bolha

Nos primeiros dez anos após seu lançamento, as criptomoedas
eram uma bolha – e isso era algo esperado e quase impossível de não
ter acontecido, principalmente por conta do modelo proposto. A criação
de uma bolha especulativa, que comumente ocorre com o surgimento
de uma nova tecnologia adjacente, também foi observada nos primeiros
anos da internet, quando a novidade trazida por ela gerou muita expectativa sobre o futuro da informação e dos meios de comunicação. Mais
tarde, quando a situação de especulação dos investimentos nestas
empresas tecnológicas se tornou insustentável, ocorreu o chamado "Dot-
com Crash", ou explosão das "ponto-com" – uma clara referência aos
endereços eletrônicos das empresas. Muito analistas de tecnologia começaram a apostar alto nas ações de empresas virtuais, recomendando
estes investimentos a outros investidores e demais entusiastas do mercado financeiro, o que gerou a superestimação do valor das ações destas
empresas – até mesmo as que não tinham nenhum tipo de plano de negó-

cios, ou seus planos não condiziam com a realidade da empresa ou das tendências do mercado, atraíram milhões de dólares em investimento[273].

O *frenesi* da internet, ainda em meados da década de 1990, foi palco para o surgimento de empresas como a Yahoo, eBay, Amazon[274]. Aquelas especializadas no *e-commerce* tiveram um crescimento exponencial de sua popularidade, desencadeando a euforia dos investidores, que viam seus lucros crescendo absurdamente todos os anos. As especulações foram somadas a uma oferta de capital de risco abundante e altas taxas de juros[275], levando muitos investidores a adquirir ações destas novas empresas – os valores registrados no NASDAQ, que giravam em torno de 1000 pontos em 1995, alcançaram a marca dos 5000 em 2000, um valor que, mesmo hoje, é muito difícil de ser alcançado[276]. Todavia, de março a abril de 2000, o NASDAQ perdera quase um trilhão de dólares devido à falência de muitas destas empresas e ao fato dos investidores começarem a perceber as inconsistências destas empresas[277]. Outro fator que contribuiu para o pânico no mercado financeiro foi a simultaneidade com que, empresas de tecnologia como a Dell, Cisco e IBM, resolveram colocar ordens de venda em suas ações, mesmo com o mercado ainda em seu auge[278]. Essa bolha veio a estourar, de fato, devido à supervalorização das ações e o uso de métricas que ignoravam o fluxo de caixa das próprias empresas[279] - esta última ligada à preocupação dos analistas com a capacidade de conexão entre empresa e população ou mesmo com sua expansão sem dar a devida atenção à sua capacidade de gerar receita. Ainda sobre o fluxo de caixa destas novas empresas, o HSBC Holdings chegou a conduzir uma pesquisa que afirmava que as ações dessas companhias estavam 40% supervalorizadas, e que para serem devidamente avaliadas, seu crescimento anual deveria girar em torno de 80% por cinco anos – taxa bastante difícil de ser alcançada, principalmente se levado em conta que a própria Microsoft tinha uma média de crescimento de 50% ao ano[280].

Muito se especula de que estaríamos caminhando para uma segunda bolha da internet, impulsionada pelo boom de redes sociais como o Facebook, Twitter e LinkedIn[281]. Logo, o pensamento que as criptomoedas fazem parte de uma bolha seria bastante lógico, principalmente porque ainda estão se popularizando e também trazem muitas modificações para o comércio e a vida social – assim como aconteceu com a internet. Além disso, o *boom* de quase 56% do valor do Bitcoin em agosto de 2017[282] por conta de uma modificação no seu design também nos faz equiparar sua trajetória com a da internet. Para especialistas, outros fatores também contribuíam para pensarmos na existência de uma bolha no mercado das criptomoedas: a existência de muitas opções de moedas e o constante surgimento de novas opções, a falta de um lastro e o fato do seu valor ser consequente de especulação[283].

Gráfico 03: Ciclo de Hype

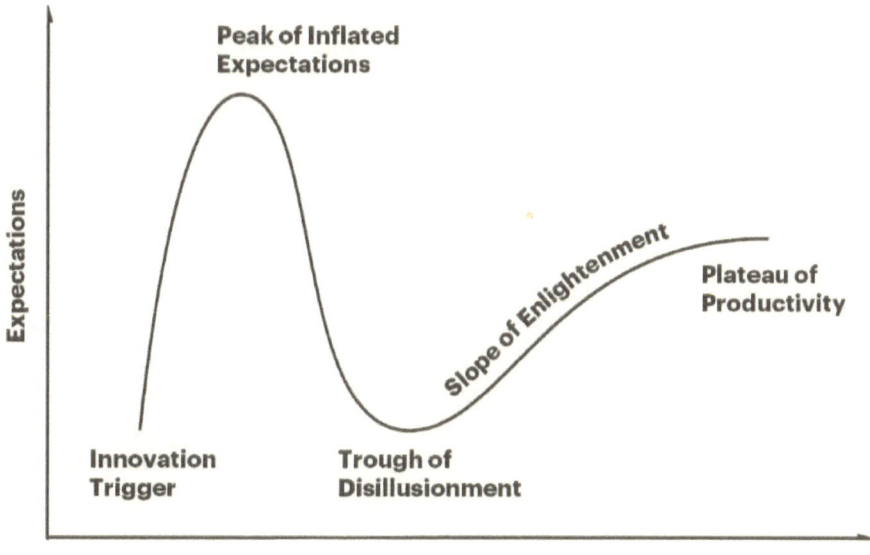

Fonte: GARTNER, 2018.

A maturidade da tecnologia do Bitcoin pode ser explicada pelo ciclo de hype apresentado pela Gartner, uma empresa estadunidense voltada para pesquisa, consultoria e tecnologia da informação. A proposta deste modelo é esclarecer os indivíduos a respeito do ciclo de vida de uma tecnologia e é importante para que os indivíduos se conscientizem sobre as promessas trazidas pelas inovações tecnológicas e comecem a distinguir o momento no qual estas novidades se encontram na sociedade. O ciclo possui cinco etapas: o lançamento da inovação, o pico das expectativas superestimadas, a desilusão, o esclarecimento e consolidação e, por último, o platô de produtividade. Com o lançamento de uma nova tecnologia, os indivíduos ganham conhecimento do seu potencial a partir das primeiras experimentações e da publicidade que os sucessos dessa tecnologia trazem para um grupo de pessoas – que podem ser os inovadores e os primeiros consumidores do modelo de Everett Rogers, discutido anteriormente. Porém, nem sempre a população em geral tem acesso a estas inovações, seja por conta de sua disponibilidade ou mesmo por sua viabilidade comercial. Quando a publicidade alcança mais consumidores, surgem mais casos de sucesso desta inovação, mais expectativas com relação à potencialidade dessa tecnologia e o seu consumo também aumenta. Pode ser que haja muitos casos de fracasso nas experiências deste novo produto ou serviço, mas seu sucesso é iminente[284].

A fase da desilusão vem quando o interesse dos consumidores diminui por conta de falhas em algumas das experiências, que podem estar relacionadas ao próprio produto ou serviço. No caso dos serviços, os investimentos só continuam se a empresa responsável demonstrar que há intenção e tentativas de melhoria daquele serviço. A quarta etapa, do esclarecimento e consolidação da inovação, se estabelece quando a desilusão começa a diminuir em decorrência da cristalização dos benefícios trazidos pela tecnologia: não se trata mais de um boom da adoção, mas do entendimento, por parte dos consumidores, das reais funções e vantagens daquele novo produto ou serviço. O declínio da desilusão também impulsiona a criação de alternativas ao produto ou serviço, mais baratas ou mesmo bastante semelhantes ao original, e que passam a concorrer com a inovação. Por fim, o platô da produtividade indica uma adoção mais concreta desta nova tecnologia, que se torna cada vez mais comum entre seu público-alvo[285].

Ao analisarmos o Bitcoin e as demais criptomoedas, identificamos que, atualmente, elas estão alocadas entre a terceira e quarta fase, principalmente porque veem sofrendo uma desvalorização acompanhada de um esclarecimento cada vez maior do que elas são e seu potencial. Além disso, o surgimento de novas criptomoedas também ilustra que há uma crescente concorrência contra o Bitcoin, especialmente se pensarmos no surgimento e multiplicação das *stablecoins*, que aparecem como uma resposta do ecossistema à volatilidade. A grande inovação do Bitcoin e da blockchain está no questionamento do *status quo*, trazendo um paradigma fundamentado em um mecanismo de consenso distribuído entre os membros do sistema – algo bem mais próximo dos anseios daquilo que a história da civilização vem mostrando, da demanda por mais segurança para a realização das trocas – e que tende a gerar mais soluções como a trazida por elas.

4.4 O CAMINHO PARA UMA NOVA ECONOMIA

Quando os homens desenvolveram a escrita para registrar as relações de trocas, provavelmente não imaginavam o quanto as relações econômicas, sociais e políticas seriam afetadas pela nova criação. Com a tecnologia do Bitcoin e da blockchain, uma nova gama de possibilidades é aberta, pois ela oferece uma solução segura e duradoura para que as relações sociais sejam transformadas e para que até mesmo a organização da nossa civilização se altere. Assim, ao fornecer confiança e facilitar as relações de troca, a blockchain promove a emancipação das partes sobre terceiros – e justamente por incentivar a confiança das pessoas, tem o potencial de ser utilizada para o registro de muitas outras transações. A sua primeira aplicação se deu no âmbito da economia, mas a blockchain tem uma potencialidade que vai além da nossa imaginação, já que a confiança como incentivo às trocas aumenta em quantidade e qualidade os relacionamentos e gera mais riqueza – uma das principais consequências das trocas voluntárias.

Desta forma, os indivíduos ganham mais poder e autonomia para gerenciar sua vida social, especialmente porque não há mais coerção vinda de um ente dominante que se baseia nos seus interesses e agenda. As criptomoedas aparecem em 2008 como uma alternativa contra essa vulnerabilidade e dependência econômica devido, principalmente, ao fato de sua emissão ser descentralizada e determinada em contrato. Sua tecnologia permite que todos tenham acesso às transações que são feitas, promovendo mais confiança entre os membros do sistema e, ao mesmo tempo, privacidade. O preço destas criptomoedas, que podem ser adotadas por qualquer ser humano, cidadão ou não, é reforçado pelo mercado e pelo consenso criado pelos seus usuários. Trata-se, portanto, de uma maneira mais robusta de solucionar o problema do valor: – ao contrário das soluções anteriores[286], que atribuíam valor ao dinheiro a partir da escassez, com o padrão-ouro, ou pela utilidade, com os petrodólares, esta tecnologia promove uma união mais eficaz da escassez e da utilidade. As criptomoedas também não têm lastro, assim como as moedas fiduciárias, mas também são as que menos precisam, pois a seriedade de sua emissão monetária diminui as possibilidades de hiperinflação causada pela emissão arbitrária.

Durante quase uma década, o Bitcoin foi atacado por todas as vertentes possíveis: pelo *status quo* bancário, fechando as contas das corretoras; pelos corpos reguladores, cobrando protocolos e fechando empresas; e pela mídia, que já anunciou a sua morte cerca de 350 vezes até o final de março de 2019[287]. Todavia, além de resiliência, o Bitcoin apresenta uma propriedade sofisticada de sistemas orgânicos: a antifragilidade – o antifrágil[288] representa as coisas que não só suportam, mas se beneficiam do caos. Recentemente o Bitcoin, e criptomoedas em geral, têm se posicionado como um refúgio para o capital especulativo em momentos de incerteza. Inclusive, mais do que qualquer outra moeda, o Bitcoin mostrou o seu valor desde sua criação, passando por testes de fogo e ferro – não há maneira mais eficaz de testar um algoritmo criptográfico do que com as criptomoedas, uma vez que a recompensa de um infrator é imediata.

Ainda que se trate de uma tecnologia que questione o *status quo* e que traga um novo paradigma aos mecanismos de consenso, ela está mais próxima dos anseios da sociedade por apresentar mais segurança para a realização de suas trocas. Bem como aconteceu com a criação da escrita cuneiforme e todas as possibilidades que foram abertas após a sua aplicação em diversos âmbitos sociais, estamos diante de uma grande inovação financeira – a maior desde a criação da internet – que abre uma série de novas oportunidades, com capacidade de alterar o *modus operandi* de diversos setores que dependem da unicidade da informação. Esta nova relação entre os agentes econômicos é chamada Criptonomia.

PARTE II
CRIPTONOMIA

5
BLOCKCHAIN

O RESERVATÓRIO DE DADOS AUTÔNOMO, DESCENTRALIZA- DO E TRANSPARENTE

"Ciência e tecnologia podem resolver os problemas do mundo e historicamente têm o feito ficar melhor e melhor,"

- Zoltan Istvan

Muitos podem associar a blockchain a um banco de dados, mas trata-se de uma tecnologia de registros com capabilidades diferentes. Sua configuração é fundamentada em forma de blocos, com informações digitais organizadas em espécies de cadeias que aliam marcas temporais aos registros das transações, tornando quase impossível qualquer tipo de alteração ao que fora registrado[289]. Descentralizada, a blockchain traz mais segurança para seus usuários na medida em que não necessita de nenhum mediador ou servidor central para o gerenciamento das informações, permitindo rápido acesso e verificação de todos seus registros. Além disso, no que tange à segurança e à privacidade, por mais que seus usuários possam monitorar as transações feitas, as identidades das partes são protegidas por *hashes* que tentam resguardar a exposição de todas as movimentações[290].

Todavia, ainda que tenha grande potencial de transformação em muitos setores da sociedade, ela não precisa ser necessariamente aplicada em toda e qualquer situação, não apenas por se tratar de um recurso específico, mas também porque não satisfaz alguns requisitos e demandas de determinados indivíduos e instituições.

5.1 A BLOCKCHAIN NÃO É PARA TODOS

Bem como acontece com toda inovação tecnológica, a blockchain também viveu seu momento de *hype* entre os entusiastas, e mesmo que sua adoção e a de criptomoedas ainda não tenha sido tão expressiva, ela fez parte de uma bolha de muita expectativa sobre o futuro da gestão e armazenamento de informação chegando a conquistar o primeiro lugar como a palavra chave mais sensacionalista da internet em 2018. Semelhante ao que aconteceu antes da explosão das "ponto-com", a expectativa e especulação no mercado financeiro levaram algumas empresas a um crescimento exponencial nas aquisições de suas ações, principalmente quando estas indicavam algum interesse na tecnologia da blockchain. Em janeiro de 2018, a Kodak tornou pública sua parceria com a Wenn Digital, uma empresa especializada na aplicação da blockchain para a proteção de direitos de propriedade de imagem. Juntas, elas criaram uma plataforma voltada à proteção e registro de imagens, que também proporcionaria um sistema econômico próprio em que seus membros seriam recompensados por uma moeda virtual específica (ICO), a KodakOne. Esta moeda facilitaria as transações entre as empresas, seus fotógrafos e artistas e também com seus consumidores. Paralelamente, também anunciou a criação de um serviço voltado à mineração de Bitcoins, a Kodak KashMiner[291], em que pessoas comuns poderiam alugar máquinas aptas à resolução de problemas computacionais. Todos os seus projetos acabaram falhando – muitos especialistas, inclusive, chegaram a considerar estas propostas como golpes[292]. Entretanto, até o fracasso das propostas, a Kodak viu o valor de suas ações crescer 60%, um número bastante expressivo para um histórico de quedas sucessivas[293].

Este tipo de valorização tem levado empresas de pequeno a grande porte a associarem, de alguma forma, o verbete "blockchain" ou "Bitcoin" às suas atividades para alavancarem o preço e a venda de suas ações no mercado[294] – assim como a Kodak, o anúncio de que refeições feitas em restaurantes da rede Chanticleer Holdings seriam registradas e gerariam recompensas na blockchain já foi o suficiente para valorizar cerca de 50% do seu valor no mercado financeiro[295]. Já outras têm apostado na mudança de ramo, se especializando em mineração de criptomoedas, como aconteceu com uma fabricante de sucos e outra de cigarros[296]. Contudo, mesmo que os benefícios da blockchain ultrapassem limites de muitos aspectos da organização social, não podemos perder de vista que é uma tecnologia que não precisa ser aplicada para todo e qualquer caso, especialmente porque a tecnologia só gera valor para um espectro limitado de casos de uso.

5.2 O "PARA SEMPRE" CUSTA CARO

Ainda que proponha a diminuição de custos operacionais para vários tipos de serviços e transações, sua implementação e sistema de "prova de trabalho" ("*Proof-of-Work*") ainda têm custos elevados, principalmente porque culmina em um alto consumo computacional e, energético. Além disso, o fato de muitas empresas investirem em poder computacional para tentar deter parte da produção de criptomoedas não é promissor para mineradores autônomos, que mesmo se aproveitando da distribuição aleatória de problemas computacionais, ainda se mantêm vulneráveis a um sistema que pode ser oligopolizado – porém, o sistema tem tentado criar soluções, como o aumento da dificuldade na resolução de problemas com os *hashes*, para deixar que o processo seja cada vez mais justo para todos[297]. Já o consumo energético da rede mundial de Bitcoins – que se aproxima ao consumo de toda a Dinamarca[298] - tem custado mais para os mineradores. Alguns, porém, continuam acreditando que o todo o processo ainda compensa, uma vez que a recompensa em Bitcoins é suficiente para pagar seu tempo e a energia gasta durante todo o processo[299].

Outro fator que intimida a adoção da blockchain é o custo alto para a realização de registros – todavia, ao contrário de bancos de dados comuns, a inovação oferece um tipo de armazenamento diferenciado, específico para o registro de transações que, mais tarde, constituirão blocos de informações[300]. Desta maneira, nem sempre este tipo de registro é a medida ideal para a otimização de uma organização: ela será muito mais vantajosa para a otimização de contextos em que várias organizações precisam compartilhar informações entre si, de preferência, com alto valor agregado. A plataforma se tornaria, portanto, um ente neutro, pois não é controlada por nenhuma das partes – que também não necessariamente precisam confiar umas nas outras – e os riscos de alterações de registros são quase nulos. Empresas que não têm essa necessidade manter trocas de registros sensíveis com terceiros podem continuar desfrutando dos serviços oferecidos por bancos de dados convencionais.

As taxas cobradas para o registro das transações são muito úteis para limitar o uso de recursos do sistema por mineradores e também para evitar spam aos usuários. Quando analisados os recursos utilizados para a mineração, nos deparamos com três componentes que influenciam diretamente a determinação dos custos da plataforma: o armazenamento de transações no sistema, a rede e o poder computacional empregado para o registro[301]. Muitos usuários acabam se sentindo motivados a utilizar dados em excesso durante a mineração para elevar o preço das taxas de transação, que culminam na ocupação do software da blockchain e na consequente perda de velocidade das atividades. Além disso, o pagamento de taxas extras por transação é ocasionalmente visto como vantajoso, pois supostamente acarretaria na simplificação do uso de criptomoedas[302]. Assim, ao limitar os recursos para a geração de Bitcoins, a plataforma consegue manter um sistema mais previsível no que tange seu tamanho e alcance, algo que é benéfico para os usuários na medida em que os riscos de segurança e privacidade também diminuem. As taxas cobradas para o armazenamento das informações também são muito valiosas, pois acabam promovendo a devolução de criptomoedas ao sistema e até a entrega de recompensas aos mineradores.[303].

Além disso, discute-se que as altas taxas cobradas para a aplicação da blockchain não se justificariam para toda e qualquer empresa porque, assim como outras tecnologias de redes, a blockchain não seria beneficiada proporcionalmente pelas consequências de Lei de Moore[304].

Neste sentido, a latência das comunicações deveria ser minimizada, pois o aumento da velocidade de fluxo de informações é limitado aos recursos disponíveis aos homens – mesmo que a tecnologia fosse capaz de diminuir o tempo de transmissão dos dados, o uso simultâneo da plataforma gera, naturalmente, uma saturação estrutural do sistema. A demanda por realização de transações, que está ligada à qualidade do fornecimento de redes de banda larga, também não é fixa e não indica apenas o volume de usuários. Além disso, melhorar a qualidade da tecnologia de transmissão não significa aperfeiçoar o funcionamento de aplicativos e plataformas nela baseadas[305] - algo que pode ser aplicado para o contexto da blockchain. Críticos afirmam[306] que, para que os mineradores sejam recompensados com Bitcoins, por exemplo, o sistema deve inflacionar o valor de suas moedas à medida que gera novas unidades monetárias, e que essa inflação só vai diminuir quando houver o aumento no custo de produção das moedas acompanhado do aprimoramento da segurança da rede.

5.2.1 PROPRIEDADES

A blockchain promete uma conexão ainda mais resistente e permanente para seus usuários, com barreiras contra fraudes que asseguram a integridade e privacidade dos dados e transações compartilhados. Esta segurança é autônoma, descartando a necessidade de uma terceira parte confiável para mediar as relações. Don e Alex Tapscott listam seis princípios fundamentais que caracterizam a plataforma: integridade, o poder distribuído entre seus membros, valor como incentivo, privacidade, a preservação dos direitos e a inclusão[307]. A blockchain é conhecida como "Protocolo da Confiança" por ter, em sua estrutura, as ferramentas necessárias para gerar a confiança entre as transações estabelecidas a partir da distribuição das informações entre os usuários e etapas de transação. Isso significa que os dados não estão custodiados em uma só pessoa e há transparência nas relações entre os usuários, resultando na imutabilidade dos registros independentemente da ação dos agentes. Isso gera a criação de redes de reputação vinculadas aos membros, que permitem que todos possam rastrear o histórico de transações anteriores das pessoas com quem fazem suas trocas[308]. A vulnerabilidade dos usuários com relação à rede diminui na medida em que os custos para agir desonestamente aumentam consideravelmente, especialmente quando isso implica em consequências permanentes para transações futuras.

De maneira geral, o poder distribuído é consequência da configuração ponto-a-ponto autossustentável, independente do controle de um terceiro; este por sua vez virtualmente incapaz de prejudicar o complexo como um todo. Um ataque contra o sistema promovido por um grupo que representa mais da metade de toda a rede (o ataque dos 50% +1, vulgarmente conhecido como Ataque dos 51%), seria bem sucedido. Entretanto, é muito improvável se pensarmos na teoria dos jogos. Se um grupo levantar todos os recursos necessários para conseguir o poder computacional suficiente para o ataque, o protocolo básico de confiança no sistema é quebrado por se tornar fraudulento. Assim, haveria uma desvalorização massiva do token uma vez que a rede foi corrompida. Tal desvalorização do token dificultaria a compensação dos custos do investimento para a aquisição do poder computacional. Caso um ataque de tal magnitude venha acontecer, por exemplo, na rede do Bitcoin, é seguro dizer que sua intenção seja mais voltada a prejudicar à rede do que angariar benefícios para o infrator. Em um contexto mais amplo, não podemos perder de vista que os custos implicados neste tipo de ação não compensariam qualquer tipo de benefício financeiro aos infratores, pois os valores relacionados ao token no contexto da blockchain são majoritariamente subjetivos, ou seja, dizem respeito à reputação e valores intrínsecos dos seus membros[309].

No que tange às entidades dotadas de poder centralizado, que têm adotado a blockchain para otimizar alguns setores específicos, esta tecnologia promove mais segurança para os dados armazenados na medida em que descentraliza o poder de controle sobre estas informações – uma das consequências da configuração da internet foi a grande concentração de poder e informação nas mãos de empresas, que adotaram direitos atribuídos pelos próprios usuários e se especializaram na extração de informações destes agentes, sem nenhuma transparência durante o processo. Isso tornava as pessoas cada vez mais vulneráveis e reféns dos interesses destas empresas. A configuração *peer-to-peer* (ponto-a-ponto) beneficia o sistema ao tornar a ação dos usuários mais previsível, uma vez que é esperado que eles ajam da maneira correta para então conseguirem tokens como recompensa. Além disso, a realização de transações com as criptomoedas torna-se também um estímulo para a manutenção do sistema da blockchain livre de corrupção e reitera a própria segurança da plataforma, culminando no aumento de financiamento e desenvolvimento para a tecnologia e em mais benefícios para os usuários[310].

A estrutura das tecnologias anteriores à blockchain oferecia menos segurança para a confidencialidade de dados e informações dos usuários, bem como das próprias empresas. Até então, nem mesmo os protocolos de segurança da informação utilizados na internet eram capazes de impedir invasões e fraudes, *bullying*, *malwares* e *spams* ou mesmo garantir a autenticidade dos seus registros[311], deixando seus usuários expostos. Todavia, a segurança proporcionada pela blockchain é superior por contar necessariamente com a criptografia, que exige o uso de chaves públicas e privadas correspondentes às informações e transações em Bitcoins ou em outras criptomoedas. A complexidade de sua configuração resulta em mais segurança, pois exige uma carga energética muito superior para gerar novas unidades monetárias, e assim diminui as chances de haver ataques à rede, que demandariam um poder computacional ainda maior que o do sistema como um todo. A segurança também implica na privacidade, propriedade que está relacionada tanto ao direito quanto ao poder de cada usuário em gerir as informações que quer ou não tornar públicas, que até então estavam sob a responsabilidade de um terceiro que nem sempre tinha a permissão para monitorar, armazenar ou distribuir tais dados. A configuração de código aberto preza pela transparência das transações, que não está diretamente ligada à da identificação e verificação dos usuários[312] e, assim, os usuários adquirem autonomia para gerir seus dados e informações, para decidir o nível de privacidade no qual se sentem mais confortáveis para se relacionar, e para avaliar a reputação dos outros através do histórico de suas respectivas transações. Por isso, mesmo com muito mais transparência que qualquer outra tecnologia anterior, a blockchain propõe um verdadeiro monitoramento sobre a liberdade de expressão, a mitigação da censura, os direitos de privacidade e a propriedade intelectual, por exemplo, permitindo que o princípio de igualdade se manifeste sob a forma de mesmos direitos e deveres para todos dentro daquele contexto[313].

Podemos notar que a plataforma pode ser usada como ferramenta consoante com as tendências da construção de um novo *framework* de armazenamento de dados, como proposto pelo Regulamento Geral sobre a Proteção de Dados (GPDR – *General Data Protection Regulation*), regulamentação da União Europeia proposta em 2016 que diz respeito à maneira como as empresas lidam e gerenciam os dados pessoais de seus clientes e consumidores[314]. Nesta nova configuração, as empresas são orientadas a informar aos seus clientes a utilidade do armazenamento dos seus dados, se são compartilhados ou até mesmo violados e podem também, em alguns casos, serem obrigadas a apagar os dados desses clientes. Ainda que aplicada somente aos Estados pertencentes ao bloco, as regras obrigaram empresas de todo o mundo a se adaptarem às novas políticas de privacidade. No Brasil, o Senado aprovou em julho de 2018 o Projeto de Lei da Câmara 53/2018, inspirado pela regulamentação europeia, e que se aplica os dados de consumidores de estabelecimentos públicos e privados, e também no âmbito da internet. Denominada Lei Geral de Proteção de Dados Pessoais (LGPDP) e sancionada em agosto de 2018, a determinação também prevê a criação da Autoridade Nacional de Proteção de Dados (ANPD), um órgão específico para gerenciar e fiscalizar o cumprimento da lei nas instituições[315].

Outrossim, o fato da blockchain ter resolvido o problema do gasto duplo evidencia a unicidade e propriedade dos tokens, que não só se ligam aos seus proprietários e evitam que haja um gasto duplicado, mas que também destacam a imutabilidade e irrevogabilidade das transações. A ferramenta de registros Prova de Existência (*Proof of Existence*, PoE)[316], por exemplo, vincula marcas de tempo relativas à hora de envio de um documento e os dados contidos nele ainda no momento da certificação do material, comprovando permanentemente a existência daquelas informações – ou seja, além da preservação das informações, elas se tornam imunes a qualquer tipo de censura. Já os contratos inteligentes, formados por um conjunto de códigos especificamente criados para executar determinadas instruções da blockchain[317], ratificam a propriedade dos tokens a um usuário e podem determinar os limites de concessão e utilização deste token a um terceiro, garantindo o cumprimento contratual como nunca antes feito por nenhuma outra via jurídica ou tecnológica. As relações contratuais, portanto, adquirem certo nível de previsibilidade, que favorece o estabelecimento da confiança entre as partes e que pode ser aplicado em vários âmbitos das relações sociais.

Neste sentido, a blockchain tem alta potencialidade para agir na inclusão de grupos tradicionalmente minoritários e excluídos do sistema, na medida em que oferece menos obstáculos para a acessibilidade a serviços e oportunidades no âmbito econômico e financeiro. É possível projetarmos uma era de capitalismo distribuído em que barreiras como as de documentação e acesso a serviços bancários não são mais empecilhos para impulsionar transações de pequeno ou grande porte, nacionais ou internacionais, principalmente porque o acesso à tecnologia – por mais obsoleta que possa parecer – já é uma realidade[318]. A manutenção de carteiras de criptomoedas permite que as pessoas consigam ter os mesmos serviços de poupança que um banco ofereceria, por exemplo, com a vantagem de não obrigar os correntistas a manter as reservas em uma moeda única e imposta nacionalmente: para cidadãos de Estados marcados pela corrupção, inflação e com moedas nacionais com baixo valor de mercado, a possibilidade de ter reservas de valor em moedas mais fortes e fazer remessas com baixos custos ampliam as perspectivas de desenvolvimento econômico, principalmente porque emancipam os cidadãos da dependência do Estado. Por isso, mesmo fora do contexto financeiro e econômico, a prosperidade gerada se aloca em várias dimensões de inclusão uma vez que o indivíduo adquire autonomia para exercer seus direitos naturais, se comunicar e transacionar tudo aquilo que for de seu interesse.

5.2.2 TIPOS DE BLOCKCHAIN: PÚBLICA E PRIVADA

Todas as características já descritas indicam que a plataforma, de maneira geral, é pública, principalmente por conta de sua ampla acessibilidade no que tange seus serviços de registros e monitoramento de transações – ainda que os usuários tenham sua identidade preservada. Contudo, ela também pode ser configurada para que somente um determinado grupo seja capaz de participar dos seus procedimentos de consenso e, para isso, os usuários deverão ter uma chave específica de acesso, de modo que os protocolos se tornam "permissionados" por uma entidade central. Esta nova rede, portanto, não é descentralizada, passando a ser descrita como uma blockchain privada[319], e pode ser tanto de uma empresa como de um grupo de entidades. As controladas por uma entidade apenas, que podem ser definidas como privadas[320], são indicadas para otimizar transações B2B[321] (*Business to Business*), em que um grupo específico de empresas comercializa produtos ou serviços umas para com as outras[322]. Neste último caso, o tipo de blockchain em que um grupo predefinido controla rigidamente a entrada e saída de participantes e define quem pode registrar e monitorar as transações, é também definido como «consórcio de blockchain»[323]. Consideradas parcialmente descentralizadas, o consenso destes consórcios é dependente da assinatura de uma determinada porcentagem dos membros, e pode contar com rotas híbridas de *hashes* públicos configurados para limitar o número de visualizações e consultas dos participantes, bem como para gerar provas criptográficas de algumas partes públicas desta blockchain.

A SAP, empresa proeminente como fornecedora de software de aplicativos corporativos, vem adotando a tecnologia da blockchain em alguns de seus produtos e aplicativos como é o caso de plataformas de armazenamento em nuvem Hyperledger Fabric, Quorum e MultiChain[324], que podem beneficiar serviços de logística no transporte de produtos, de blockchain aplicada em consórcios, como oferecido pela SAP *Industry Blockchain Consortium*[325]. Específico para integrar e ampliar a colaboração entre empresas, a SAP *Blockchain Consortium* já está sendo aplicada em 35 organizações[326] de setores como o de bens de consumo e varejo, no agronegócio, na indústria de desenvolvimento de alta tecnologia (*high tech*) e no setor farmacêutico – neste último, inclusive, o trabalho de registros visa à mitigação da venda de medicamentos falsificados aos consumidores, que passam a ter muito mais segurança quanto a todas as etapas da cadeia de suprimentos. Além da SAP, outros consórcios começaram a surgir para integrar setores da economia que tradicionalmente compartilhavam muitas informações. O setor bancário, por exemplo, encontrou na BankChain uma forma de otimizar estas trocas a partir da criação e implementação de soluções em blockchain. Formada por 37 parceiros, que envolvem instituições financeiras e empresas de tecnologia, e administrada por sete membros[327], que cuidam de áreas como a de negócios, tecnologia e da regulamentação do grupo, a BankChain tem 22 projetos que abordam desde questões de financiamento, cobrança, pagamentos e proteção contra a lavagem de dinheiro até a manutenção do próprio sistema e o desenvolvimento de novos serviços para seus membros[328]. Além deste, podemos citar projetos como o B3i, no setor de seguradoras; o FISCO (*Financial Blockchain Shenzhen Consortium*), FundChain e Marco Polo, do setor financeiro; a Global Shipping Business Network (GSBN), do setor de transporte; e a Hashed Collective, para organizações de saúde[329].

Já no âmbito público, um caso de destaque da tecnologia vem com a solução Leonardo, uma rede voltada ao armazenamento de informações em nuvem que, além de construir e desenvolver aplicativos descentralizados também pode criar blockchains semiprivadas e de consórcio[330]. Em Tirol do Sul, na Itália, a dependência sobre a burocracia governamental levou as autoridades a aplicarem a SAP Leonardo que, ao mesmo tempo em que se alinha com os regulamentos europeus referentes ao compartilhamento de dados, também impulsiona a transformação digital da região e a relação da população com os órgãos públicos, provendo mais segurança e confiança[331]. Na China, a China Ledger é um projeto voltado à construção de soluções em blockchain para a infraestrutura do país, principalmente no que tange a relação entre governo, banco central e as instituições públicas e financeiras[332].

5.2.3 Casos de Uso

Como acabamos de ver, a blockchain pode ser aplicada em diversos setores, auxiliando empresas a gerenciarem o suporte de questões relacionadas ao transporte, logística, histórico de movimentação e transações, medição e controle de produtos, e na cadeia de suprimentos. Uma das facetas mais valiosas da plataforma para o setor privado é a possibilidade de responsabilização através da identificação dos agentes envolvidos em uma transação – o emitente e o beneficiário, no caso de empresas. Em 2018 fui convidado por um dos maiores conglomerados de siderurgia do mundo para resolver um problema de conciliação de pagamentos. A elaboração de um projeto de conciliação de pagamentos baseados em protocolos distribuídos poderia diminuir erros humanos e inconformidades, além de otimizar o tempo de verificação de dados.

Mesmo recebendo pagamentos milionários de fornecedores diariamente, tal siderúrgica demorava cerca de um dia útil para saber qual nota fiscal era referente à qual pagamento – esta informação só era identificada após uma análise feita por um funcionário responsável especificamente por comparar as informações do controle interno[333] e o extrato bancário da empresa. Entretanto, por se tratar de transações de grande valor, elas demoram mais para serem computadas, e os bancos só disponibilizam as informações para a empresa um dia após sua realização – assim como acontece com os documentos de ordem de crédito (DOCs), em que as transferências monetárias entre bancos precisam de prazo para que o valor transacionado seja compensado.

Além dos limites de compensação de valores, os bancos também trabalham com restrições de montantes transacionados, tarifas e um horário limite para a realização destas transações. Ainda que este gargalo tenha a sua utilidade, dando tempo hábil para o banco conciliar e para o funcionário responsável pelo registro das finanças da própria empresa fazer as associações corretas, o setor de vendas pode ser prejudicado por perder tempo útil de captação de negócios, uma vez que o crédito daquele cliente não é liberado até que o pagamento seja conciliado.

Então foi desenvolvido um projeto piloto baseado em protocolo descentralizado no qual os próprios clientes com as respectivas assinaturas digitais poderiam conciliar as suas notas mediante a realização do pagamento a fim de conseguirem vantagens comerciais como melhores condições de pagamentos em compras futuras. Note que aqui existe uma substituição de paradigma, uma vez que a responsabilidade de concilia-ção era exclusiva do fornecedor e agora, com um sistema desenvolvido na plataforma do Ethereum, essa responsabilidade seria compartilhada com os principais clientes. O incentivo para a cooperação são benefícios comerciais para ambos os lados.

Uma das exigências do projeto era a proteção da identidade dos compradores de aço da empresa, pois o conhecimento do que uma em-presa compraria poderia acirrar a concorrência com as outras do mesmo setor. Ainda que as blockchains públicas conte com a transparência de que os entes de uma negociação podem ser identificados, o projeto de-senvolveu chaves criptografadas para cada cliente da siderúrgica, que inibiam a identificação das empresas por qualquer outro ente que não a siderúrgica. Desta forma, a empresa seria capaz de gerar economia ope-racional em suas transações e teria acesso às informações necessárias com muito mais agilidade e eficiência, já que se tornaria independente dos limites impostos por instituições financeiras – seja de tempo, valores ou de taxas cobradas – e da supervisão de todos os valores de suas tran-sações por um responsável específico.

A identificação de usuários consequente da possibilidade de responsabilização também implica na noção de procedência, uma vantagem que diz respeito ao acesso ao histórico das transações realizadas. Em uma blockchain privada, seus membros podem ter acesso a todos os status relacionados às suas mercadorias – desde a localização dos produtos na fábrica ou em transporte para as lojas, os pagamentos realizados, até os contratos estabelecidos e os demais dados referentes a uma negociação entre uma empresa e seus fornecedores. Este tipo de registro fornece mais segurança, pois os envolvidos poderão, de fato, controlar todo o processo produtivo de seus insumos, além de fornecer, para seus clientes, um produto menos suscetível a falhas. Um caso em-blemático da importância deste histórico das transações está ligado à segurança alimentar e ao gerenciamento das cadeias de suprimentos – rastreabilidade e transparência são os calcanhares de Aquiles do setor de mantimentos alimentares, pois se trata de uma realidade onde existem grandes e numerosas companhias alimentícias, produtores e fornecedores que lidam com um grande mercado consumidor.

Quando ainda não se falava em blockchain, uma crise alimentar envolvendo a descoberta de uma epidemia da bactéria *Escherichia coli O157: H7*, que causava um tipo de insuficiência renal e que fora encontra-da em espinafres orgânicos nos Estados Unidos, em 2006, assustou muitos consumidores. Foram registrados 199 casos de infecção - e estima-se que houve mais de 400 ocorrências, no total[334] - em 26 estados, com três mortos. As autoridades levaram duas semanas para rastrear a origem da bactéria e, graças ao recolhimento de 13 pacotes de espinafre fornecidos pelos próprios consumidores infectados, foram detectados que 11, dos 13 recolhidos, haviam sido embalados na mesma data e pela mesma fornecedora[335]. Cabe ressaltar que apenas uma fração mínima do lote total de espinafre fora atingida pela bactéria – a causa da contaminação fora a água de irrigação da plantação[336], que havia sido contaminada com fezes de gado Angus[337]. Durante o surto, as autoridades aconselharam os consumidores a não comer espinafre fresco e demais produtos contendo espinafre processado pela Natural Selection Foods, os restaurantes não poderiam servir este espinafre e os varejistas também suspenderam a venda do produto de forma que toda a produção foi descartada pela dificuldade de determinar a origem de um único lote contaminado. Mesmo com estas e outras orientações[338], o surto já havia se espalhado por muitos estados do país. Esta crise prejudicou a economia dos produtores: enquanto que no ano anterior a produção de espinafre na Califórnia – que detinha três quartos de toda a produção no país – era estimada em 285,3 milhões de dólares, com a contaminação houve uma perda aproximada de 3.500 dólares para o agricultor[339], por cada acre perdido.

Não somente produtos orgânicos estão suscetíveis a este tipo de contaminação – o caso da Peanut Corporation of America, em 2008, também chama a atenção por se tratar de uma empresa que era responsável pela produção de apenas 2% de pasta de amendoim em todos os Estados Unidos. Ainda que o valor pareça representar pouco, uma contaminação acarretou no recolhimento de 3913 produtos em dois meses: por conterem a pasta de amendoim produzida pela empresa, eles variavam desde grãos de amendoim, biscoitos, chocolates até biscoitos para animais de estimação[340]. Isso nos leva a crer que, não só para a indústria alimentar, mas para tantas outras de diversos setores, a transparência pode fazer muita diferença no modo de produção e na venda dos produtos, pois ela evidencia todo o processo industrial e intimida, consequentemente, fraudes e demais fatalidades que colocam em risco a segurança do consumidor.

Pensando nisso, o Walmart, nos Estados Unidos, e o Carrefour, na Espanha[341], fizeram uma parceria com a IBM para promover a criação de uma blockchain privada compartilhada entre as empresas e seus fornecedores: todos compartilhariam informações sobre condições de temperatura, atributos da produção, certificações de origem e dados de transporte dos produtos até as lojas – no caso do Walmart, especificamente, a proposta inclui a disponibilização das informações aos consumidores, que são a parte mais vulnerável nesta cadeia sistêmica. A partir da transparência e dos rastreamentos de todas as informações envolvidas na comercialização de produtos alimentares, o sistema como um todo poderia promover a responsabilidade dos produtores e comerciantes, deter fraudes, reduzir o desperdício de alimentos e, principalmente, promover a confiança entre o mercado consumidor e o produtor[342]. A disponibilidade de informações permanentes e compartilhadas conectam produtores, distribuidores, processadores e varejistas, trazendo vantagens para os *players* do setor, como também para os consumidores.

Geralmente, paira a dúvida de porque utilizar a blockchain em detrimento de uma outra tecnologia de armazenamento de informações como um simples banco de dados relacional ou não. Até porque quem teria interesse de alterar informações tão sensíveis quanto dados alimentares ? Um exemplo que justifica o emprego específico da tecnologia esta na falha da cadeia logística de alimentos foi deflagrada em 2017 pela Polícia Federal do Brasil, que descobriu que algumas empresas adulteravam registros tais como a data de validade dos produtos e composição para revender a carne interna e externamente. O desfecho da Operação Carne Fraca, como fora chamada, culminou na sanção de vários países à carne brasileira, incluindo grandes compradores como União Europeia e China. Este é um tipo de ação em que todos os exportadores sofrem as consequências pelo crime de alguns. Com a tokenização da carne – que diz respeito à sua vinculação à blockchain –, e a e registro de tipo da peça, produtor, distribuidor, condições de refrigeração, validade etc, o Brasil não teria perdido bilhões na balança comercial e sua carne ainda seria valorizada. Levando em conta que essa é uma das matrizes produtivas do Brasil, a blockchain poderia beneficiar a venda destes produtos, trazendo novamente a confiança do consumidor, especialmente porque a garantia de uma procedência e matéria-prima confiáveis gera valorização por seus compradores e consumidores.

Vale ressaltar que estas parcerias com a IBM – além de outras feitas com empresas como a Nestlé e a Unilever[343] – também se deram devido ao lançamento, por parte da gigante em tecnologia, do programa *Food Trust*, específico para a criação de um ecossistema mais sustentável e saudável no setor de distribuição de alimentos[344]. Trata-se, portanto, de uma blockchain com permissões, em que somente os envolvidos no processo têm acesso ao banco de dados, podendo permitir o acesso de outrem, fazer seus registros e localizar os produtos de acordo com identificadores universais já utilizados no setor – essa permissividade, aliás, é um dos argumentos oferecidos pelo projeto para as empresas, uma vez que este tipo de controle facilita a organização dos dados[345].

A transparência, que se traduz nos mecanismos de consenso, resulta no aumento da confiança nas relações entre os membros e na intensificação e especialização das trocas. Por isso, pode viabilizar setores que lidam com o intercâmbio de informações, como no caso do transporte de mercadorias – a Maersk, uma empresa de logística integrada de contêineres que opera em 130 países, desenvolveu, junto à IBM, um projeto de solução em transporte chamado TradeLens, que conta com o uso de uma blockchain para a promoção de um comércio global de suprimentos mais eficiente, seguro e transparente. O projeto já conta com 94 organizações – são mais de 20 operadoras de portos e terminais em todo o mundo, autoridades aduaneiras, proprietários de cargas benéficas, transitários, e empresas do setor de transporte e logística[346]. A tecnologia utiliza um sistema de auditoria segura e não repudiável para a documentação das informações, e utiliza contratos inteligentes na blockchain para que todos os envolvidos tenham capacitação para registrar as informações e acessar, em tempo real, tudo que é acrescentado aos status de cada um dos produtos. Estas informações abrangem toda a cadeia de transporte, e variam desde documentos e dados de embarque até o controle de temperatura dos produtos e peso de cada um dos contêineres. Assim, é possível identificar erros nas documentações e evitar atrasos e quaisquer impedimentos do processo – após sua implementação, já conseguiram reduzir em 40% o tempo de trânsito de remessas de materiais de embalagem para uma linha de produção nos Estados Unidos e evitar, por conseguinte, o gasto de milhares de dólares[347].

Já foram registrados mais de 154 milhões de informações relativas à remessa de mercadorias e, diariamente, quase um milhão de novas informações são acrescentadas[348]. Estima-se também que a tecnologia será capaz de reduzir a burocracia relativa a questões operacionais básicas, por exemplo, e promover a criação de um padrão industrial de digitalização e transmissão de documentos específicos para a cadeia de suprimentos mundial. Em longo prazo, haveria uma redução dos gastos e aumento da segurança para as empresas, prestadores de serviço e consumidores – algo muito valioso para um ramo que movimenta, globalmente, quatro trilhões de dólares de mercadorias todos os anos[349]. Ainda que o setor já utilize uma ferramenta específica de compartilhamento de dados (EDI), as informações compartilhadas não podiam ser acompanhadas em tempo real, uma vez que grande parte dos registros ainda utilizam papéis, trocas de fax e anexos de e-mail, e até mesmo o serviço de mensageiros. Estes custos de documentação comercial podem representar aproximadamente um quinto dos custos reais de transporte e, com esta solução, o setor pode se unir e se fortalecer dentro de um contexto em que as barreiras na cadeia de abastecimento internacional seriam reduzidas – é esperado, inclusive, um aumento de 15% de todo o comércio neste âmbito, consequente desta otimização[350].

Desta forma, mesmo com as críticas relativas aos custos elevados da tecnologia, sua implementação pode ser vista como um investimento que traria muitos benefícios para a processos comerciais específicos. Além disso, a sociedade também seria muito beneficiada, não só porque se trata de uma solução com muito mais transparência sobre as transações, mas porque é uma tecnologia bastante acessível, que só demanda a conectividade com a internet – levando em conta que o mundo está cada vez mais conectado à Internet[351], a blockchain pode ser encarada como um recurso que promove a acessibilidade a diversos serviços e benefícios.

5.3 Desafios de Implementação

Ainda que apresente inúmeros benefícios para os setores público e privado, a implementação desta tecnologia enfrenta desafios relacionados à estrutura social, à distribuição da tecnologia no mundo e às possíveis ameaças provenientes de uma aplicação indevida da blockchain. Alguns destes desafios promovem interpretações negativas que tendem a sobrepor todas as vantagens que a plataforma pode trazer, perpetuando ainda mais desconfiança sobre a tecnologia. Contudo, eles também podem ser interpretados como desafios a serem superados pelos desenvolvedores e pela própria sociedade, que devem colaborar entre si para transformar a plataforma em um terreno cada vez mais fértil para as relações sociais, financeiras, políticas e jurídicas. Don e Alex Tapscott elencam a tecnologia que sustenta a blockchain, seu gasto energético, a possibilidade de intervenção governamental e também do seu uso indevido, a resultante de que a tecnologia substituirá o trabalho dos indivíduos, sua configuração descentralizada e as questões relacionadas à vigilância, transparência e privacidade dos usuários[352].

A dimensão tecnológica por trás da blockchain diz respeito à distribuição e acessibilidade dos indivíduos à tecnologia, à infraestrutura do próprio sistema, à liquidez do Bitcoin em longo prazo, à latência das transações, à mudança comportamental dos usuários e de paradigmas sociais, e à imutabilidade das transações e registros. Como abordaremos com mais detalhes adiante, a distribuição da tecnologia é desigual no mundo e, mesmo que transações possam ser feitas sem o uso da internet, o conhecimento acerca das criptomoedas e da blockchain, principalmente, não é tão difundido a ponto de expressiva quantidade populacional fazer o uso da tecnologia propriamente dita. Em Estados de governos ditatoriais, por exemplo, é ainda mais difícil e importante tornar públicas informações dessa categoria, pois elas são capazes de emancipar a população – como é o caso da Venezuela[353]. Além disso, muitos dos que já têm acesso à blockchain enfrentam dificuldades com a criptografia intrínseca ao procedimento e a interface da plataforma, que ratifica as transações por meio de longas cadeias de números e letras[354].

Há também os riscos de falhas no sistema, pois lidar com grandes contingentes transacionais pode aumentar a vulnerabilidade do sistema a falhas e *malwares*. Além disso, a falta de um ente institucionalizado dificulta o direcionamento da fiscalização das atividades para a proteção dos usuários, que precisarão estar cada vez mais atentos às movimentações e possíveis ameaças ao sistema. Todavia, isto não impede, necessariamente, que a plataforma continue sendo um ambiente próspero para seus usuários – até pela tendência de que esta tecnologia receba investimentos para conseguir abrigar cada vez mais transações, em longo prazo. A demanda por um espaço livre de imposições também contribui para que não haja nenhuma concentração de poder que seja capaz de impor normas que obstruam a liberdade e privacidade dos usuários, que são direitos assegurados pela própria estrutura[355].

A liquidez do Bitcoin, especificamente, também preocupa críticos e especialistas da área, que temem que o valor máximo estabelecido de unidades monetárias acabe por desestimular os usuários a adotar a moeda, principalmente por conta da promessa do aumento do valor das moedas e da limitação da aceitação pelo mercado, que incentivam o acúmulo das moedas – e não o seu uso como meio de troca. No que tange à latência das transações, seus altos índices estão ligados ao contexto da internet, em que alguns problemas são resolvidos em instantes – no caso da blockchain, pode haver um estranhamento quanto ao tempo demandado para a validação e liquidação das trocas, essencial para garantir a segurança das partes. Esta demora também pode ser encarada como uma vulnerabilidade[356] à transações tais como as financeiras, que estão mais suscetíveis à sincronização de preços do mercado[357]. Já a mudança comportamental dos usuários é indicada pela responsabiliza-ção que os usuários adquirem sobre suas informações, riqueza e quais-quer outros dados disponibilizados, principalmente porque ainda há certo descuido na manutenção das informações armazenadas: muitos usuários dependem de servidores, em casos de perdas de acesso a uma conta qualquer, ou de assistências técnicas que possam salvar arquivos em casos de roubo ou incêndios que danifiquem seus aparelhos eletrônicos. Por isso, é necessário que estes indivíduos criem o hábito de respon-sabilidade já na manutenção de cópias destas informações e arquivos, pois este cuidado é um aspecto fundamental para qualquer transação na blockchain – por se tratar de um espaço de muito mais liberdade, há tam-bém mais transparência e privacidade nas relações, que acarretam num controle mais rígido sobre aquilo que se tem[358].

Além disso, uma vez que as relações se estabelecem em uma pla-taforma que não permite que seus registros pereçam ou se modifiquem com facilidade, há uma tendência de que os conflitos aumentem, sobre-tudo porque não há recursos legais suficientes para lidar com conflitos em que as expectativas das partes não foram cumpridas. Neste ínterim, a inevitabilidade do cumprimento dos contratos – que são do tipo inteligente – também contribui para que não haja brechas para mudanças de opinião ou decisões repentinas. O não cumprimento de um contrato, que é algo muito raro de acontecer tendo em vista a plataforma por onde foi estabelecido o acordo, culmina também na lesão de ambas as partes e, por isso, gera custos que não compensam para nenhum dos lados[359]. Entretanto, não podemos deixar de olhar para este contexto sem perce-ber que há muitos benefícios no fato dos acordos serem irrevogáveis e imutáveis, principalmente porque promovem previsibilidade sobre a ação do outro e confiança para as relações, desencadeando no aumento e especialização das trocas.

Já a mudança de paradigmas sociais diz respeito às constru-ções simbólicas estabelecidas pela sociedade, especialmente àquelas consequentes da relação entre o dinheiro nacional, seu valor e o que pro-jetamos sobre as instituições. Esta mudança do paradigma social também está relacionada ao questionamento do *status quo* do poder que estes atores têm sobre o restante da sociedade. Isso poderia acarretar numa manifestação negativa sobre a tecnologia, mas o que temos visto é que, a conscientização sobre os benefícios da blockchain e suas aplicações para a otimização de diversos setores começa a ganhar força e a se manifestar no aumento do interesse por parte do setor público, como é o caso da China[360] e da União Europeia[361]. Este interesse e a expectativa sobre as vantagens da blockchain, inclusive, já sobrepõem os argumentos sobre as consequências negativas do uso indevido da tecnologia, especialmente se considerarmos que não são exclusivas da blockchain ou do uso de criptomoedas. Além disso, a configuração social tradicional de imposição de uma moeda única também começa a ser questionada como o caminho mais viável para o desenvolvimento, especialmente por ainda vivemos uma realidade de muitas desigualdades e barreiras para o acesso aos recursos e informações.

Fora do âmbito tecnológico, outro grande desafio para a implementação da blockchain em larga escala é o consumo energético necessário para a produção de unidades monetárias, a execução e validação das transações, e a proteção do próprio sistema. Além disso, com as tentativas de monopolização da produção de unidades monetárias e o aumento gradativo da dificuldade de resolução dos problemas computacionais, a tendência é que o consumo de energia para este fim aumente cada vez mais, assim como o descarte de máquinas e equipamentos de mineração, que têm uma vida útil que varia, em média, entre três meses e seis anos dependendo do tipo de equipamento e manutenção dada[362]. Porém, devemos manter em vista que a manutenção deste sistema não é empreendida com o foco para o enriquecimento de poucos, mas sim para a proteção de serviços que começaram a ser prestados e que ainda podem oferecer muito mais ao público em geral.

Os serviços e a produção sofreram alterações com as inovações que surgiram desde a revolução industrial, principalmente no que diz respeito à substituição do homem pela máquina. O que do ponto de vista civilizatório é um progresso inequívoco. Contudo, a tecnologia nunca isentou a participação dos seres humanos, ainda necessários para manejar equipamentos, administrar uma empresa e lidar com clientes. Por isso, a autonomia da blockchain ainda representa uma ameaça de uma nova onda de substituições, sobretudo por conta da independência de supervisão de seu funcionamento, que conta com a criptografia e os contratos inteligentes para validarem as transações. Porém, da mesma forma como as tecnologias geraram a criação de empregos, gradativamente novas oportunidades também podem aparecer com a adoção da blockchain – especialmente por favorecer a construção de um contexto político e econômico mais confiável, essencial para o bom funcionamento da economia local[363]. Assim, de maneira geral, a maioria dos empecilhos não é grande o suficiente para ser justificativa para a abominação da blockchain. Suas possibilidades estão além das que já são vislumbradas, de forma que podemos estar diante de uma inovação tão revolucionária como a escrita fora outrora. Temos muito ainda a aprender e a difundir sobre a plataforma, cuja tendência é se especializar cada vez mais e trazer inúmeros benefícios para a organização social.

6

INSERÇÃO ECONÔMICA

BLOCKCHAIN E CRIPTOMOE-DA PARA PESSOAS SEM RE-CURSOS

"O benefício número um da tecnologia da informação é que ela capacita as pessoas a fazer o que elas querem fazer. Isso permite que as pessoas sejam criativas. Permite que as pessoas sejam produtivas."

- Steve Ballmer

Uma parte da população mundial ainda está inserida em três grandes desertos de exclusão: o de acesso à energia elétrica, à documentação e a serviços bancários. Um pouco mais de um bilhão[364] de pessoas não têm energia elétrica, cerca de 2,4 bilhões de pessoas não têm nenhum documento de identificação oficial – incluindo crianças que possuem até catorze anos e mulheres de zonas pobres e rurais na África e Ásia[365] - e aproximadamente 1,7 bilhão de adultos ainda não são bancarizados[366]. Estes desertos se sobrepõem, e os que estão neles inseridos são vítimas do ciclo vicioso de perpetuação da pobreza – uma vez que a inacessibilidade a um deles dificulta o acesso aos demais. Assim, não ter um documento oficial de identificação impede o indivíduo de usufruir de diversos serviços e prejudica a formalização de contratos, inclusive os de empregos formais, dificultando o acesso a uma conta corrente em um banco tradicional. Esta impossibilidade de obtenção de contratos formais culmina na inserção ao mercado de trabalho informal que, por conseguinte, leva estes indivíduos a dependerem de suas relações familiares – seja para o próprio sustento ou para conseguir novos trabalhos.

Além disso, sem acesso bancário não há como acessar linhas de crédito ou manter reservas de valor em carteiras de poupança – estas que oferecem alguma proteção contra as correções de inflação. Deste modo, o dinheiro adquirido é sempre desvalorizado e os indivíduos são desestimulados a poupar, que também contribui para o incentivo ao consumo e à perpetuação da sua condição de pobreza. Nota-se que o sistema financeiro tradicional não tem incentivos para trazer essas pessoas marginalizadas para dentro de seu escopo, principalmente por se tratar de um setor que lida com altos custos operacionais – muitos acreditam que a demanda da região subsaariana seria majoritariamente por crédito, mas algumas empresas e instituições já percebem que a grande necessidade da população é, na verdade, o acesso à poupança[367]. A exigência por saldos mínimos e taxas de manutenção, os custos com deslocamento até as agências e a burocracia envolvida durante o processo de abertura de contas correntes – que envolve justamente a documentação de identidade e comprovação de endereço residencial – também acabam desestimulando os cidadãos a ingressarem no sistema financeiro tradicional.

Com tantas inovações tecnológicas e o aumento da inserção financeira em grande parte do mundo[368], somente uma tecnologia fora capaz de penetrar até mesmo regiões pobres e isoladas que ainda sofrem com adversidades e precariedade material: os aparelhos celulares[369]. Ao contrário do que aconteceu em muitos lugares, em que a população migrou dos aparelhos fixos para os móveis, os aparelhos celulares tiveram uma penetração muito maior e mais rápida em países de desenvolvimento econômico mais tardio, como na África. A adoção dos aparelhos celulares depende não só do preço dos produtos no mercado e do poder aquisitivo da população, mas também da compatibilidade da tecnologia dos aparelhos com a oferecida pelo sistema local, o índice de desenvolvimento econômico nacional e outros fatores. Enquanto que em alguns casos a transição das linhas fixas para as móveis foi gradual, em outros os celulares foram ainda mais rápidos, chegando antes mesmo do estabelecimento dos telefones fixos, como aconteceu com Senegal, África do Sul, Kênia, Tanzânia, Gana, Nigéria e Uganda, por exemplo, que têm uma média de apenas 2% de sua população com uma linha telefônica fixa em suas residências[370].

Mesmo em áreas onde não se tem energia elétrica para os cidadãos, o funcionamento de aparelhos celulares é possível graças a serviços como os de carregamento comunitário CPM (*Community Power from Mobile*), torres de telecomunicação, quiosques móveis de carregamento por energia solar[371], e até alternativas com menor alcance. O modelo CPM de estação de carregamento, que já foi implementado em alguns países da África e Ásia, funciona a partir da colaboração entre torres de operadoras de telefonia móvel e outros parceiros, que redistribuem o excesso de energia elétrica de outros lugares para comunidades onde não há acessibilidade – 5kW de energia, por exemplo, já é suficiente para o recarregamento de quase cinco mil aparelhos[372]. As torres de telecomunicação, que podem ser abastecidas por diesel e que já começaram a utilizar fontes alternativas como a energia solar e a eólica, fornecem energia em diferentes configurações: quando estão localizadas até 2km de distância da comunidade, as torres precisam de uma base localizada entre a comunidade e a estação, para que então estas bases consigam se conectar à energia da torre via gerador ou baterias e possam, portanto, fornecer linhas de carregamento aos moradores. Se estiverem ainda mais distantes das comunidades, é necessário que um agente faça viagens regulares entre as estações bases e as comunidades e leve geradores de energia à população. Ainda que este tipo de solução requeira um alto investimento inicial e manutenção regular, principalmente se levado em conta que será necessário lidar com constantes deslocamentos, a parceria e cooperação entre o fornecedor de energia e o operador móvel é fundamental para o bom funcionamento destes modelos – inclusive, algumas iniciativas de carregamento comunitário de aparelhos telefônicos têm sido bastante exitosas, como a Orange Oryx Project, da Nigéria; a China Mobile; a Zain e a Safaricom, do Quênnia; a Grameenphone, de Bangladesh; e a Viom Networks, da Índia[373].

A partir de funções tais como a de envios de mensagens SMS, a inclusão financeira tem modificado o cotidiano de muitas regiões que têm acesso a aparelhos celulares simples. Neste sentido, a M-Pesa tem se destacado como provedora de serviços financeiros de armazenamento e transferências monetárias para aqueles que não tinham acesso bancário[374]. Lançada pela Safaricom, empresa de telecomunicações do Quênia, a companhia, ainda no início de 2011, já contava com 14 milhões de usuários cadastrados, chegando à marca de 14 milhões de dólares movimentados por dia[375]. Com custos mais reduzidos, a não exigência por depósitos mínimos aos consumidores e a grande extensão de pontos de venda da M-Pesa, os usuários precisam somente adquirir cartões SIM para seus dispositivos para que então possam fazer suas transações bancárias via mensagens SMS. Após a efetuação de depósitos em pontos de venda da M-Pesa, os valores são transferidos para contas bancárias regulares da Safaricom. As únicas informações transacionadas são os números telefônicos das partes envolvidas, que têm a mesma função que números de contas e agências bancárias, e todos recebem recibos em forma de notificações via SMS com as informações relativas ao processo – desde nomes a valores depositados e retirados[376]. Aliás, o fornecimento de recibos é muito importante para o estabelecimento da confiança entre consumidores e empresa, especialmente porque grande parte destes clientes nunca teve nenhum vínculo bancário anterior.

Se a inclusão financeira já conseguiu dar seus primeiros passos graças à tecnologia dos aparelhos celulares, são estes mesmos aparelhos que poderão introduzir essas pessoas a um novo escopo financeiro: o da criptonomia. Com mais segurança, rapidez e custos ainda mais reduzidos, a blockchain propõe a utilização de criptomoedas como ticket sem retorno à inserção financeira do sistema globalizado, proporcionando serviços financeiros ainda mais eficientes que os já existentes, mesmo sem a conexão da internet. Assim, serviços financeiros como o de pagamento móvel oferecido pelo M-Pesa, que trouxeram o aumento do padrão econômico de vida da população no Quênia[377], as possibilidades trazidas por carteiras de criptomoedas diminuem ainda mais os riscos de roubos e fraudes e facilitam diversos tipos de transações financeiras, sem a necessidade de intervenção de um terceiro. Além disso, a liberdade com relação à moeda estatal é outra grande vantagem, emancipando os indivíduos a buscarem alternativas para suas reservas financeiras.

Em países em que o acesso à internet é maior e a difusão dos *smartphones* já é mais popular, será a internet uma das principais protagonistas para que a inclusão financeira seja finalmente conquistada. Dos Estados que ocupam alguns dos primeiros lugares em um ranking mundial de usuários de internet[378], como Índia e México, mais de 50% dos desbancarizados possui um celular, enquanto que na China esta proporção chega aos 82%[379].

Mapa 01: População sem conta bancária em países em desenvolvimento
Two-thirds of unbanked adults have a mobile phone
Adults without an account owning a mobile phone, 2017

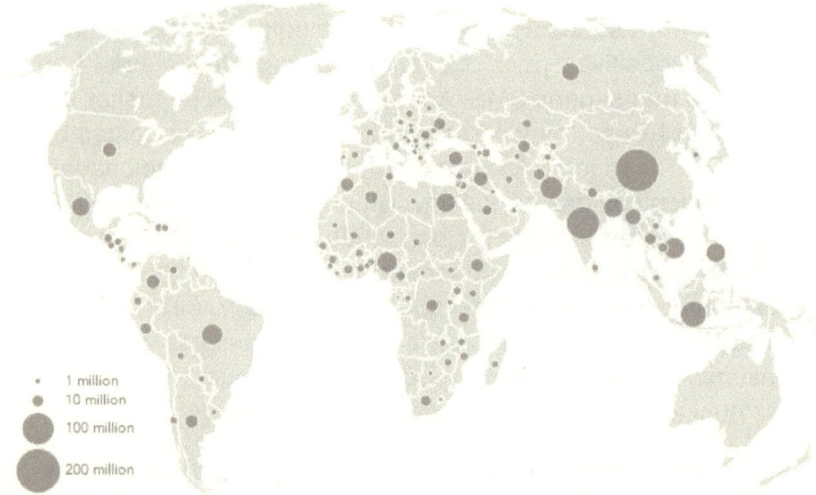

1 million
10 million
100 million
200 million

Sources: Global Findex database; Gallup World Poll 2017.
Note: Data are not displayed for economies where the share of adults without an account is 5 percent or less.

Fonte: DEMIRGÜÇ-KUNT, Asli [et. al], 2018, p. 11[380].

A facilidade de acesso à internet – seja via *smartphone*, computadores privados ou mesmo por alguma forma pública de compartilhamento de rede – também tem se mostrado uma realidade muito comum para a maioria das pessoas que ainda não têm uma conta corrente[381]. Ademais, o aumento no número de usuários de *smartphones* em países em desenvolvimento e as melhorias nos serviços de internet levaram muitas empresas a desenvolver aplicativos e novas ferramentas que facilitem as transações financeiras dos seus usuários. Já no que tange os lugares que ainda não oferecem serviços de banda larga, tradicionalmente necessárias para viabilizar as transações em criptomoedas, alternativas estão surgindo para transportar o universo das criptomoedas para os celulares simples – justamente o que empresas como a BitPesa e a Cointext fizeram.

A queniana BitPesa é pioneira na conexão do dinheiro móvel dos aparelhos celulares às carteiras de Bitcoin, oferecendo serviços de transações de criptomoedas via SMS. Lançada em 2013, foi a primeira a permitir que seus usuários pudessem não só enviar e receber as criptomoedas, mas também usufruíssem de serviços de *exchange* e compra/pagamentos virtuais[382]. Todas as transações feitas por seus usuários estão sujeitas à verificação das leis e regulamentos aplicáveis para cada caso e localidade e a empresa alerta seus clientes sobre quaisquer as transferências. Todavia, as transações feitas por celular podem não ser instantâneas, o que significa que têm até o fim do próximo dia útil a partir do dia do recebimento da ordem de pagamento para serem concluídas. Assim, mesmo que a BitPesa honre as taxa de câmbio para as transações de *exchange*, há riscos de perda de valores em Bitcoin, uma vez que seu valor é mais volátil[383].

Já a CoinText, que pertence ao grupo SMS Software Inc., lançou um serviço de transações em Bitcoin Cash (BCH) através de mensagens SMS. Ainda em versão beta, a proposta é aproveitar a velocidade das transações instantâneas do Bitcoin Cash (BCH), suas taxas de rede (que têm custos de menos de um centavo) e liquidações *on-chain* – serviços que a rede do Bitcoin (BTC) não suporta. Sua carteira de criptomoedas é formada por um software simples, que não demanda um aparelho celular sofisticado e a instalação de um aplicativo, o registro de seu usuário ou mesmo exige que ele tenha algum conhecimento sobre criptomoedas para manter sua poupança. Os usuários fazem suas transações via SMS a partir de comandos simples em forma de mensagens de texto, diretamente para a outra parte da negociação[384]. Além disso, a companhia não possui fundos e também não tem autonomia para interferir nas transações de seus usuários, na medida em que todas elas são registradas diretamente na blockchain do Bitcoin Cash nas carteiras dos seus usuários. Para os serviços de transferências, entretanto, é cobrada uma taxa equivalente a US$0,05 para cada transação, independente de seu valor, e esta taxa pode variar conforme a região dos usuários.

Elas também oferecem serviços de remessas internacionais a custos muito mais viáveis que as líderes no segmento de transferências para o continente africano, como a Western Union e a MoneyGram[385] - a região, inclusive, arca com as maiores taxas de remessas financeiras no mundo, que já chegaram a custar cerca de US$ 1,8 bilhão por ano, em 2014[386]. Por estarem inseridas na blockchain, que conta com seu próprio livro de registros público que é democraticamente acessível, estas empresas não precisam lidar com toda a burocracia do sistema financeiro tradicional. Ao contrário da média tradicionalmente cobrada em uma operação de transferências monetárias, que custa cerca 9,4% do valor transferido[387], as taxas por transações em criptomoedas estão relativamente próximas da gratuidade, facilitando a vida dos seus residentes mais pobres e também daqueles que vivem em outros países ou mesmo refugiados. Nestes últimos casos, se eles são os responsáveis por parte do sustento econômico de suas famílias em seus países de origem, a diferença de preços para este tipo de serviço faz ainda mais diferença para suas economias.

Com relação à dependência da internet para viabilizar as transações em criptomoedas, em 2017, os pesquisadores Nick Szabo e Elaine Ou propuseram uma plataforma de rede de Bitcoins baseada em «Propagações de Sinal Fraco» (*Weak-Signal-Propagation*) em que as operações seriam feitas através de transmissões de rádio[388]. Inspirados pelo programa "*Whisper*" de Joe Taylor, projetado justamente para enviar e receber transmissões de baixa potência, o projeto ainda em fase de testes tinha pretensão de tornar suas transmissões aptas a percorrerem grandes distâncias e com capacidade de retransmissões de malha. Já no final de 2018, a Burst afirmou ter sido a primeira empresa a, de fato, ter conseguido realizar uma transação em blockchain totalmente desconectada da internet, somente com o auxílio de energia solar e por transmissão via rádio[389]. A grande motivação do projeto foi concretizar uma solução financeira para aqueles afetados por desastres naturais ou causados pelo homem – tendo em vista que os indivíduos se tornam completamente vulneráveis e dependentes da ajuda de outrem para sobreviverem, eles perdem todo o acesso às suas riquezas, que se desvalorizam devido ao colapso da hiperinflação, e a qualquer tipo de conexão com internet, inviabilizando qualquer ajuda financeira a partir de suas carteiras de criptomoedas. No caso do sistema da Burst, em que as criptomoedas são criadas e extraídas a partir de discos rígidos e o consumo de energia, portanto, é muito menor, a possibilidade de transações via rádio – que, aliás, é uma tecnologia bastante utilizada em casos de desastres naturais[390] – também é importante para descentralizar o poder sobre a distribuição energética e sobre aqueles que detêm essa energia e capacidade computacional para a criação de novas unidades monetárias.

A economia trazida pelas criptomoedas abre as portas para a inclusão financeira de indivíduos e comunidades que sempre estiveram à margem do sistema financeiro tradicional, lhes dando duas vantagens antes não possíveis: a possibilidade de ter uma reserva de valor e a acessibilidade para fazer remessas de valor. No que tange às reservas, uma vez que se pode poupar em criptomoedas, os indivíduos não estão mais presos às suas moedas tradicionais e às vulnerabilidades das suas taxas cambiais, processos inflacionários, crises políticas e de corrupção ou recessões, já que as criptomoedas não estão ligadas a um Estado específico. Assim, além da não imposição de uma moeda, podem garantir seu patrimônio e a sobrevivência de sua família mesmo em um cenário nacional de crise. Exemplo disso é o que tem acontecido na Venezuela, onde a crise da hiperinflação da moeda nacional causou uma desvalorização das riquezas dos cidadãos, que se vêm obrigados a fugirem do país[391] como uma forma de buscar novos meios de sobrevivência[392]. As criptomoedas, que também estão se popularizando devido às intervenções, por parte do governo totalitarista, em todas as remessas internacionais feitas para o país, se tornaram sinônimos de liberdade econômica, social e política: ainda que seus cidadãos não possam reformar o governo e suas políticas econômica e monetária, pelo menos conseguem manter uma economia que lhes proporcionará uma alternativa para escaparem da situação de crise e opressão.

Os países em desenvolvimento, no geral, são considerados potências para o mercado das criptomoedas, especialmente por conta da volatilidade que as moedas nacionais ainda apresentam no cenário financeiro. Se estas economias coincidem com governos autoritários, as criptomoedas acabam exercendo ainda mais fascínio para aqueles que querem garantir reservas de valor para a sobrevivência de suas famílias. Entretanto, em contextos marcados pelo autoritarismo e pela censura, como é o caso da Venezuela, um dos grandes empecilhos para a adoção das criptomoedas é a difusão de informações sobre seu funcionamento para a população de baixa renda – ainda que os venezuelanos tenham alguma noção sobre criptomoedas devido à criação da *petro*, qualquer tipo de informação sobre o assunto sofre muita censura ou o acesso à internet é dificultado. O auxílio tem vindo de grupos em redes sociais, compostos por venezuelanos que já não vivem no país porque conseguiram fugir justamente com a economia de criptomoedas[393]. Fora do país há mais liberdade para auxiliar seus compatriotas, não só por conta do acesso às informações, mas também porque o medo de perseguições diretas por parte da comunidade de criptografia do setor público é muito menor.

Já a segunda vantagem, relacionada às remessas de valor, se dá em um contexto especialmente negativo para a África – trata-se da região que arca com as maiores taxas de remessas financeiras no mundo, que chegaram a custar cerca de US$ 1,8 bilhão em 2014[394]. Para se fazer uma transação a qualquer um de seus Estados, o preço das transações pode chegar a ser, em média, 25% mais caro do que para o resto do mundo. Além disso, a tendência da economia para os próximos anos é de que as remessas globais continuem crescendo, algo que pode ser extremamente prejudicial para a Nigéria, por exemplo, que é um dos Estados que mais recebem dinheiro internacional[395]. A facilidade para o envio de investimentos e transações de todos os tipos é fundamental para haja, de fato, uma integração entre os próprios países do continente e uma internacional. Assim, se promovida através da criptonomia, a integração tem ainda mais chances de resultar em um desenvolvimento econômico mais eficaz e transformador, social e economicamente falando.

7
TOKENIZAÇÃO
AS VANTAGENS ECONÔMICAS DA BLOCKCHAIN NO SISTEMA FINANCEIRO

"O vírus está se espalhando."

- Anthony Pompliano

A tokenização se refere a um processo de conversão do valor de um ativo para a forma de token, que é armazenado na blockchain. Este ativo pode ser um bem físico ou mesmo um intangível, como acontece com direitos autorais, créditos de carbono e até mesmo o Bitcoin, que é resultado do poder computacional e utilizado como meio de troca[396]. A tokenização está intimamente relacionada à liquidez de itens que não seriam negociados tão facilmente em um sistema econômico comum, e por estarem no contexto da blockchain – em que a liquidez é intrínseca ao seu sistema e que possui uma capacidade quase ilimitada de tokeni-zação –, o processo tende a aumentar a oferta de ativos e seu mercado consumidor potencial. Esta tokenização permite a criação de um mercado secundário responsável apenas pela compra e venda de tokens e da ne-gociação do percentual de propriedade dos respectivos ativos[397]. Entre-tanto, este processo não é novo: a securitização de ativos e instrumentos derivativos, no âmbito do sistema financeiro, já era uma forma precursora de tokenização. A primeira ação na bolsa de valores, mesmo com um aspecto diferente da bolsa tal qual conhecemos, fora emitida em 1602 pela Companhia das Índias Orientais, inaugurando a mais antiga bolsa de valores do mundo, a Bolsa de Valores de Amsterdã[398]. Além disso, os títulos de securitizações já começam a tomar forma nos séculos XVII e XVIII[399].

A securitização é, sobretudo, uma forma de agrupamento de ativos financeiros e sua transformação em títulos, que são comercializados e passíveis de investimento. Os ativos mais populares neste processo costumam ser empréstimos e hipotecas, que geram contrapartidas como juros de capital e periódicos[400]. Estes títulos referentes a dívidas podem ser vendidos para investidores – os chamados Veículos de Propósi-to Especial (SPV) – e seus comerciantes, que recebem um pagamento equivalente à transferência da dívida, também se isentam dos riscos sobre as tais dívidas, transferindo o compromisso de recebimento de pagamentos para os investidores que adquiriram os SPV. Contudo, ainda que as securitizadoras percam os riscos da dívida, não se desassociam das contas relativas às dívidas. A liquidez adquirida nos fluxos de caixa das securitizadoras, que também é visível nos processos de tokenização, aumenta a capacidade de fornecimento de crédito e gera competição entre as empresas, principalmente sobre quem pode ofertar mais para os investidores e quem tem as taxas mais atraentes[401]. Já os investidores são atraídos de acordo com as especificações de riscos de cada montan-te de títulos e ficam mais propensos a adquirirem títulos diversificados. A securitização de ativos se popularizou no mercado financeiro devido, principalmente, à comercialização de títulos de dívida lastreados em ativos de baixa liquidez, como hipotecas bancárias[402] ou mesmo obrigações de dívida colaterizadas, protagonistas na crise financeira de 2008[403].

Todavia, a securitização é um processo com muitas falhas: consumia muito tempo (que poderia demorar entre seis meses e um ano), tinha elevados custos de serviço (que variam entre 500 mil a milhões de dólares), algumas de suas etapas[404] não eram transparentes e havia uma assimetria na disponibilidade de informações sobre os dados dos ativos[405] - inclusive, a falta de transparência no processo dificultava a avaliação dos riscos pelos investidores, que se tornavam mais vulneráveis a fraudes. Houveram tentativas de regulamentação do processo de securitização[406], mas este se tornou ainda mais complicado, prejudicando sua adoção. Embora fosse uma fonte de financiamento alternativa e diversificada[407], não conseguia mais atender todas as demandas do mercado, e somente com os avanços tecnológicos, as modificações do mercado e a implementação da blockchain, os investidores começam a apostar na tokenização como uma alternativa para a ampliação dos seus negócios. Motivados principalmente pelas vantagens da blockchain, que atribuíram à tokenização um caráter muito mais rápido, barato e transparente, os investidores observaram uma ampliação na abrangência dos investimentos bem como na diversificação dos próprios investidores, atraídos pelas possibilidades de maior divisibilidade dos ativos[408].

Os ativos que podem ser tokenizados são alocados em três categorias: os bens intangíveis, os fungíveis e os não fungíveis. Os bens intangíveis, que são os mais difíceis de serem transacionados em um sistema tradicional, são facilmente manipuláveis no contexto da blockchain, que permite a negociação de seu valor de maneira robusta e segura – ainda que a atribuição de um preço a estes bens não seja um processo muito simples. Estes bens costumam ser ideias, conceitos, títulos e direitos, mas podem também ser bens físicos, sendo representados por um ou mais tokens. Os ativos ganham um identificador único e contam com a segurança de sua legitimidade[409], e só então passam a ser negociados, adquirindo valor no mercado. Para que os bens que não são físicos sejam negociados, é necessário que seja trocado o token digital de cada um por uma assinatura na forma de um *hash* exclusivo, representante daquele ativo. A comercialização destes tokens costuma envolver contratos inteligentes para garantir a verificação da transação simultânea de tokens e pagamento pelas partes, bem como para assegurar os valores acordados.

Um bem fungível é aquele que pode ser substituído por outro

igual a ele[410] - da mesma natureza, qualidade, espécie, valor e quantidade. Trata-se de um atributo dos bens móveis que, ao serem tokenizados, são comercializados com mais facilidade, especialmente se envolverem contratos inteligentes, que excluem a dependência de intermediários. Durante a negociação, o comprador adquire a representação digital do tal bem e todo o processo é registrado permanentemente, com informações que incluem registros desde sua expedição até seu armazenamento, por exemplo[411]. Ainda que este tipo de comercialização não retire as implicações do transporte da mercadoria, os custos para todas as partes podem ser reduzidos graças à aplicação da blockchain – tal como a parceria da Maersk com a IBM, discutida anteriormente. Já os bens infungíveis, que não podem ser substituídos por outros idênticos a eles, contam com ainda mais facilidades de negociação quando tokenizados, principalmente por adquirem uma assinatura digital única que os qualificam como unidade de valor. Esta assinatura pode ser dividida em várias partes[412], de modo que muitas pessoas podem adquirir uma parte daquele ativo – algo vantajoso para sua manutenção e para a própria obtenção do ativo. O mercado imobiliário e de artigos de arte possuem itens que se enquadram neste tipo de bens, já que, por serem objetos únicos, tornam-se impossíveis de serem substituídos por outros de mesmas características.

Portanto, a tokenização de ativos reitera a democratização do processo de compra e venda de ativos, não só porque facilita o acesso a um bem, mas também porque permite que vários entes possam adquirir partes do todo. As vantagens deste processo são potencializadas no contexto da blockchain principalmente por conta da confiança inspirada pela segurança do sistema, a transparência das transações, a possibilidade de negociações em qualquer lugar e a todo momento, e o fato de não ser necessário o envolvimento de um terceiro, centralizador de poder, que valide a transação. Assim, ela fornece liquidez a setores como o de imóveis, propõe modelos mais novos de levantamento de capital, permitem o fracionamento de ativos, promovem a diversificação dos riscos para investidores e alivia os custos relativos a intermediários[413]. No que tange à segurança da tokenização, os ativos que passam por este processo também contam com uma proteção interna das suas respectivas informações, acessível somente a quem adquiriu o token – ou seja, nem mesmo funcionários da empresa responsável pelo processo têm acesso aos dados. Isso gera uma economia para estas empresas, que não precisam mais investir em recursos para proteger as informações confidenciais de seus clientes[414].

Contudo, características como a imutabilidade e irreversibilidade da blockchain podem representar desvantagens para o processo, principalmente em casos de negociações em que erros são cometidos e disputas são feitas com mais frequência –contratos inteligentes simples ainda não foram codificados com a sofisticação necessária para poderem resolver estas situações. Desse modo, os contratos inteligentes mostram ter uma aplicabilidade prática ainda limitada[415]. Tokenizações que aproveitam integralmente as funções da blockchain são aquelas que não requerem garantias e nem precisam da validação de terceiros sobre as transferências – tais como as dívidas corporativas, ativos reais não registrados ou ativos digitais simples. Contudo, a viabilidade destes tipos de tokenização também depende do status regulamentário dos países onde são feitos as transações, que pode demandar validações jurídicas tradicionais.

Uma empresa que tem se destacado no mercado de tokenização de ativos é a BANKEX, que utiliza uma plataforma de blockchain como tecnologia financeira e une a inteligência artificial à Internet das Coisas (*Internet of Things*) – que é uma rede formada por objetos físicos tecnológicos e conectados, compostos por uma espécie de inteligência onipresente que é passível de conexão com os indivíduos e com outros dispositivos por meio da internet[416]. Ela já recebeu o apoio de 10 bancos e da Microsoft Corporation[417] e trabalha na criação de liquidez de ativos que não existiam no mercado financeiro tradicional[418] a partir do protocolo próprio de Prova de Ativo (*Proof-of-Asset*). Neste sentido, ao digitalizar um ativo e convertê-lo em token, a BANKEX também valida suas informações, garantindo sua inserção no mercado. A rapidez da tokenização promete resolver o problema de liquidez de ativos não fungíveis, criando um conjunto único de ativos similares e, consequentemente, um mercado para eles. Os bancos se beneficiam desta liquidez ao mesmo tempo em que os investidores aproveitam a previsibilidade e transparência de um novo fluxo de caixa[419].

A BANKEX acredita que o sistema financeiro tradicional está preso no dilema do prisioneiro – problema em que as partes deixam de cooperar porque desconfiam uns dos outros, mesmo sendo a cooperação a solução mais benéfica para eles – e , por isso, seus membros acabam gastando muito mais dinheiro com auditorias para tentar garantir suas condições no «jogo», o que não só atrapalha seus ganhos no mercado como também impede que outros investidores e tomadores de empréstimo descentralizados tenham acesso ao capital consequente da tokenização. O protocolo de Prova de Ativos seria, portanto, a ferramenta que promoveria a transparência e autenticidade do mercado, uma vez que fornece informações a um mercado capaz de verificar os ativos com muito mais rapidez que o mercado financeiro tradicional. Deste modo, propõe mais consciência dos investidores sobre os *status* de seus investimentos em ativos e em empresas, modernização o processo de atribuição e validação das classificações dos ativos. Com a blockchain, o processo também se torna mais rápido, barato e transparente, permitindo aos entes o monitoramento de seus investimentos via contratos inteligentes, a geração de mais confiança no mercado e o aumento e especialização das trocas voluntárias, que gera ainda mais riqueza aos *players*.

As contas e fundos de seus clientes também são protegidos por outras tecnologias - a zn-SNARKs, a criptografia de custódia, a biblioteca da internet das coisas e o seu protocolo do tipo plasma – desenvolvido, inclusive, em 36 horas[420] durante um evento com mais de 400 desenvolvedores. O protocolo do tipo plasma fora desenvolvido para a criação, troca inteligente e divisibilidade de ativos, e mesmo que sua tecnologia ainda não permita transações monetárias, ela atuaria como uma espécie de blockchain. A promessa de resolver o problema de escalabilidade da blockchain da Ethereum seria uma de suas grandes inovações, de modo que as transações da cadeia principal seriam processadas através de contratos inteligentes próprios da tecnologia plasma e dispensariam, portanto, a validação das transações por parte dos mineradores da Ethereum. A validação seria feita pelos próprios clientes, com suas chaves privadas, e, por isso, as transações seriam ainda mais rápidas e baratas que aquelas feitas na cadeia principal da Ethereum. Além disso, para reforçar a garantia da transparência, ainda assim todas as informações das transações processadas pela tecnologia plasma seriam incluídas na blockchain da Ethereum[421].

A BANKEX atua junto a serviços de cadeia de mantimentos e negócios digitais, possui uma espécie de carteira virtual, e oferece serviços de custódia e de confiança - este último como uma espécie de formulação de acordos na blockchain[422]. No que diz respeito à tokenização, especificamente, transforma ativos do setor imobiliário, de franquias, de mídia e de entretenimento em tokens[423]. No setor de entretenimento, a empresa é parceira da MovieCoin, fundada em 2017 para criar uma moeda específica para o financiamento de projetos ligados ao entretenimento, produção de conteúdo e atividades semelhantes, tais como transações comerciais e pagamentos ao consumidor. Assim, oferece um serviço de "propriedade programática de ativos de entretenimento filmado" e soluções a empresas que buscam uma dinamização em suas operações[424]. Com relação ao setor de mídia, utiliza a plataforma MEDIATOKEN para oferecer oportunidades de financiamento no mercado de mídia social. As contas dos usuários são tokenizadas e os criadores de conteúdo podem receber contribuições a partir da criptografia, de modo que o fracionamento das contas permite que colaboradores contribuam financeiramente para o trabalho dos criadores – que são incentivados a produzirem ainda mais – e, em contrapartida, recebam renda conforme o crescimento destes perfis. Ainda que esteja em estágio beta, a MEDIATOKEN já permite que usuários, ao se cadastrarem no projeto, tenham suas contas avaliadas pela empresa – que exige que o perfil em questão tenha um número mínimo de seguidores, como cinco mil para o *Instagram*. Após avaliação, ela registra a conta do usuário na blockchain, processa suas informações, estima uma quantia que deve ser arrecadada por anúncios e os possíveis investidores interessados em fazer parcerias com o criador de conteúdo, e só então a coloca na plataforma BANKEX *Exchange*, onde estará apta a receber financiamento de investidores do mundo inteiro[425]. Portanto, a inovação trazida pela MEDIATOKEN e a BANKEX, que não existia no setor de mídia, está neste modelo de distribuição de financiamento e compartilhamento de receita[426].

Muitas *startups* têm aderido à tokeização de ativos, especialmente de bens ligados ao setor imobiliário, utilidades, *commodities*, pedras preciosas, serviços pessoais, itens colecionáveis, mídia e aplicativos, ativos financeiros tradicionais, *stablecoins*, propriedade intelectual, protocolos blockchain e semelhantes, e outros serviços[427]. As do setor imobiliário trabalham com a tokenização de ações de propriedades, em que as negociações são feitas, em partes, através de contratos inteligentes e fora da cadeia blockchain. Por não se darem totalmente no âmbito da blockchain, ainda não são descentralizadas – contam com a presença da própria empresa e intermediários, como corretores – e as imobiliárias têm o poder de determinar as diretrizes das transações, como quais propriedades e corretores que serão listados no sistema, e de introduzir de novos recursos de atuação[428]. Ainda assim, mesmo com certa centralização, a tokenização do setor imobiliário possibilita a redução de custos na medida em que alguns intermediários já não são mais necessários; há relativa democratização na participação de novos investidores; e os riscos de contraparte diminuem, pois as liquidações são feitas com mais agilidade e os pagamentos são assegurados por contratos inteligentes. Exemplos destas empresas são a Realisto, Bitproperty, DomusCoins, imbrex e a Brickblock – esta última oferece outros serviços além dos voltados ao setor imobiliário[429].

Algumas utilidades também podem ser comercializadas a partir de sua tokenização, como é o caso da energia elétrica e da água. A WePower é um exemplo de empresa que transaciona eletricidade e possibilita o financiamento para novas usinas de energia, especialmente a sustentável, a partir dos investimentos feitos pela compra de tokens[430]. Os tokens, que representam determinadas quantidades de energia, podem ser resgatados ou negociados pelos clientes da empresa e acumulam energia renovável. Após adquirirem os tokens, os clientes podem utilizar a energia ou negociá-la para outras pessoas, gerando liquidez no mercado – inclusive, usinas de energia solar na Espanha e Itália já são alguns dos clientes da WePower. Um projeto parecido ao da WePower está sendo implementado na região do Brooklyn, em Nova York: a parceria entre a LO3 Energy e a Siemens rendeu a criação de uma microrrede piloto em que seus clientes podem vender o excesso de energia solar proveniente de painéis para seus vizinhos. Estas microrredes minimizam a quantidade de energia perdida nas transmissões, que ainda é comum do próprio sistema elétrico estadunidense, e as transações são todas feitas na plataforma da blockchain. O projeto está em processo de regulamentação para abarcar a venda de energia para todo o estado de Nova York[431].

A água é outra utilidade que já está sendo tokenizada, e podemos destacar um projeto da BANKEX, voltado à distribuição do recurso no Quênia[432], como um expoente deste ramo. Inspirada pela Comissão em Blockchain para o Desenvolvimento Sustentável da ONU[433], a iniciativa busca organizar a entrega de doações para famílias de Narok, no Quênia, para que elas, por conseguinte, possam comprar de água potável. O recurso econômico proposto, representado por tokens chamados *WaterCoins*, possui relação direta com cada litro de água potável disponível, e a aquisição do recurso pretende ser bastante viável para as famílias – com um dólar americano é possível obter 50 litros de água potável[434]. Além disso, propõe-se que os doadores consigam rastrear suas doações até o estágio da aquisição da água pelo cliente final, podendo, assim, avaliar os resultados do projeto. As doações não demandam intermediários durante o processo, e isso serve como um incentivo a mais para que mais doações sejam feitas. Como ainda se trata de um projeto piloto, ainda não se sabe se as *WaterCoins* funcionarão, de fato, como veículos de caridade direta, mas caso o resultado seja positivo, novas unidades monetárias serão emitidas para o abastecimento de outras cidades e aldeias do país[435]. Vale ressaltar que a Comissão em Blockchain para o Desenvolvimento Sustentável também culminou na criação do projeto *Blockchain for Social Impact*[436], que tem como objetivo criar soluções em blockchain através de parcerias entre organizações não governamentais, agências governamentais, investidores e fundações para a resolução dos desafios listados pelos Objetivos de Desenvolvimento Sustentável, lançado pela ONU[437].

Além do âmbito das *commodities*, em que metais preciosos, petróleo e produtos agrícolas já são tokenizados[438], outras coisas começaram a passar pelo mesmo processo. Ainda que não saibamos quais os limites éticos deste tipo de empreendimento, a proposta lançada pela TokenStars é de tokenizar indivíduos que queiram alavancar carreiras de artistas e celebridades[439]. O projeto se assemelha à configuração de sites que arrecadam, publicamente, fundos para a realização de projetos, mas seu objetivo é servir como uma espécie de agência de talentos em que tudo é registrado na blockchain e seus colaboradores tenha acesso ao que é arrecadado para o seu token e o desenvolvimento daquelas carreiras. De maneira geral, os tokens são apoiados pelo status de celebridade de dos artistas e adquirem valor conforme seu desempenho e outras métricas do setor. O módulo de agenciamento de talentos promete ser eficiente também no setor esportivo, incentivando olheiros independentes a levarem seus atletas para a plataforma e aproveitar, desta forma, a estrutura para o reconhecimento e financiamento de novos atletas[440]. Especialistas avaliam os novos atletas e é aberta uma votação à comunidade, para que, se aprovados, os novos talentos são transformados em um token, passível de financiamento. Todos aqueles que adquirirem parcelas destes tokens receberão, posteriormente, uma comissão da receita do atleta[441].

A TokenStars também conta com um módulo especialmente voltado para apostas, chamado de Módulo de Previsões, em que as apostas se popularizam e aumentam a demanda por um token, atraindo novos usuários para a comunidade e incentivando a própria plataforma. Esta comunidade de detentores de tokens vota e compete para que suas previsões sejam acertadas, gerando prêmios – recompensas simbólicas. Aqueles que detêm mais tokens são favorecidos com recursos especiais de apostas, de forma que não é necessário, determinantemente, que estes usuários façam apostas de fato, uma vez que colaborar com as previsões já é suficiente para receber fichas sem risco[442]. Além disso, todas as informações coletadas nestas previsões ajudam a plataforma a direcionar o desenvolvimento da empresa – ou seja, além de abrir portas para novos tipos de investimentos, este tipo de sistema auxilia a organização do que já é feito no âmbito virtual, tais como campanhas de financiamento para animais ou projetos pessoais, incentivando a criação de formatos com mais transparência para todos os colaboradores.

A comercialização de peças de arte e itens colecionáveis também promete ser mais segura e ágil com a tokenização dos artigos. Nestes casos, parte das obras ou sua completude podem ser simbolizadas em um token e abertas ao investimento, e por se dar na blockchain, o processo conta com taxas muito mais baratas, democratizando e incentivando todo tipo de investidor ao negócio. A Maecenas foi a primeira empresa baseada em blockchain voltada ao mercado de investimento em arte, e suas propostas envolvem tanto a democratização do acesso aos investimentos em arte quanto o fornecimento de transparência e eficiência aos investidores – consequência dos contratos inteligentes. Assim, o arrecadamento de fundos para o arremate de uma peça ou coleção não demanda a presença de intermediários, possibilitando que galerias possam utilizar suas próprias coleções de arte como garantia do investimento[443]. A empresa também promete a custódia das obras por instituições, galerias e colecionadores confiáveis, a legalização de todos os registros das transações e a diminuição das possibilidades de falsificação graças à proteção promovida pela criptografia. Por se tratar de um mercado alocado no âmbito virtual, a proposta reitera que seus usuários não terão custos para a criação e gerenciamento de galerias físicas, especialmente porque a própria empresa oferece ferramentas para seus usuários montarem um portfólio online de todos os produtos ofertados. Os investidores podem, portanto, verificar o histórico de preços das obras no mercado e as avaliações de cada peça, feitas por profissionais da área.

O foco da empresa está nas obras de artistas blue-chip e naquelas cuja avaliação do valor de mercado ultrapassa um milhão de dólares. A autenticidade das obras é garantida por avaliações e inspeções físicas feitas por terceiros contratados pela própria Maecenas, e elas incluem a verificação da existência de registros de perda da peça, que são acrescentados à blockchain e protegidos por criptografia para evitar falsificações. Quando concluída a validação da obra, ela entra para o catálogo e fica disponível para atrair investidores, que decidem o quanto querem investir. Todos os investimentos devem ser feitos em criptomoedas, e o valor mínimo permitido é equivalente a cinco mil dólares – já para investidores betas privados[444]. Aqueles credenciados possuem um *status* mais importante na plataforma, pois são reconhecidos por leis de regulamentação financeira em seus respectivos países. Ainda que a avaliação varie conforme o país, estes investidores costumam ter um patrimônio líquido bastante elevado e podem ser profissionais da área, instituições financeiras ou mesmo grandes empresas do ramo de investimentos, que possuem fundos de capital de risco e de *hedge*. É válido ressaltar que todas as licitações feitas na plataforma são privadas e confidenciais, protegendo os investidores.

Este tipo de tokenização não pode ser confundido com os de artigos totalmente baseados na blockchain, conhecidos como criptocolecionáveis[445]. Eles não têm uma representação física como os objetos de arte tokenizado, e podem ser ilustrados pelo jogo CryptoKitties: um dos primeiros jogos lançados na plataforma, seu objetivo é levar os usuários a colecionarem diversos tipos de gatos, que são exclusivos e que não podem, portanto, ser replicados ou mesmo destruídos[446]. Seus jogadores têm o registro de cada gato e podem comercializar ou trocá-los, especialmente os que são colecionáveis, assim como fazem os proprietários de itens colecionáveis físicos. Este tipo de serviço se assemelha ao processo de tokenização de cartões colecionáveis, modalidade ofertada pela Ether Legends[447], empresa baseada em uma blockchain Ethereum que propõe a negociação de cartões virtuais colecionáveis. O processamento das transações é feito via contratos inteligentes e os usuários ainda podem competir entre si para ganharem recompensas além da propriedade digital do conteúdo do jogo. Os contratos inteligentes viabilizam o registro dos resultados dos jogos bem como as transações de recompensas para os jogadores dentro da própria interface do jogo. Todas as transações estabelecidas são publicamente verificáveis, utilizam a criptografia para evitar falsificações e o processamento é livre de uma terceira parte centralizada – este último fator evita que os usuários estejam vulneráveis a elevados custos indiretos[448]. Os registros do jogo, verificáveis pela blockchain, também contêm o histórico das transações e informações sobre saldos de cada usuário. Já os ativos digitais são imutáveis, não podem ser duplicados e os usuários conseguem obtê-los como recompensas no jogo, por exemplo, sob a forma de cartões colecionáveis digitais e até mesmo cartões colecionáveis físicos. Todos eles são registrados na rede Ethereum e contêm um código QR, e os físicos podem ser resgatados uma única vez. O mercado dos cartões colecionáveis digitais já conta com mais de 37 milhões de jogadores no mundo inteiro, gerando uma receita de 551 milhões de dólares apenas na Ásia[449].

Os setores de mídia e aplicativos, que já tokenizam financiamentos de filmes e perfis de redes sociais, antes possuíam determinados produtos que excluíam investidores individuais, não só por conta da magnitude dos montantes necessários, mas por também devido ao próprio processo burocrático – muitos investidores tinham de investir indiretamente, como acontecia nos casos de compras de ações em empresas de entretenimento. Eram setores com pouca liquidez e transparência, principalmente por estarem sob um contexto de forte centralização de poder. Contudo, a tokenização promoveu a democratização para estes investimentos, fracionando as propriedades e oferecendo-as a pequenos investidores, que podem acompanhar todo o processo pela blockchain. Como já citada, a MovieCoin atua no ramo do financiamento de entretenimento, e a AppToken e a MEDIATOKEN são empresas do mercado de aplicativos, e todas elas foram criadas pela BANKEX. A AppToken, especificamente, oferece aos desenvolvedores provedores de serviços registrados na blockchain que lidam com o marketing e o software dos aplicativos. Os usuários e contribuintes têm acesso a um variado portfólio de aplicativos que podem receber investimento, e acompanham as atividades do aplicativo investido em tempo real, bem como seu crescimento e receita[450].

A tokenização de mídias não se limita a serviços para usuários de redes sociais, incluindo também projetos de criação de novas plataformas – a FitBlox[451], por exemplo, é um aplicativo que incentiva um estilo de vida saudável para seus usuários através do acompanhamento de rotina e fornecimento de recompensas motivacionais, baseadas em incentivos. Inserido na blockchain[452], o aplicativo propõe que os próprios usuários controlem seus dados, ao contrário do que acontece com aplicativos comuns voltados à saúde, que pertencem a grandes grupos que podem utilizar as informações dos seus usuários para fins desconhecidos. Também oferecem acesso a produtos, serviços e programas de parceiros que são voltados à manutenção da saúde, e que não têm acesso aos dados registrados pelos usuários no aplicativo. A monetização da rede social vem do compartilhamento da trajetória de cada usuário e do seu sistema votação, que é ponderado pela participação e que incentiva os usuários a continuarem seus desafios e compartilhá-los com os demais membros da rede. A criação de conteúdo útil é a chave para a monetização dos seus usuários, transformando o próprio aplicativo em uma fonte de renda, bem como outros aplicativos e redes sociais.

Ativos financeiros tradicionais também estão sendo tokenizados – desde capital de risco e dívidas até produtos do ramo dos seguros e demais fundos de investimentos (ETFs)[453]. A Blackmoon Crypto, por exemplo, promove a criação, desenvolvimento e gerenciamento de fundos de investimento ao mesmo tempo em que também dá suporte em tecnologia, infraestrutura e aspectos legais destes ativos para seus usuários[454]. A Smartlands, que também oferece a tokenização de *commodities*, está focada em investimentos de baixo risco e fornece serviços como de auditoria e diligência para empresas tokenizadoras de ativos[455]. Possui casos de uso nos setores da agricultura, indústria manufatureira, ações privadas e no setor imobiliário, e seus clientes utilizam sua plataforma para criar moedas digitais de uso interno, atraindo investidores para o desenvolvimento de seus negócios. Já a Dharma é uma empresa especializada em tokenização de dívidas, com estrutura voltada à construção de um mercado de crédito que aproveite a eficiência, transparência e acessibilidade da blockchain, e seja ainda mais atrativo. Sua estrutura pode ser aplicada para inúmeros tipos de empréstimos, já que é bastante flexível[456].

Atuando também no mercado de empréstimos, a CoinLoan utiliza ativos tokenizados como garantias, permitindo que qualquer usuário de sua plataforma possa fazer empréstimos ou atue como emprestador[457]. Os emprestadores contam com riscos mínimos e reembolso total de empréstimos e juros, cobertura mundial, o não estabelecimento de limites, aceitação de uma variedade de moedas e a confiabilidade e segurança de uma infraestrutura protegida, que também é licenciada na Europa como uma instituição financeira[458]. Já os tomadores de empréstimos contam com termos e condições de empréstimos flexíveis, a não verificação do histórico de crédito para a comprovação da capacidade de pagamento, a preservação de suas criptomoedas, variedade e conveniência nas maneiras de depositar e levantar fundos, a possibilidade dos empréstimos serem obtidos em qualquer moeda ou criptomoeda e a garantia de utilização das criptomoedas como garantias de empréstimos[459].

O surgimento das *stablecoins* é uma consequência do próprio fenômeno da tokenização, e muitas empresas[460] têm investido neste tipo de criptomoeda para atrair a atenção de indivíduos e empresas que não querem estar tão vulneráveis às oscilações do valor do preço de mercado destes ativos[461]. Já outras apostam na criação de carteiras de armazenamento de criptomoedas diversas, como a Haven Protocol[462]. Assim, grande parte dos exemplos de tokenização de ativos só existe e pode ser comercializada graças à criação de plataformas chamadas "protocolos" – onde, de fato, estas transações ocorrem – e de empresas especializadas em gestão[463] de ativos digitais[464]. Os protocolos propõem uma solução para o gerenciamento, investimento e negociação de ativos[465], de maneira que, o que já era uma realidade com a securitização de ativos no mercado financeiro tradicional, hoje se torna um fenômeno entre empresas e *startups*, que apostam na tokenização como uma forma de viabilizar mais trocas e promover relações sociais cada vez mais confiáveis e eficientes.

7.1 ICOs e STOs: A Nova Modalidade de Investimento Institucional

Semelhante ao processo de securitização, em que ativos financeiros são transf[466]ormados em títulos passíveis de investimento, e da tokenização, processo de conversão do valor de um ativo na forma de token, muitas empresas recorrem à abertura de capital, através da venda de ações, para angariar fundos que proporcionem o fluxo de caixa necessário para o funcionamento e/ou expansão das suas atividades. Este método, conhecido como Oferta Pública Inicial (IPO - *Initial Public Offering*), também funciona no âmbito das criptomoedas, mas ao invés da empresa receber investimentos pela venda de ações, ela arrecada fundos para criação de uma moeda virtual, as Ofertas Iniciais de Moedas (ICO - *Initial Coin Offering*)[467]. Uma das grandes diferenças entre as ICOs e as IPOs é que as primeiras não têm contrapartidas garantidas aos investidores, que apostam nestas propostas motivados pela expectativa de um retorno sobre o valor das criptomoedas – ou seja, ao contrário de adquirirem parte da empresa, os investidores compram um token que pode ou não ser bem sucedido. Mesmo sendo criadas por uma empresa, as ICOs são descentralizadas e sua maioria ainda não é regulamentada por organizações governamentais, o que torna-as estruturalmente mais livres que as IPOs[468]. Muitas ICOs foram financiadas pelo Bitcoin e por moedas nacionais, e um dos casos mais emblemáticos foi o da Ethereum que, em 2014, conseguiu a captação de mais de 18 bilhões de dólares para o seu desenvolvimento[469]

As ICOs são tokens e, como tais, possuem diferenciações que nem sempre estão muito claras para os seus investidores. Podemos separar os tokens entre os de utilidade (*utility tokens*) e os de segurança (*security tokens*). Os de utilidade são representados por moedas e permitem que usuários tenham acesso a serviços e produtos em redes ou aplicativos. Não são criados para servirem de fonte de investimento, ainda que possam ser objeto de arrecadação[470] – como no caso da Filecoin, empresa voltada ao desenvolvimento de armazenamento digital em nuvens descentralizada, que gerou os tokens (filecoins) para usuários que fornecessem espaço de armazenamento ou distribuidores e recuperadores de dados[471]. A venda de seus tokens acarretou no levantamento de mais de US$ 257 milhões para a empresa[472]. Os tokens de utilidade são muito populares, especialmente se levarmos em consideração o aumento das ICOs, e sua criação representa uma forma de incentivo e gratificação aos investidores[473], impulsionando ainda mais investimento para as empresas. O valor dos tokens, entretanto, não tem uma conexão necessariamente direta com o sucesso de uma empresa e sua arrecadação, e muitas acabam aliando essa boa reputação à baixa regulamentação deste tipo de investimento para agir de má fé, fraudando investidores e prejudicando a imagem das ICOs como um todo.

A notoriedade desta forma de financiamento veio com empresas financeiras e de tecnologia ainda iniciantes que buscavam maneiras de evitar a burocracia e a rigorosidade dos processos de captação de fundos tradicionais, especialmente de bancos e instituições financeiras[474]. Assim, pautaram-se na construção de uma imagem internacionalmente reconhecida por experiências bem-sucedidas para chamarem a atenção de executivos dispostos a investir em experimentos promissores. Com o sucesso do projeto da Ethereum, o mercado, de fato, se interessou mais por propostas que envolvessem criptografia e a criação de tokens, gerando uma onda de entusiasmo muitas vezes irresponsável, pois alguns investidores nem mesmo entendiam todos os objetivos e propostas apresentadas pelas empresas. Além disso, os primeiros anos foram marcados pela quase inexistente regulamentação, chamando a atenção de grupos interessados em montar esquemas de fraudes e golpes contra estes investidores[475].

Para conseguir este tipo de financiamento, muitas empresas anunciam o seu projeto em fóruns voltados à criptomoedas, onde fornecerão informações básicas sobre o escopo e andamento do projeto, quem são os membros envolvidos e suas experiências e, por fim, apresentarão seu token aos membros[476]. Esta apresentação também precisa conter seu *whitepaper*, documento responsável por relatar as características da proposta, definir metas e quantidade de investimento necessário, apresentar um cronograma, delinear estratégias e formas de investimentos e apresentar o tempo médio de duração da campanha[477]. O preço de uma ICO vai depender da meta de financiamento criada pela empresa, que pode ser estática ou dinâmica. No primeiro caso, o preço dos tokens é pré-definido e há uma quantidade limitada para ser comercializada, enquanto que no segundo o preço dos tokens pode ser dinâmico e o número de unidades é limitado, ou o contrário, com o número de unidades dinâmico e com o preço já determinado no *whitepaper*. A partir de então, os investidores compram estes tokens até que se arrecade o mínimo estabelecido pelo *whitepaper* ou acabe seu prazo estipulado. Quando não se alcança o valor mínimo determinado, tudo aquilo arrecadado é devolvido aos investidores e a ICO será um fracasso, mesmo que a empresa não perdendo dinheiro. Se conseguir arrecadar o valor estipulado, o projeto poderá ser concluído ou até mesmo entrar em novas fases de desenvolvimento.

Seja por sua natureza digital e antiautoritária, pelo entusiasmo causado pelo sucesso da Ethereum ou pela falta de regulamentação de investimentos em ICOs, o ano de 2017 teve expressivos 435 projetos de ICOs bem-sucedidos e US$ 5,6 bilhões arrecadados ao fim do ano[478] - e somente nos cinco primeiros meses de 2018, já haviam sido arrecadados US$ 13,7 bilhões[479]. Contudo, as ICOs não são uma mina de ouro para todo e qualquer investidor: ainda que os números impressionem, mais de 90% das ICOs lançadas não conseguiram seguir seus objetivos e pelo menos 165 desativaram suas atividades[480], sem mesmo gerar lucro para os primeiros investidores[481]. Além disso, algumas empresas ainda não possuem a experiência adequada para gerir seus projetos, e muitos projetos de blockchain não são qualificados e suficientemente confiáveis para que investidores possam se engajar.

Com a repercussão e o *frenesi* do mercado, instituições governamentais e até não-governamentais têm começado a tomar medidas mais cautelosas sobre este tipo de investimento: o Banco Popular da China, por exemplo, baniu todos os investimentos em ICOs no país[482], alegando que elas seriam prejudiciais à estabilidade econômica, financeira e até mesmo social do país, já que poderiam se associar a vários tipos de atividades criminosas e ilegais. O primeiro pronunciamento, que aconteceu em setembro de 2017, foi reforçado em 2018[483] e reiterou que os tokens não tinham funções de moedas no mercado e os bancos não tinham como oferecer serviços relacionados às ICOs. Já nos Estados Unidos, as próprias transações em criptomoedas começaram a ser consideradas passíveis de tributação pela Receita Federal e foram qualificadas como "valores imobiliários" (*securities*) pela SEC (*Securities and Exchange Commission*), a Comissão de Valores Imobiliários do país. Essa classificação fora baseada no Teste Howey[484], que relembra dois casos julgados pela Suprema Corte sobre a regulamentação financeira, em que contratos de investimento se transformaram em valores imobiliários – o *Securities Act* de 1933 e o *Securities Exchange Act* de 1934. Muitas outras modalidades de investimento e transações foram regulamentadas, se sujeitando à burocracia do SEC e dos demais órgãos do país[485].

A SEC também se fez notar quando, em 2016 fora criada na Alemanha uma DAO, Organização Autônoma Descentralizada (*Decentralized Autonomous Organization*), que passou a vender ICOs e tinha toda sua estrutura assegurada na plataforma Ethereum (ETH). Assim como os demais investimentos em ICOs, este fundo lançou-se no mercado e acabou alcançando a popularidade, com mais de 11 mil usuários e US$ 150 milhões arrecadados. Entretanto, o projeto começou a apresentar falhas em sua programação, que culminou no roubo de mais de 30% do seu valor arrecadado. Para evitar maiores prejuízos, já que o preço dos tokens diminuiu e os investidores já haviam perdido parte do que fora arrecadado, a comunidade criptográfica resolveu lançar-se a uma nova rede Ethereum (ETC), mais segura e «purificada», mas que manteria a mesma quantidade de tokens equivalentes de Ethereum (ETH)[486]. Após o episódio, a SEC concluiu que houve violações, por parte da iniciativa, na venda das ICOs, já que estas não haviam sido registradas como garantias. Apesar de não ter adotado nenhuma medida contra a DAO, a SEC emitiu uma declaração que passou a ser utilizada como regulamentação para as criptomoedas, a partir de então tratadas como títulos. Porém, a declaração deixou brechas, permitindo que cada caso posterior fosse julgado separadamente diante dos tribunais, especialmente porque nem todos os tokens e criptomoedas podem ser classificados como valores imobiliários segundo o Teste Howey. Além disso, a declaração ainda dificulta a própria inserção de criptomoedas no mercado, uma vez que seu financiamento depende do que é arrecadado pela venda de ICOs.

O Teste também determina que, para que títulos e investimentos possam ser abarcados no sistema financeiro, eles deverão ser registrados na SEC e estarem sujeitos a quatro critérios fundamentais: ser um investimento de dinheiro e/ou ativos[487], ter alguma expectativa de lucro, estar em uma empresa comum, e seu lucro deverá vir do esforço de um terceiro[488]. Sob esta análise, as ICOs começaram a ser consideradas pertencentes à categoria, pois funcionam como títulos relacionados a um ativo, têm alta expectativa de lucro, são de uma empresa comum e advêm de um terceiro.

O aumento da demanda por investimentos em ICOs e a consequente ocorrência de fraudes levaram muitas empresas a optar pela criação de tokens de segurança (*security tokens*), investimentos verificados em blockchain que derivam seu valor de um ativo externo. As STOs (S*e-*

curity Token Offering), por estarem atreladas a uma empresa, necessariamente se beneficiam do crescimento de sua propriedade e reputação, tornando-se investimentos mais seguros que as ICOs de utilidade, já que obrigam suas criadoras a serem avaliadas por toda a burocracia e condições impostas pelo SEC. Desta forma, reduzem as chances de possíveis golpes e fraudes aos investidores por possuírem proteção jurídica e capacidade de representação digital das ações da empresa[489]. Os investidores conseguem, então, utilizar as STOs assim como outros produtos financeiros, seja na forma de garantias de empréstimos, trocando-os por outros ativos ou mesmo fracionando estes tokens e armazenando-os em carteiras digitais diferentes. Bem como as ações tradicionais do mercado financeiro, as STOs também proporcionam fluxos de renda a partir de pagamento de dividendos gerados pelos lucros de seus ativos, e também possibilitam o acesso a inúmeras classes de ativos, liquidez e uma rede global de investidores[490]. Além disso, quando comparadas com as IPOs, possuem um mercado irrestrito e podem ser negociadas a qualquer momento e de maneira rápida. Em termos de produção do título em si, ao longo de 10 anos, o custo de produção da IPO é quatro maior que da STO, e seu tempo de produção varia entre um a dois anos. No caso das STOs, a produção exige um tempo de dois a seis meses, gerando um aumento do potencial do retorno sobre o investimento (ROI)[491].

Entretanto, vale lembrar que o Teste Howey é apenas uma das várias formas de verificação da fundamentação de um investimento, fato ratificado pela própria Suprema Corte americana, que classifica as STOs em três categorias de investimento (D, A+ e S)[492] e que criou um teste específico para analisar a substância do investimento e a verificar sua garantia – o "teste de semelhança familiar", de 1990 ("family resemblance test")[493]. Muitos tribunais, inclusive, analisam separadamente cada caso a fim de avaliar o contexto econômico de cada empresa e as condições de investimentos criadas pelos seus tokens – como é o caso da lei «Céu Azul» («Blue Sky")[494] e do teste de capital de risco utilizado na Califórnia[495].

Enfim, trata-se de um modelo de investimento que deve crescer e se especializar nos próximos anos, principalmente no que diz respeito à sua regulamentação, que internacionalmente tem seguido três linhas de abordagem: voltadas aos tokens de segurança (security tokens), nos Estados Unidos; à relação binária de adoção, na Ásia; e um modelo mais balanceado na Europa[496]. Levando em consideração a crescente adoção das criptomoedas no mercado financeiro e na vida social, e os números impressionantes de arrecadação dos últimos anos, é muito provável que o interesse sobre esta modalidade de investimento institucional continue despertando a curiosidade de mais investidores e *startups*. A proteção jurídica trazida pelas STOs supera o dilema de credibilidade dass ICOs e fortalece a crescente conexão de blockchain e criptografia com o mercado financeiro[497] – que ainda pode se beneficiar muito das vantagens trazidas pela tecnologia, principalmente na redução de custos, na agilidade dos processos, na democratização no aumento do número de investidores e na emancipação da demanda por intermediários.

8

A REVOLUÇÃO LEGAL

OS IMPACTOS PRÁTICOS DA BLOCKCHAIN

"Quem controla a corte controla o estado".

- Aristóteles

Com a especialização das trocas, todos os âmbitos da sociedade se modificaram, e com a tecnologia inaugurada pela blockchain, essa mudança não será diferente – além das possibilidades econômicas e financeiras, ela possibilita revoluções no meio social, político e jurídico. Especialmente neste último caso, a imutabilidade dos registros começa a ser percebida como uma aliada às questões relacionadas à lei e aos registros feitos tradicionalmente em cartórios. Nos casos de proteção da propriedade intelectual de um conteúdo, por exemplo, os responsáveis conseguem reiterar a autoria de seus projetos através de um documento de caráter definitivo e literal. Diferentemente do que acontece na área tecnológica, em que a justiça tradicional registra os experimentos como patentes, o setor de produção cultural possui menos ferramentas de comprovação, principalmente no âmbito da internet e de conteúdos digitais, com uma imensidão de dados armazenados e poucas formas de consentir ou de se ter conhecimento daquilo que é adquirido por outrem. Além disso, a blockchain propõe uma realidade em que a resolução de disputas autorais assume um formato muito mais simples e econômico para as partes envolvidas. Por isso, embora esta tecnologia ainda não seja tão popular quanto as ferramentas da justiça tradicional, ela tem tudo para mudar nosso paradigma social e trazer inúmeros benefícios para a sociedade.

8.1 Proteção da propriedade intelectual

O armazenamento de conteúdo digital e a proteção de seus direitos autorais costumam gerar muitas disputas, como podemos observar na disputa entre a gravadora Capitol Records e a ReDigi, uma empresa que criou uma plataforma em que seus usuários poderiam comprar e vender músicas legalmente adquiridas por um preço muito menor que o do mercado tradicional[498]. Logo após seu lançamento, ela fora processada pela gravadora, que detinha o licenciamento de direitos de reprodução de clipes e de capas de CDs. A Capitol Records alegou violações na lei de direitos autorais dos Estados Unidos, uma vez que muitos de seus produtos eram comercializados na plataforma. No país, a *Digital Millennium Copyright Act* (DMCA) é uma das leis que protegem os direitos autorais, criminalizando suas infrações bem como qualquer produção e distribuição de tecnologias que assim o façam. Em seu texto, afirma que o conteúdo digital não está vulnerável à depreciação do tempo e não se degrada, e pode ser reproduzido com perfeição em dispositivos digitais[499]. Por isso, a gravadora considerou que havia uma violação direta e indireta dos direitos autorais de lei comum, dos direitos de reprodução e distribuição do conteúdo, além acrescentar que a empresa também induzia a violência desses direitos. Além disso, a jurisprudência americana já havia reiterado, em muitos outros casos, que a duplicação não autorizada de conteúdo digital era uma forma de violação do direito exclusivo do proprietário para a reprodução de seu conteúdo. Mesmo que a transferência de conteúdo culminasse na perda do arquivo para o vendedor – a plataforma não promovia a cópia do arquivo, somente sua transferência de um usuário para o outro –, o serviço oferecido pela ReDigi fora considerado violador do que era descrito na lei de direitos autorais.

Em sua defesa[500], a ReGigi tentou utilizar como argumento o uso justo do material – em que sua reprodução é feita com fins de promoção do progresso da ciência e das artes – e o direito de primeira venda, quando o proprietário de uma cópia pode vendê-la livremente após sua compra, sem o consentimento do detentor dos direitos autorais. Entretanto, o tribunal atribuiu responsabilidade à ReDigi sobre a violação dos direitos autorais, tanto nas instâncias de infração direta quanto indireta. De acordo com a legislação americana, a infração sobre os direitos autorais exige um envolvimento suficiente com a tal violação e, no caso da ReDigi, sua plataforma fornecia uma infraestrutura que permitia a conduta infratora de alguns de seus usuários, não só porque o sistema exigia que o conteúdo vendido deveria ter sido registrado anteriormente, mas também porque a própria empresa não se manifestou ou agiu para que tais infrações fossem evitadas e corrigidas, agindo passivamente em meio a um contexto que possibilitava vendas ilegais.

A infração contributiva, que é indireta e que ocorre quando há o conhecimento sobre uma atividade infratora que pode contribuir para que haja outra violação, se deu por conta de evidências de que a empresa tinha conhecimento real sobre essas questões – ela já havia contatado advogados e gravadoras sobre questões relacionadas a direitos autorais e possíveis acordos com empresas de entretenimento. Além disso, a própria plataforma era descrita em seu site como uma alternativa legal ao contexto jurídico do país e, em seus contratos com os usuários, confessava não garantir sua prevalência em casos de direitos autorais – algo que indicava que a empresa reconhecia a possibilidade de haver disputas sobre estes direitos e que atos ilícitos também poderiam acontecer. Tendo em vista que a responsabilidade indireta também ocorre quando o réu tem o direito e a capacidade de supervisionar atividades infratoras, o tribunal também julgou haver violação por parte da ReDigi, já que a empresa tinha o controle sobre o conteúdo de sua plataforma e as informações sobre o acesso e vendas dos seus usuários[501]. Por fim, a empresa inclusive se beneficiava financeiramente de todas as transações estabelecidas, infratoras ou não, contribuindo para que o tribunal decidisse desfavoravelmente sobre a ReDigi. Ela apelou à decisão e teve o apoio de instituições como a *Internet Archive* e a Associação Americana de Bibliotecas[502], que tinham projetos ligados a serviços de consumo de produtos usados. A ReDigi insistiu no argumento de que a plataforma funcionava como um comércio de produtos usados, assim como livrarias e lojas de discos, enfatizando também aspectos da própria lei americana de direitos autorais, em que afirma não haver limitações sobre a distribuição de produtos anteriormente adquiridos ou sobre como é feito seu descarte[503].

O grande dilema levantado neste caso foi a possibilidade de haver duplicação dos arquivos que eram comercializados, problema diretamente ligado ao do gasto duplo. Levando em conta que a empresa surgiu após a criação da blockchain, sua plataforma de comercialização poderia ter se baseado na tecnologia, de maneira que haveria garantias de que os arquivos eram transformados em tokens e transferidos, de fato, para os computadores dos compradores. Desta forma, a empresa poderia até mesmo se encontrar em outra posição, aproveitando as vantagens da tokenização de seus ativos, contando com a rastreabilidade das movimentações dos conteúdos e diminuindo as chances das transações caírem no problema do gasto duplo. Entretanto, seu novo julgamento, de 2017, levou em conta o contexto tecnológico da época da apelação, em que a tecnologia da blockchain não era tão popular e que o consumo de produtos digitais ainda era uma realidade bastante nova, de forma que a decisão continuou sendo desfavorável para a ReDigi – que, inclusive, se encontra em processo de falência[504]. Dificilmente a decisão desta apelação poderia alterar a situação da empresa, mas serviu para reiterar o contexto comercial no âmbito da internet naquela época, ainda visto com receio por parte da sociedade, e a importância da discussão sobre a materialidade de um produto digital. A forma de consumir estes tipos de produtos e a própria variedade sobre sua disponibilidade mudou bastante, principalmente se levarmos em conta que atualmente é possível armazenar arquivos em nuvem e que plataformas de *streaming* possibilitam o consumo de músicas, livros e vídeos sem haver, de fato, a compra de um produto individualmente.

Em um processo judicial como o descrito, em que os custos são bastante dispendiosos e a burocracia consome muito tempo do processo, a blockchain ainda é uma solução bastante vantajosa para as partes. Se aplicado em uma do tipo pública, todas as informações relativas às transações e identidades dos usuários, mesmo protegidas por *hashes* criptográficos, seriam facilmente acessíveis para qualquer uma das partes. Além disso, a cobrança sobre os registros na blockchain é inferior ao cobrado por cartórios e a sua tecnologia também oferece ferramentas que protegem melhor os criadores[505] contra o uso indevido por outras empresas ou atores individuais, por exemplo. Assim, o caráter descentralizado da blockchain chama muito a atenção de criadores de conteúdo e advogados, atraídos pela possibilidade de não depender mais de um órgão central que emita os registros das criações. Mas sua potência como veículo descentralizado de distribuição de conteúdo, porém, não impede que o conteúdo seja ilegal e nocivo, e somado ao fato de que transações anônimas podem ser incorporadas aos blocos do sistema, a segurança dos usuários estaria em risco. Embora a permanência dos registros dificulte as tentativas de usuários ou grupos de manipular e atacar membros da rede, estas possibilidades ainda existem, e podem ser muito mais prejudiciais quando o tal conteúdo acrescentado à plataforma é nocivo. Ademais, o anonimato dos usuários dificulta a culpabilização de infratores, especialmente em um contexto descentralizado, de relações *peer-to-peer* e de criptografia que também é imutável.

A arquitetura da blockchain fornece a todas as partes as mesmas capacidades, funções e responsabilidades[506], e bem como acontece com as relações econômicas no contexto do Bitcoin, os membros são incentivados a manterem relações honestas uns com os outros nas demais áreas, pois fraudes e quaisquer outras ações desonestas colocariam em risco a confiança estabelecida pela plataforma para todos os membros da rede. A partir do momento em que um ator social se engaja na blockchain, ele toma consciência de que todas as suas transações se tornam passíveis de verificação futura, sem os impedimentos de barreiras jurídicas, a necessidade de quebras de sigilo e quaisquer outros tipos de imposições que tentem frear a acessibilidade daquelas informações, que são essencialmente públicas. A consciência deste tipo de vulnerabilidade por conta da exposição das transações é uma forma de fazer com que o próprio indivíduo ou instituição se resguarde e procure sempre estabelecer relações honestas com os demais, garantindo sua reputação no sistema. Desta forma, assim como na teoria dos jogos, as relações estabelecidas na blockchain também envolvem uma interdependência entre usuários, e mesmo que sua arquitetura facilite o estabelecimento da confiança, os usuários ainda precisam se manter honestos para manter suas próprias reputações – que são sinalizações de longo prazo sobre suas condutas.

A possibilidade de armazenamento de informações, com um caráter descentralizado e em cadeia, vem atraindo empresas interessadas em investir em ferramentas capazes de otimizar o armazenamento de conteúdo e facilitar sua distribuição. A Apertus é um exemplo disso: desejando a criação de um espaço de publicações autenticadas e preocupada com a defesa dos o direito dos cidadãos e empresas que registrem qualquer conteúdo nestas redes indeléveis, a empresa promove a capacitação de seus clientes para que se tornem capazes de registrar e publicar suas criações. O armazenamento, que pode ser feito na própria plataforma da Apertus, inclui o fornecimento de um código de identificação da transação ao usuário (ID), de modo que eles mesmos podem recuperar o que fora armazenado[507]. Também tem como proposta a conversão de blockchains[508] em uma plataforma de hospedagem de publicações, onde será possível monitorar em tempo real os dados públicos arquivados por outros usuários do sistema. Assim, quando é criado um perfil e um usuário armazena conteúdo próprio na plataforma, ele mesmo pode assinar e verificar seus arquivos através de um *hash*, provando para todos os outros usuários, teoricamente, a posse de tal conteúdo[509]. Esta associação que se faz entre um conteúdo e um criador gera, então, mais confiança a todos os usuários e à plataforma, que atrelarem o conteúdo postado às assinaturas e o ID dos usuários e ao momento de seu registro[510].

A Bernstein[511] é outra empresa voltada à proteção da propriedade intelectual e de endereços de IP de computadores de cidadãos e empresas. Assim como a Apertus, ela também oferece o armazenamento e o registro de conteúdo na sua própria plataforma. Os registros devem ser acompanhados do *upload* dos respectivos arquivos[512], e permitem que a empresa crie uma transação em blockchain que contém uma impressão digital criptográfica e um registro de prova de propriedade, reunindo todos os certificados relacionados ao conteúdo fornecido pelo cliente[513]. O protocolo emitido é descentralizado e as informações registradas não são divulgadas para os funcionários da empresa – quando estes dados são carregados na plataforma, chegam diretamente no servidor e passam por um processo de criptografia, de modo que somente os proprietários podem acessar o conteúdo completo. O design do documento de registro de propriedade permite que qualquer terceiro possa verificar sua validade. Entretanto, é importante ressaltar que o fato de registrar e armazenar um documento não significa a disponibilização pública de seu conteúdo – ou seja, o proprietário, se assim desejar, ainda deverá publicar o tal conteúdo para que, então, se torne público.

Para garantir o armazenamento, a Bernstein oferece modalidades de arquivamento que se assemelham às configurações de nuvens comerciais ou da rede do IPFS[514], protocolo hipermídia também descentralizado. Pensando no aumento de casos envolvendo propriedade intelectual[515], a autoridade oficial de registros de data e hora da China[516], a UniTrust, fez uma associação com a Bernstein para proteger a propriedade intelectual, unindo o certificado da blockchain do Bitcoin à *timestamp* oficial chinesa[517]. Esta parceria comercial, que pretende ser implementada no mercado nacional, capacitará universidades, instituições de pesquisa, empresas e instituições para registrarem seus conteúdos tanto em plataformas centralizadas quanto descentralizadas a partir do uso de um aplicativo da própria Bernstein. A solução poderá popularizar os registros em plataformas descentralizadas como a blockchain, e também diminuir parte dos problemas de acúmulo de processos, demora de julgamento e disputas na justiça tradicional do país.

Os certificados emitidos pela blockchain também têm uma garantia alicerçada na matemática, e não por um governo ou entidade internacional reconhecida, de modo que sua credibilidade é muito mais estável e universal. Por esse e outros motivos, muitos governos e órgãos públicos estão se interessando cada vez mais pelos serviços e possibilidades dos registros feitos em blockchain, principalmente no que tange as vantagens que a sociedade poderia ter[518] - a propósito, países como os Estados Unidos, Brasil, Reino Unido, Suécia, Japão e a cidade de Dubai já estão começando a incentivar o registro público nesta plataforma[519]. A União Europeia, por outro lado, está mais avançada com relação à adesão da plataforma – a eIDAS (*Electronic Identification, Authentication and Trust Services*), regulamentação de identificação e autenticação eletrônica do mercado, já proibia que tribunais negassem provas provenientes de registros eletrônicos de data e hora[520], e, em outubro de 2018, o Parlamento Europeu se mostrou bastante entusiasmado com a confiança imposta pela tecnologia através de uma resolução[521], em que manifesta que suas inovações e ecossistema colaborativo podem otimizar áreas como a do meio ambiente e energia, educação, saúde e tecnologia.

No que tange à distribuição descentralizada de conteúdo digital, muitas empresas têm trabalhado com a criação de protocolos que aproveitem a capacidade de armazenamento de conteúdo criptografado. A Steemit Beta, por exemplo, tem uma proposta visual muito parecida com a do Twitter, com seus usuários acompanhando em tempo real as publicações dos mais diversos tipos. Entretanto, possui uma ramificação específica para o compartilhamento de conteúdo patrocinado – os usuários podem receber parcelas de recompensas fornecidas pela plataforma conforme a criação de conteúdos considerados relevantes[522]. Já a DTube se assemelha ao YouTube, e é a primeira plataforma de vídeos com uma natureza cripto-descentralizada[523]. Construída sobre a blockchain da Steem e com uma rede *peer-to-peer* pelo protocolo IPFS, ela pretende ser uma alternativa ao YouTube, sendo mais resistente à censura[524] e sem fazer o uso de algoritmos – que acabam manipulando a visibilidade e controlando a rentabilização de determinados vídeos, prejudicando outros. Os usuários são livres para postar conteúdos patrocinados em seus próprios canais e não há execução obrigatória de publicidade aos membros, permitindo uma melhor experiência dos usuários.

Diante do aumento no interesse pela blockchain, a tendência é que cada vez mais empresas e governos comecem a apostar na plataforma como uma alternativa mais segura para a administração, armazenamento e distribuição de conteúdo, além de oferecer mais segurança para seus clientes e cidadãos, respectivamente. Até mesmo o anonimato dos usuários pode ser vantajoso, uma vez que oferece privacidade e não necessariamente prejudica o sistema. Assim, todos aproveitam a agilidade do sistema para executarem acordos, baixas taxas de transação e o auxílio de contratos inteligentes para facilitar possíveis disputas entre as partes.

8.2 RESOLUÇÃO DE DISPUTAS

No âmbito jurídico, o interesse sobre a tecnologia da blockchain não se limita à proteção da propriedade intelectual: ela também oferece soluções para a resolução de disputas, de todos os tipos. Um processo da magnitude como o da disputa entre a Capitol Records e a ReDigi envolve custos muito elevados para todos os envolvidos, inclusive para o sistema judiciário, que arca com o pagamento do corpo jurídico, com parte dos trâmites legais e com a manutenção do funcionamento dos tribunais. Se resolvidos com a tecnologia que já temos disponível, da blockchain, os processos teriam custos muito menores e não demandariam terceiros, já que o próprio sistema tem ferramentas que atuam como um terceiro neutro ao processo – como acontece no caso de acordos assegurados por contratos inteligentes, julgam os aspectos que foram acordados no momento da concretização da transação. Se a disputa na blockchain demandar por um julgamento mais especializado ou uma revisão de decisão, os próprios usuários da plataforma podem servir como um júri popular[525], mesmo em casos em casos de acordos não firmados por meio de contratos inteligentes[526].

Alguns projetos também pensam na substituição da justiça tradicional para a blockchain, como é o caso da Crowdjury, que cria um sistema judicial *peer-to-peer* transparente e autossustentável[527] ao combinar a arquitetura do sistema às vantagens do *crowdsourcing* – um processo de mobilização coletiva que reúne, dentro do contexto virtual, um grupo de indivíduos para realizar algum objetivo, seja encontrar a solução de um problema, elaborar um projeto ou mesmo gerar inovação e eficiência[528]. O sistema judicial também poderá aproveitar dos benefícios da tecnologia, tornando-se mais efetivo – ainda que algumas etapas do sistema já tenham sido automatizadas, como o acompanhamento dos *status* de processos ou com algumas decisões sendo expedidas online, a proposta trazida pela Crowdjury é de modificar o *status quo* do sistema, de aproveitar a conexão trazida pela internet e a blockchain para ampliar a sensibilidade à justiça destes julgamentos, democratizando-os.

A transparência acaba diminuindo as chances de corrupção e manipulação[529], e a mesma coisa acontece com o sistema judiciário: desde a antiga Atenas, os homens que formavam o júri tendiam a formar juízos coletivos a partir de informações dispersas que eram coletadas. Estes júris formavam um sistema judiciário efetivo porque contavam com três condições essenciais para um bom julgamento: havia um baixo custo de comunicação entre as partes, eles conseguiam distinguir a realidade e as mentiras através de dispositivos de classificação das informações e, por fim, eram corretamente incentivados a compartilharem o conhecimento que tinham[530]. Além disso, os júris daquela época eram bastante numerosos, e a escolha de seus componentes era aleatória e feita pouco antes dos julgamentos, evitando que houvesse suborno coletivo. A reputação era muito importante já naquela época, e as decisões do júri eram ainda mais valorizadas quando seus componentes tinham grande reputação e conhecimento técnico –justamente o que o *crowdsourcing* propõe: um grupo de pessoas especializadas em algo para contribuírem para a resolução de algum problema.

A blockchain proporciona ampla comunicação e baixos custos para seus membros, facilitando a descoberta e gerenciamento de conhecimento que impliquem em um julgamento mais justo, criativo e diversificado[531]. No caso da Crowdjury, um dos diferenciais propostos é sua justiça não ser somente punitiva, pois além de se focar na reparação de danos causados por alguém, seu objetivo é ser compreensiva e restaurativa[532], tentando se assemelhar à realidade da justiça da Grécia Antiga, bastante eficiente e com autonomia[533] do próprio réu. Os incentivos que levam os indivíduos a colaborar neste sistema estão relacionados às próprias crenças de cada um deles, que acreditam na proposta elaborada pela empresa e na manutenção de suas reputações no sistema, e nas recompensas financeiras. Dificilmente as contribuições se manteriam constantes sem que houvesse uma contrapartida objetiva aos envolvidos, que investem muito tempo e conhecimento para analisar as informações que lhes são fornecidas sobre os casos[534].

Além disso, sua plataforma funciona como um espaço análogo a um cofre criptografado, onde informações, dados e provas são registrados e armazenados por indivíduos envolvidos em processos de julgamentos, não podem ser alteradas ou mesmo destruídas, e são reunidas através de uma ferramenta específica. Após a reunião, voluntários com conhecimentos específicos são escolhidos aleatoriamente para verificarem os fatos relacionados a casos a partir da interação das informações, transformando os dados em conhecimento útil para o julgamento. Após o tratamento das informações por uma instância de restauração, é feito um teste *online* com um júri em que seus membros, que necessariamente se inscreveram no sistema, também são escolhidos aleatoriamente. O julgamento é transmitido *online* para todos os participantes e permite que qualquer pessoa, envolvida ou não com o caso, possa fazer perguntas, numa espécie de participação passiva – somente os membros do júri possuem direito de voto e participação efetiva. Depois da apresentação das provas e informações coletadas pela equipe do *crowdsourcing* e de todas as perguntas serem feitas, a acusação elabora uma teoria sobre o delito para que então os jurados tentem descobrir qual é a verdade sobre o acontecimento, votando em uma sentença que considerem como a mais adequada[535] - que será, por fim, a decisão final.

8.2.1 Arbitragem

Partes discordantes podem apelar para soluções que não são tão formais como a justiça tradicional, mas que ainda assim possuem a mesma autoridade e integridade para resolver problemas – o caso das câmaras de arbitragem, conciliação e mediação. Na arbitragem, as partes acionam a participação de um terceiro para resolver a divergência[536]. Ele pode ser um pessoa ou até mesmo uma entidade privada, e sua decisão é obrigatória para todos os envolvidos. Muitos contratos já preveem a arbitragem como resolução de divergências, e esta pode seguir regras definidas pelo próprio contrato ou mesmo orientações provenientes de órgãos arbitrais. Quando não há nenhuma menção sobre a possibilidade de se utilizar a arbitragem, as partes podem optar pela sua escolha, acionando um terceiro de acordo com sua reputação. Estabelecido o método de resolução, os envolvidos se submetem à solução do juízo arbitral, sem poder recorrer à sua decisão[537].

Trata-se de uma alternativa que pode viabilizar negociações, especialmente em casos de ações de pequeno porte, e que pode ser aplicada para aqueles que não podem e nem querem esperar muito pela solução dos seus conflitos – só no Brasil, são pelo menos 100 milhões de casos em andamento no sistema judiciário tradicional, sendo que 40% deles poderiam ser resolvidos através da arbitragem[538]. Não podemos pensar na arbitragem, entretanto, somente como uma ferramenta que diminui o fluxo de processos do sistema judiciário, pois desta forma atribuiríamos necessariamente uma falha no seu funcionamento. O mais é importante é compreendermos que tanto a arbitragem quanto os demais métodos não adversariais são tão importantes e eficazes quanto a justiça formal, mas que se diferem com relação ao seu funcionamento e aplicabilidade. A mediação e a conciliação, por exemplo, são métodos de autocomposição bilateral facilitada[539], ou seja, utilizam um terceiro neutro e imparcial para ajudar a comunicação entre os envolvidos na disputa e chegar a um acordo. O mediador serve como viabilizador do diálogo e pode até mesmo intervir na negociação, principalmente para esclarecer as o status da negociação e as propostas feitas. Assim, ela não pode impor qualquer tipo de solução ou sentença, e também não precisa, necessariamente, agir conforme um prazo definido, já que nem sempre sua atuação resultará no acordo entre os envolvidos – as partes são as únicas com autonomia para decidir se estão de acordo ou não com aquilo levantado durante a negociação[540].

Ao contrário da mediação, que é muito utilizada em disputas complexas e multidimensionais, a conciliação se caracteriza pelo poder adquirido da terceira parte – uma vez que seu principal objetivo é resolver o conflito, pode até mesmo propor soluções aos envolvidos[541]. Nestes casos, a falta de comunicação entre as partes não é o motivo pelo qual não se chega a um acordo, mas sim a própria divergência. A conciliação é uma alternativa que permite que os próprios envolvidos cheguem a uma solução mais justa para todos[542]. Caso as partes não consigam resolver seus atritos, a arbitragem aparece como o último recurso menos formal para se encontrar uma solução. O árbitro, que é um terceiro neutro e imparcial, também costuma ser um especialista bastante técnico e é sua a responsabilidade pela sentença. É um método adotado em muitas disputas internacionais – daí a presença de tantas câmaras de arbitragem reconhecidas internacionalmente – e que pode trazer ainda mais eficácia para a sociedade internacional se adotada a tecnologia da blockchain. A plataforma, que já funciona como um unificador de padrões internacionais, ainda conta com a vantagem de seus registros serem imutáveis e acessíveis por qualquer um em qualquer lugar com acesso à internet. Por isso, da mesma forma como o sistema judiciário tradicional poderia se beneficiar com as facilidades da tecnologia, as câmaras de arbitragem, conciliação e mediação também podem contar com a plataforma para aperfeiçoar o tratamento e julgamento de suas decisões.

No meio comercial, a Kleros é um exemplo de empresa que aposta na resolução de conflitos, principalmente comerciais, que não poderiam ser resolvidos através da justiça tradicional e dos demais métodos. Assim como a Crowdjury, a Kleros também utiliza o *crowdsourcing* para reunir profissionais especializados e compor júris. Os usuários realizam acordos a partir de contratos inteligentes e escolhem a plataforma da Kleros como seu protocolo de resolução de conflitos. Quando há divergências sobre acordos, a disputa é transmitida à arbitragem da empresa e todas as informações relevantes sobre o acordo são repassadas ao júri escolhido pela companhia – formado por indivíduos especializados na determinada área através do *crowdsourcing*. Após as análises, a decisão tomada pelo tribunal é aplicada diretamente ao contrato inteligente, de maneira que as partes são obrigadas a acatar a determinação[543].

A blockchain garante a integridade e transparência de todos os processos na plataforma, desde a seleção e composição do júri à sentença. Os envolvidos no julgamento são incentivados a agirem honestamente, uma vez que todas as suas decisões impactam em suas reputações, podem ser revisitadas e contribuem para que sejam selecionados a novos processos – ainda que haja aleatoriedade na escolha do júri, sua reputação é imprescindível para que o indivíduo esteja apto a ser uma opção para o *crowdsourcing*. Mesmo que todos os processos respectivos à arbitragem sejam completamente automatizados, tais como a obtenção de provas e seleção de jurados, a empresa oferece incentivos financeiros aos seus usuários e utiliza a metodologia dos pontos focais[544] para estimular a honestidade, que tem se mostrado, ao longo de muitos anos de pesquisa, uma forma eficiente de incentivar a honestidade[545]. Por isso, a verdade é associada a um token de protocolo, de incentivo econômico, o Pinakion (PNK), que representa o direito que os usuários conquistam para serem opções no sorteio de membros para compor júris[546]. A teoria dos jogos mostra que há uma tendência para que a maioria vote em uma opção específica, que tende a ser a mais justa. Ao votar como a maioria, os jurados são recompensados por tokens, e no caso de votarem em outras opções que não a escolhida pela maioria, acabam sendo punidos com o não recebimento destes tokens ou com a diminuição de suas reputações, medida justamente pela quantidade de Pinakions que cada usuário possui.

No momento da elaboração do contrato, as partes decidem a quantidade de jurados para julgarem possíveis divergências, e esta escolha é feita aleatoriamente. Caso haja apelação sobre a decisão do júri, o caso é revisto por novos jurados, e o apelante é obrigado a pagar uma taxa de arbitragem pela definição dos novos envolvidos. Todos eles têm sua identidade protegida, não só para evitar tentativas de suborno ou intimidação, mas também para simplificar o processo e evitar custos de verificação de identidade. Isso amplia o número potencial de jurados que podem ser selecionados, diminui os custos de arbitragem e democratiza o acesso à justiça[547]. A proteção da identidade dos jurados contribui justamente com a metodologia dos pontos focais, pois eles passam a esperar que todos digam a verdade ou façam a escolha mais lógica e correta sobre a disputa – assim, esperar pela verdade faz com que a honestidade seja o ponto focal de todo o sistema da Kleros. A pré-seleção de jurados poderia ser melhor para a resolução de alguns casos e, ainda que isso não seja possível, a empresa se coloca à disposição para dialogar com seus usuários e avaliar esta possibilidade.

Uma vez que se trata de um sistema voluntário em que ambas as partes concordam em se submeter, não haveria motivos para que uma delas não aceitasse a determinação de um juízo, mas como isso ainda pode acontecer, a Kleros fiscaliza a aplicação das decisões. Quando há uma disputa, é feito um julgamento e as partes conflitantes não podem evitar a execução do contrato, não só porque ela se dá automaticamente, mas também porque as partes não têm controle sobre os fundos que geraram o tal contrato, que é mantido em depósito. As reservas de Pinakions dos jurados são congeladas pelo sistema quando é organizado um tribunal, e somente com o fim do julgamento é que poderão ser retirados ou acrescentados novos tokens, que são justamente a quantidade que a minoria perdeu. Há uma quantidade limitada de tokens que podem circular no sistema – um bilhão de unidades – e, com estas transferências após as decisões dos casos, observa-se que não há destruição de unidades[548].

Nos acordos realizados com contratos inteligentes, as partes costumam manter uma quantidade de ativos depositada como garantia, e podem ser desde quantias monetárias a valores imobiliários. Esta garantia (escrow) é mantida em custódia de uma terceira parte neutra até que a transação seja concluída e as partes cumpram suas obrigações contratuais predeterminadas – antes disso, ela só poderá ser movimentada conforme as regras estabelecidas ou as decisões do agente de custódia[549]. Este tipo de conta de garantia já era utilizada antes mesmo da adoção de contratos inteligentes – a prática se popularizou principalmente com trocas nos Estados Unidos, mas deixaram de ser apenas práticas de custódia para se tornarem verdadeiras ferramentas de garantia para transações de altos valores[550]. Os contratos que envolvem a utilização de escrows normalmente vêm acompanhados de grandes riscos para as partes, que optam por solicitar uma terceira parte neutra justamente para assegurar essa garantia e minimizar possíveis prejuízos. Este terceiro parte pode ser uma pessoa física ou mesmo ser representado por uma conta bancária, como é mais comum em transações de altos valores, e todas as possíveis ações deste agente são determinadas ainda no início da negociação[551].

Atualmente, algumas modalidades de compras internacionais já utilizam este tipo de ferramenta para que os compradores tenham a garantia de que o produto adquirido será entregue – e somente quando isto acontece, o valor pago pela mercadoria é repassado ao vendedor. Desta forma, transações realizadas no contexto da blockchain podem contar com contratos inteligentes para atuar como a terceira parte neutra, sem que haja, de fato, qualquer custo para os envolvidos na negociação. A própria plataforma não requer taxas de manutenção como as que são cobradas por bancos que gerenciam contas semelhantes, por exemplo. Além disso, estes contratos também aumentam a segurança da própria transação e das partes envolvidas, já que contam com a inteligência artificial para lidar com a execução do acordo. Um exemplo de empresa que atua desta maneira é a Bitrated, que conta com um mecanismo de reputação que calcula o nível de confiabilidade de cada usuário a partir de avaliações feitas pelos próprios membros de sua rede, baseando-se num algoritmo de pontuação feito pela classificação desta confiabilidade dos usuários[552]. Além disso, seu mecanismo Web of Trust é capaz de fazer, justamente, o papel da confiança das transações.

A realização de pagamentos é feita em um sistema de contratos inteligentes de assinaturas múltiplas, que permite que as transações sejam reversíveis. Assim, após o estabelecimento de um contrato, as partes determinam um agente de confiança para atuar como árbitro da transação e, então, revisam as condições acordadas e autorizam sua participação na negociação. A partir de então, ela se desenvolve como a maioria dos acordos desta espécie: os compradores efetuam o pagamento de suas compras em um determinado endereço, que corresponde às três assinaturas do contrato. Duas delas devem autorizar a transação e, caso não haja nenhum tipo de discordância, a liberação do pagamento ao vendedor é feita com mais rapidez e sem a necessidade de intervenção do agente de confiança. Se houver qualquer tipo de disputa, o caso é analisado pelo agente de controle e o pagamento fica bloqueado até que o agente *escrow* se manifeste e duas das três partes concordem em liberá-lo. Embora a plataforma não possa garantir que um agente não seja corrompido por um das partes, os índices de reputação destes indivíduos são indicativos bastante seguros para os demais usuários. Com poucos usuários em posição de jurados e um sistema de gerenciamento de reputação que os incentiva a agir honestamente[553], os custos para arcar com baixas pontuações e avaliações negativas não compensam os ganhos que a maioria teria ao agir desonestamente.

Num contexto de blockchain em que tudo é facilmente rastreável, a desonestidade perde cada vez mais suas vantagens hipotéticas, ampliando o sentimento de segurança e confiança nas relações entre as pessoas. Trata-se de um efeito social que tende à democratização e superação de fronteiras que os meios de comunicação, o dinheiro, a tecnologia e o direito tradicional não foram capazes de superar. As redes de reputação se tornam ferramentas de legitimação do próprio sistema, auxiliando a resolução de conflitos e diminuindo os custos e possibilidades de fraudes, podendo abranger mais pessoas e serviços.

9
A VEZ DOS CIDADÃOS

"A diferença entre uma democracia e uma ditadura é que numa democracia você vota primeiro e recebe ordens depois; em uma ditadura você não precisa perder seu tempo votando."

- Charles Bukowski

A democracia é um regime político em que seus membros são, ao menos por princípio, participantes ativos das decisões, tomadas de acordo com um tipo específico de maioria e que tende à representação de sua vontade. Além disso, deve haver uma equidade de direitos e deveres entre cidadãos e de poder entre as autoridades[554]. Contudo, nem sempre há transparência sobre os processos de eleição ou tomada de decisão. Com a tecnologia da blockchain, entretanto, a democracia poderá assumir um caráter ainda mais representativo e transparente, descentralizando o poder e ampliando a participação de todos.

9.1 GOVERNANÇA CORPORATIVA NÃO-CENTRALIZADA

Quando falamos em governança, geralmente nos referimos a um líder, que centraliza o poder de tomada de decisão e que é o responsável por gerenciar o funcionamento do corpo de uma instituição. Está sob sua responsabilidade a manutenção de um bom desenvolvimento a partir da interação entre as regras e a ação dos seus componentes, e as decisões da governança afetam todos seus subordinados. Quanto mais importantes as decisões a serem tomadas, maiores os custos assumidos e, portanto, maior será o grau de afetados por suas consequências. No âmbito da democracia, a votação é geralmente o instrumento mais rápido e seguro para se chegar a uma decisão e, ainda que a apuração dependa de alguém ou uma entidade – abrindo margem para possíveis fraudes –, trata-se de um modelo de governança mais participativo por levar a opinião do corpo institucional em conta.

Por causa da blockchain, todavia, podemos deixar a administração de uma entidade mais descentralizada, com mecanismos de denúncia simples, baratos e eficientes, diminuindo riscos de corrupção e aumentando a representatividade de todos os membros do grupo. Neste sentido, podemos citar os casos de DAOs, Organizações Autônomas Descentralizadas (*Decentralized Autonomous Organization*), onde não há uma pessoa ou grupo que tenha poder capaz de subjugar os demais[555]. Ainda que esta ideia não seja nova, sua aplicação só é possível devido à tecnologia da blockchain que, por ser verdadeiramente autônoma, permitiu que regras pré-estabelecidas ou decididas dentro de um consenso descentralizado fossem seguidas a partir de contratos inteligentes. Trata-se de um modelo organizacional que, mesmo podendo ser aplicado para vários tipos de organizações e funcione de maneira semelhante a qualquer outra empresa, geralmente é usado em situações específicas. Suas metas costumam ser estabelecidas ainda no momento de sua criação[556] e seus protocolos podem exigir burocracia para alterar o que fora acordado, reforçando as regras do acordo e o modelo autônomo e independente proposto.

Uma vez dependentes de decisões democráticas, as DAOs precisam do consenso da maioria de indivíduos, votos ou quotas para conseguir a aprovação e desbloqueio dos contratos inteligentes que regem as configurações da própria empresa. O fato de estarem configuradas em uma plataforma blockchain torna as DAOs transparentes em alguma medida, uma vez que se trata de uma tecnologia de natureza de código aberto, em que não é necessário nenhum terceiro confiável para gerenciar seu funcionamento ou mesmo financiamento – este que é organizado e distribuído ainda na fase de criação da organização. Também não é necessário o estabelecimento de nenhuma estrutura hierárquica para alocar seu corpo de funcionários, pois sua autonomia e descentralização dispensam uma divisão que não a de tarefas. Como já discutido[557], a transparência da blockchain acaba diminuindo as chances de corrupção e manipulação, seja na tomada de decisão ou na distribuição de divi-dendos, por exemplo, já que todos têm acesso às informações relativas ao funcionamento da instituição bem como o fato de que, quanto mais público algo se torna, maior será a probabilidade de se descobrir uma falsidade sobre aquela verdade[558].

Tanto no âmbito público quanto no privado, a blockchain também pode se unir a soluções[559] de *crowdsourcing*[560] para denunciar iniciati-vas e organizações, assim como reunir e distribuir informações de im-portância pública. A ampla comunicação, possibilitada pelos baixos custos, também facilita a organização de seus membros para a tomada de decisões mais democráticas e representativas[561]. Para aqueles que não participam diretamente dos processos de decisão, o acesso à infor-mação é de fundamental importância para que se possa agir conforme o que é decidido. Iniciativas como a Méxicoleaks[562] e a GlobaLeaks[563], que foram criadas para reunir informações de interesse público que possam ajudar na participação cidadã e na construção de sociedades mais justas e democráticas, procuram maneiras de assegurar o anonimato de seus colaboradores, garantindo sua segurança. Desta forma, estas iniciativas poderiam ser muito beneficiadas pela blockchain, principalmente por con-ta da otimização da distribuição de informação e da segurança de tudo aquilo que é registrado e daqueles que fornecem as informações.

No caso de projetos voltados à denúncia de atividades criminosas, o projeto I Paid a Bribe, iniciado na Índia e voltado ao relato de subornos praticados em 14 países, é um dos que poderiam se beneficiar da aplicação da Blockchain. Ele elabora relatórios detalhados com as informações fornecidas pelos usuários – desde valores praticados, padrões, a localização, frequência e a quantidade de atos corruptos testemunhados e até mesmo praticados – a fim de fortalecer a regulamentação, a aplicabilidade e a elaboração de melhorias das leis locais[564]. Outras iniciativas que objetivam a distribuição de informação, uma maior conscientização dos cidadãos e a diminuição da corrupção já podem aplicar a tecnologia da Blockchain para otimizar seus objetivos e diminuir os custos envolvidos nestes processos. Essa disseminação das informações, que pretende promover um debate público sobre a necessidade de reformas no sistema político hierárquico, também pressiona os governos a viabilizar uma melhor distribuição do poder de participação cidadã. Porém, ainda que a blockchain não possa, sozinha, garantir que toda esta revolução seja sentida, ela é uma das únicas ferramentas capazes de proteger a identidade dos envolvidos e as informações que são compartilhadas.

Nesse caso de uso específico ela se torna uma alternativa aos bancos de dados tradicionais, que são mais vulneráveis a violações e à censura – o oposto da blockchain. Mesmo que algumas informações possam não ser consideradas importantes para determinados grupos de hackers, listas de eleitores americanos, por exemplo, são armazenadas em bancos de dados, contendo dados que vão desde o nome completo e endereço residencial ao histórico de votação e filiação partidária565. Para criminosos, descobrir este tipo de informação sobre agentes policiais, políticos ou grandes empresários, que também são eleitores, já colocaria em risco a segurança e integridade dos dados e da vida destas pessoas. Além disso, o controle das informações armazenadas em bancos de dados é centralizado por uma entidade ou indivíduo, sujeitos a falhas e que podem ser corruptíveis. A possibilidade destes tipos de interferências, na blockchain, é quase nula, pois os dados são totalmente descentralizados, distribuídos entre pares e nós diferentes. Também não podemos nos esquecer de que os registros feitos pelos usuários poderão ser criptografados protegidos por uma chave de identificação individual e intransferível, de modo o acesso às informações só será possível quando houver a correspondência correta desta chave de identificação. Por isso, pensar na tecnologia da blockchain não é olhar somente para o que ela já é capaz de fazer e seu histórico de sucesso desde sua criação, mas é também vislumbrar mais funções e vantagens com as ferramentas já disponíveis.

9.2 DEMOCRACIA PÚBLICA

No âmbito público, lidar com decisões descentralizadas é um desafio ainda maior, principalmente se levado em conta o aumento do número de envolvidos e até mesmo das chances de fraudes e corrupção. A blockchain, porém, conta com a vantagem de poder ser uma ferramenta mais democratizante, na medida em que proporciona o monitoramento do processo de contagem de votos para os próprios eleitores, que se sentirão mais incluídos e parte significativa de toda apuração. Para tornar o processo eleitoral possível no contexto da blockchain, seria necessário documentar em tempo real o registro de todos os votos em blocos, assim como acontece com os outros registros comuns, mas em um processo de tamanha magnitude, seria recomendável a utilização de uma blockchain privada de âmbito nacional, e não aberta para o mundo,, a fim de diminuir os riscos de fraudes e tentativas de corrupção.

Em março de 2018, por exemplo, já houve uma demonstração informal de como seria o monitoramento simultâneo da contagem de votos em um processo eleitoral de Serra Leoa[566], Estado com histórico de corrupção política bastante elevada[567]. Os votos poderiam teriam tokens correspondentes e contratos inteligentes seriam os responsáveis por autenticar os registros e finalizar os procedimentos. Uma das vantagens dos contratos inteligentes, inclusive, é sua capacidade de suspensão das eleições e o descarte dos votos em caso de iminência de qualquer tipo de ameaça à integridade do processo. Ademais, teoricamente não haveria necessidade dos eleitores se deslocarem para zonas eleitorais, mas como muitos países ainda carecem de acesso à internet por parte dos cidadãos ou mesmo estes não têm conhecimento de informática, o processo poderia ser mantido nos mesmos locais onde tradicionalmente são realizadas as eleições – até como um reforço da garantia de que cada cidadão é o autor de seu próprio voto. Ainda que manutenção deste tipo de processo eleitoral não reduzisse os custos do governo e dos eleitores ou mesmo facilitasse o processo como um todo, como é proposto pela blockchain[568], sua estrutura sistêmica robusta e a vinculação de chaves criptográficas às identidades dos eleitores e candidatos[569] viabilizariam um processo eleitoral mais transparente, ágil e desburocratizado. A transparência torna as informações registradas facilmente auditáveis – o oposto da realidade da maioria das democracias da atualidade – e sua descentralização fornece mais segurança aos seus registros, mesmo sem garantir, de fato, um processo eleitoral mais seguro.

Estados com histórico de eleições fraudulentas ou violentas, por exemplo, poderiam se beneficiar deste tipo de proposta, mas muitos ainda enfrentam desafios com relação ao acesso à internet, educação ou mesmo à democracia, e esta tecnologia ainda precisaria desenvolver ferramentas capazes de lidar com problemas tais como o de votos coercitivos, que estão além do âmbito eleitoral. Embora exista fiscalização contra este tipo de coação, trata-se de uma atividade que ainda é muito comum em algumas regiões do Brasil e de países em desenvolvimento, principalmente naqueles que apresentam altos índices de violência. Há também riscos da ocorrência de erros sistêmicos que prejudiquem o lançamento dos votos ou a contagem deles[570], mas o histórico de bom desempenho da plataforma na proteção de dados e na transparência das informações tem feito com que muitos países tenham se mostrado cada vez mais interessados em aplicá-la[571], não só em processos eleitorais, como é o caso dos Estados Unidos, Dinamarca, Austrália[572], Suíça, Japão e Coréia do Sul, mas também para a otimização de serviços públicos, tais como o desenvolvimento de projetos para o Tesouro Nacional brasileiro e a Agência Nacional de Aviação Civil (Anac)[573].

Em setembro de 2018, a cidade japonesa Tsukuba apresentou um sistema de blockchain para uma votação municipal em que seus cidadãos seriam capazes de votar a partir da conexão de um computador comum. As votações, referentes a questões relacionadas à gestão da cidade, eram abertas a todos os moradores cadastrados, que recebiam um número de identificação pessoal[574]. Apesar das dificuldades iniciais de implantação, principalmente no que diz respeito às incertezas sobre os números de identificação ou a validação dos votos, este projeto é muito importante para que outras iniciativas sejam criadas e aperfeiçoadas, principalmente se levado em conta a eficiência e segurança propostas pela tecnologia. Já a cidade de Zug, na Suíça, teve um projeto semelhante e de menor escala para a decisão de questões relacionadas ao município, contando com 72 dos seus 240 cidadãos[575]. A Coréia do Sul testou um sistema online de votos em 2013 (*K-voting*), mas sofrera com a falta de segurança e as ameaças de fraudes e ataques de hackers[576]. Desta forma, o país vê a tecnologia da blockchain como uma solução para os problemas de segurança cibernética, principalmente por conta da descentralização e distribuição dos dados e da transparência e fácil verificação propostas.

Assim, a blockchain usada como uma ferramenta de governança ou até como mecanismo futuro para uma democracia direta poderá revolucionar muitos aspectos organizacionais de instituições públicas e privadas, bem como pode modificar a própria lógica eleitoral, democratizando ainda mais a participação das pessoas nos processos de tomada de decisão e transformando a tecnologia em uma poderosa ferramenta de administração democrática. Sua potencialidade logística é capaz de implicaria uma possível transição da democracia representativa à democracia direta, em que os cidadãos não precisariam mais confiar em um terceiro para eleger e coordenar as mudanças públicas demandadas. Atualmente, votar em um candidato significa confiar que aquela pessoa representará os interesses de parte da população e ter consciência de que nem sempre tudo será cumprido ou ele seguirá à risca todos os princípios de determinados grupos sociais. Assim como já aconteceu tantas vezes na história da humanidade, candidatos eleitos podem se mostrar administradores completamente diferentes de suas *personas* políticas do período eleitoral. Com a blockchain, a vulnerabilidade da população pode ser minimizada, especialmente por conta da plataforma ter a capacidade de servir como gestor dos interesses de todos, sem a necessidade da intervenção de um terceiro. Desta forma, bem como aconteceu em experiências municipais de menor escala, gradativamente a blockchain poderá ser implementada em mais ocasiões. E com o passar dos dias, estamos cada vez mais próximos de assistir esta empreitada.

10

TRANSFORMAÇÕES CATALIZADAS PELA BLOCKCHAIN

"A história é escrita pelos vencedores".

- George Orwell

Os registros não costumam conter as perspectivas daqueles que se sentiram injustiçados em disputas ou mesmo daqueles que não concordam com a maneira como os tais fatos são relatados, pois os vencedores reiteram suas conquistas, visões e ideologias ao transmitirem seu passado às novas gerações através de um consenso sobre as informações compartilhadas. As inúmeras discussões teóricas e filosóficas sobre a verdade da História são alguns dos exemplos das assimetrias encontradas por historiadores e intelectuais, que ao pesquisar sobre fatos, muitas vezes se deparam com entendimentos antagônicos dos tais registros. Dificilmente encontraremos neutralidade nas narrativas, mas podemos identificar consensos mesmo em relatos divergentes, carregados de juízos de valor e de noções próprias sobre justiça. Exceções a esse conjunto são pontos concordantes na linha temporal, principalmente no que tange o registro de transações – especificamente nos casos de preços, quantidades, prazos e quaisquer outras condições diversas destas negociações.

No contexto tecnológico atual, em que a blockchain permite o registro por parte de todos os envolvidos em uma transação, as informações adicionadas representam, portanto, todas as verdades sobre um assunto, que também são mais confiáveis graças à imutabilidade destes registros. Assim, documentar entendimentos diversos sobre multiplicidades de agentes, coisas, estados e informações através dos registros em blockchain, que constroem um histórico temporal de consenso imutável e seguro para todas as partes, é trazer mudanças consistentes para o cenário dos negócios. Por isso, listarei algumas destas alterações a seguir.

10.1 Reputação valerá mais que a marca

A construção de históricos imutáveis das transações faz com que haja uma tendência das relações comerciais se basearem cada vez mais na reputação das empresas que nas marcas e seus *status*. Sem considerarmos o contexto dos registros permanentes, podemos pensar no histórico de uma empresa como algo maleável, uma vez que há maneiras dela conseguir minimizar danos na sua imagem – especialmente no contexto da internet que, ao mesmo tempo que viabiliza a amplificação de uma imagem negativa, também permite que este dano possa ser controlado na medida em que a própria empresa pode investir em meios de propagar seus novos posicionamentos. Alguns especialistas[578], por exemplo, defendem que a aplicação de um marketing positivo em longo prazo e ininterruptamente é uma das soluções para que muitas marcas tenham sua imagem salva perante os consumidores e o mercado. A partir de interferências contidas em sua imagem, torna-se mais fácil para que os consumidores e o mercado se engajem com o processo e acreditem, de fato, que a empresa vai mudar sua postura.

Porém, ainda que marca e reputação sejam conceitos relacionáveis, não se tratam de sinônimos: a marca pode ser muito importante para atribuir reputação a uma empresa, da mesma forma que uma boa reputação é fundamental para a consolidação de uma marca. Ambas são subjetivas, intangíveis e dependentes do trabalho dos setores de comunicação das empresas, que precisam construir um histórico positivo para suas respectivas marcas e consolidar as percepções de seus clientes e do próprio mercado. Para terceiros, a impressão sobre a relevância e poder de uma empresa estão mais relacionados às opiniões acerca da marca, enquanto que seu histórico e posicionamento estão mais ligados à reputação. Assim, falar sobre uma marca é destacar sua relevância e diferenciá-la entre as outras, enquanto que a reputação tem a ver com a legitimidade, com o que a própria marca e sua empresa apresentam diante do mercado. Marcas fortes geram desejo por parte dos consumidores, motivando seu consumo e reiterando sua imagem no contexto do mercado, enquanto que a reputação, ao invés de funcionar como um multiplicador, é a soma de todo seu histórico de ações e declarações – tem muito mais a ver com a empresa que com seus consumidores.

Para construir marcas fortes, é necessário que as empresas protejam suas reputações para garantir o aumento de sua credibilidade e confiança. Neste sentido, podemos dizer que a marca é proativa e a reputação é defensiva: enquanto que as marcas alteram o consenso que se tem sobre sua imagem a partir do marketing, por exemplo, a reputação depende da preservação do seu histórico de negócios, posicionamentos, qualidade de produtos e demais aspectos que reiterem a credibilidade da marca. Ambos são importantes e, em certa medida, são interdependentes, pois podem ser danificados a partir de um mesmo acontecimento. Por isso, a construção da imagem de uma marca e a preservação sobre sua reputação é concomitante: enquanto é necessário fortalecer a marca para se colher o máximo de retorno possível, a reputação deve ser protegida para garantir a manutenção da sua credibilidade e confiança perante consumidores e mercado.

Contudo, muitas empresas costumam não dar a devida atenção às suas reputações, se sustentando apenas na força de suas marcas dentre os demais. Quando tragédias abalam a imagem de uma marca, é necessário muito trabalho e investimento para recuperar sua reputação – ainda que Warren Buffett, um dos investidores mais ricos do mundo, tenha observado que a reputação é como a virgindade que não pode ser restaurada, ela pode ser reconstruída a partir da formação de um novo histórico, com posicionamentos mais próximos dos anseios dos consumidores. Um dos exemplos mais conhecidos neste quesito é o da Dow Chemical, empresa estadunidense tradicional que é envolvida no setor químico em geral. Ainda que tenha recebido premiações por reduzir a emissão de gases de efeito estufa e por sua postura pró-sustentabilidade, sua reputação é bastante negativa entre ativistas e cidadãos comuns, não só por ter sido a única fornecedora de Napalm, na Guerra do Vietnã, como também por ter adquirido a Union Carbide India Limited, responsável pelo desastre de Bhopal, na Índia, em 1984. Mais de 600 mil pessoas foram afetadas pelo vazamento de gás tóxico[579], e a região ainda sofre com a contaminação da água e consequências clínicas no desenvolvimento das gerações seguintes[580].

Ao lançar, em 2016, a campanha denominada "O Elemento Humano"[581] (*The Human Element*) que valoriza o indivíduo como grande responsável por trazer inovações e soluções para a vida da população – inclusive sobre problemas ambientais que, muitas vezes, foram causados por empresas químicas tais como a Dow –, a empresa teve um aumento de 25% da compra de ações da empresa, mesmo com a valorização de 29% de seu preço[582]. Mesmo depois de 30 anos do desastre e do sucesso da campanha, a preocupação sobre a devida indenização dos familiares ainda existe e, com a fusão da responsável com a Dow Chemical, presume-se que será cada vez mais difícil conseguir trazer alguma compensação às vítimas do vazamento[583].

Para que a reputação não caia no esquecimento da população, que geralmente atem-se à imagem das marcas, o registro destes tipos de acontecimentos bem como das transações destas empresas – que pode ser feito por elas mesmas – em plataformas blockchain é uma forma de assegurar que todas as versões da história sejam acessíveis, bem como constem todas as informações e dados relevantes para eventuais checagens. Aliás, a partir do momento em que uma empresa disponibiliza este tipo de registro não só para seus fornecedores e parceiros como também aos seus clientes, ela já cria uma boa reputação por conta de sua postura transparente, que é valorizada. O registro mais imparcial será o consenso, uma vez que, independente da maneira como são inseridas as informações, seu conteúdo é o dado mais importante. Assim o próprio registro do histórico de transações de uma empresa serve como portfólio e credencial classificatória para mais e maiores negócios, este "calibre negocial", tão importante para a reiteração de um histórico positivo, serve também para provar a capacidade de produção ou mesmo facilita o recebimento de crédito, por exemplo.

Engana-se quem acha que registros de informações em blockchains e seus benefícios se limitam às empresas: mesmo no nível pessoal, a disponibilização de informações em uma plataforma de caráter público pode ser primordial para a manutenção de uma boa reputação de indivíduos, como governantes, empresários e estrategistas de posicionamento. No nível pessoal, reconstruir uma reputação pode ser muito fácil: basta que esta pessoa troque seu e-mail ou mude o número de seu celular e ela será novamente anônima perante alguns âmbitos da sociedade. Todavia, em certos contextos, este anonimato não é apreciado, como no caso de plataformas de avaliação de produtos e serviços, votações e quaisquer outros cenários em que opiniões virtuais tenham consequências tangíveis para o negócio. Nesses casos é valido incorporar uma estrutura de Prova de Individualidade dentro do sistema de verificação para ajudar a proteger plataformas contra ataques de Sybil[584], que diz respeito à falsificação de várias identidades para manipular pontuações de reputação, por exemplo - que podem abranger produtos ou até de partidos políticos, bem como aconteceu com a influência russa nas eleições americanas de 2016[585]. A tecnologia blockchain também pode fornecer total transparência sobre transações, interações e análises individuais em relações comerciais entre fornecedores e consumidores, preservando a privacidade das partes envolvidas e garantindo a reputação e o histórico das transações dos consumidores.

Em suma, em uma realidade na qual informações e transações são potencialmente permanentes, e ainda verificáveis, a reputação de instituições se eleva em graus de importância em relação a efemeridade de seus status temporários.

10.2 "Pecunia non olet".

A expressão, calcada no princípio tributário de que, para o fisco governamental, a origem do dinheiro de um cidadão ou empresa não tem importância, mesmo no caso de sua fonte ser ilícita ou resultado de alguma atividade imoral, significa que dinheiro não têm cheiro e isso não é mais uma verdade como um todo.

Considerando que a blockchain, como conceito geral, nada mais é do que o histórico compartilhado de registros temporalmente ordenados é possível saber exatamente quanto, quando e para qual endereço uma certa quantia de tokens foi transferida, isso implica em rastreabilidade, porém mais do que isso implica que nem todos os Bitcoins, por exemplo, são iguais. E aqui não estou me referindo aos primeiros bitcoins do bloco genesis, que podem valer muito mais do que quaisquer outros pois são suficientes para provar a identidade de Satoshi Nakamoto.

Dependendo do contexto moedas mais novas ou mais antigas podem ser preferidas e mais valorizadas. Quando se trata de Bitcoins mais antigos, devemos levar em consideração que são o resultado de blocos mais sedimentados: os blocos que compõem cada unidade monetária são sobrepostos linearmente por blocos mais novos. Assim, para alterar estes blocos – ou seja, as informações que constam no seu histórico, de transações – e ocultar movimentações que seriam ilícitas, é necessário muito trabalho e poder computacional. Isto desmotiva ainda mais a ação de agentes criminosos interessados em corromper o sistema, uma vez que não há incentivos concretos para que invistam neste poder computacional. Já no caso dos Bitcoins mais novos, por terem sido minerados mais recentemente, não possuem um histórico de transações, de forma que são ainda mais atrativos para aqueles com intenções escusas tais como a lavagem de dinheiro. Assim, o valor destes Bitcoins chega a ser até 15% maior do que das outras unidades monetárias, justamente por conta do princípio de *pecunia non olet*. A diferença no valor de Bitcoins mais novos e mais velhos, entretanto, é marginal, e a rede tem se mostrado bastante segura para seus usuários até o presente. Para os usuários da blockchain, novamente eles se encontram motivados a agirem honestamente, já que a corrupção prejudicaria o próprio sistema em que estão inseridos e, consequentemente, o valor de suas riquezas e sua reputação – que já vimos ser um elemento cada vez mais importante para os usuários.

Além disso, mais cedo ou mais tarde, os bancos centrais digitalizarão suas moedas fiduciárias a fim de que passem a ser rastreáveis os históricos de suas transações. Essa digitalização, que se dá por meio da tokenização, é consequência das vantagens apresentadas pelo histórico de benefícios das plataformas de protocolos distribuídos. Desta maneira, com a possibilidade de rastreamento, será muito mais fácil encontrar indícios de quantias monetárias ligadas a atividades ilícitas diversas – desde ações de lavagem de dinheiro, fraudes e propinas, até mesmo atividades terroristas e associadas a grupos criminosos. Uma vez observada inconsistências nas transações anteriores deste dinheiro, as quantias tendem a ser marcadas e rejeitadas por todo sistema financeiro de forma que seus agentes são identificados pela própria blockchain, aumentando a segurança dos usuários da plataforma e da população, em geral.

10.3 AS TRANSAÇÕES E A RIQUEZA VÃO AUMENTAR

Assim como aconteceu com a escrita na Suméria, um novo padrão tecnológico é sinônimo de uma nova arquitetura de transações. Os registros em blockchain permitem o desenvolvimento de novos tipos de casos de uso para as transações, e grande parte disso é decorrente da confiança inspirada pelas negociações firmadas por contratos inteligentes – que, como já discutido, são formados por um conjunto de códigos criados para executar determinadas instruções de códigos computacionais586. Autossuficientes, eles dispensam a existência de uma terceira parte centralizada para monitorar as transações, ratificam a propriedade dos tokens a um usuário e podem até mesmo delimitar a concessão e utilização destes tokens por um terceiro. Ao garantir o cumprimento contratual como nunca antes feito por nenhuma outra via jurídica ou tecnológica, as transações adquirem certo nível de previsibilidade e fomentam a confiança entre as partes, que podem aplicar a tecnologia em vários âmbitos das relações sociais.

A arquitetura dos protocolos distribuídos também conta com oráculos, que são mecanismos responsáveis por inserir informações provenientes do mundo externo às transações587. Sob a forma de máquinas ou mesmo sendo uma pessoa de boa reputação na plataforma, os oráculos podem ser pensados como a figura de um juiz, mas com muito mais eficiência quando comparada a um profissional da área, sobretudo por não se submeter a generalizações. Os oráculos, inclusive, são os meios pelos quais é possível estabelecer uma ligação entre os registros que estão contidos na blockchain com os demais, fora da plataforma. A presença de contratos inteligentes possibilita o aumento do número de transações bem como da riqueza, já que as pessoas se sentirão cada vez mais compelidas e seguras para negociar. Haverá, portanto, uma inclinação para que as trocas se especializem com o passar do tempo e, ao contrário das disputas serem resolvidas através de câmaras de arbitragem ou da justiça tradicional, a resolução de conflitos se submete às condições estabelecidas pelas partes no momento da criação destes contratos. Esta substituição dos responsáveis em resolver as disputas proporciona uma redução substancial dos custos implicados às partes, funcionando também como catalizador para o aumento e especialização das transações.

10.4 SEGURANÇA DA INFORMAÇÃO E PROTEÇÃO DE DADOS

Podemos observar uma tendência, por parte dos governos, em elaborar um novo framework de armazenamento de dados, principalmente por conta dos vários escândalos envolvendo vazamento de dados e informações de cidadãos e organizações no contexto da internet, principalmente. Este movimento se reiterou na União Europeia a partir da criação, em 2016, do Regulamento Geral sobre a Proteção de Dados (GPDR – General Data Protection Regulation). Como já discutido, esta regulamentação altera a maneira como as empresas gerenciam os dados pessoais de seus clientes e consumidores588, e as orienta informar seus clientes sobre a utilidade do armazenamento dos dados e se estes são compartilhados ou até mesmo violados, podendo também, em alguns casos, serem obrigadas a apagar todas as informações sobre seus consumidores. A reforma entrou em vigor em maio de 2018 e atualiza a as proposições da Diretiva de Proteção de Dados de 1995, reforçando os direitos – especialmente o da privacidade – dos cidadãos no contexto da internet e dos negócios589. Eles contarão com a garantia de que seus dados deverão ser excluídos dos bancos de dados das empresas quando não houver motivos legítimos que obriguem este armazenamento, terão mais facilidade em obter informações sobre a utilidade de seus dados no sistema, e também contarão com o direito de portabilidade destas informações.

O foco deste pacote de reformas visa a proteção da privacidade dos clientes desde a concepção e desenvolvimento dos serviços de armazenamento destas empresas, de forma que os usuários terão mais controle sobre o que é feito com suas informações registradas. Para as empresas, um dos grandes benefícios está no restabelecimento da confiança do consumidor às instituições que, ao serem claras e coerentes sobre a utilidade das informações pessoais, poderão aproveitar o potencial de um mercado único digital pautado em um conjunto de regras aplicáveis a todos da região, independente dos seus Estados de origem. O fato de então lidarem com apenas uma regulamentação e um órgão de supervisão cria uma expectativa de 2,3 bilhões de euros em benefícios ao bloco590. O princípio de "proteção de dados por design e por padrão" da regulamentação incentiva as empresas a investirem em técnicas de anonimização, pseudonimização e criptografia capazes de proteger as informações e, no caso de descumprimento e ou vazamento destas, a regulamentação prevê penalidades e multas com dois limites máximos, dependendo das circunstâncias dos casos: se não tiverem o cuidado devido com os dados, poderão ser multadas por até 10 milhões de euros ou com o pagamento de 2% do faturamento anual mundial, e no caso de violação da privacidade, as multas podem chegar a 20 milhões de euros ou o pagamento de 4% do faturamento anual mundial[591].

Ainda que aplicada somente aos Estados pertencentes ao bloco, as regras já afetam empresas de todo o mundo, que precisam se adaptar às novas políticas de privacidade, uma vez que ela garante proteção mesmo para os cidadãos que estejam fora da região e obriga as empresas de todo o mundo a se sujeitarem às regras quando oferecerem bens ou serviços no mercado da União Europeia[592]. No Brasil, o Senado aprovou em julho de 2018 o Projeto de Lei da Câmara 53/2018, inspirado pela regulamentação europeia, e que se aplica os dados de consumidores de estabelecimentos públicos, privados e no âmbito da internet. Denominada Lei Geral de Proteção de Dados Pessoais (LGPDP) e sancionada em agosto de 2018, a determinação também prevê a criação da Autoridade Nacional de Proteção de Dados (ANPD), um órgão específico para gerenciar e fiscalizar o cumprimento da lei nas instituições[593]. Assim como a regulamentação europeia, a norma também prevê a reparação e indenização efetiva para os titulares das informações caso não seja feito um tratamento devido aos dados. As sanções administrativas variam entre advertências, publicização do vazamento, suspensão parcial ou total do banco de dados referente aos dados expostos, e multas de até 2% do faturamento da instituição, limitado a 50 milhões de reais[594].

Tanto na Europa quanto no Brasil, a cobrança dessas multas tem sido feita de maneira efetiva, obrigando as empresas a se adequarem em um prazo muito pequeno: no Brasil, elas têm até agosto de 2020 para regularizarem seus bancos de dados, por exemplo. Vale lembrar que, em um mesmo evento, múltiplas infrações podem ser atestadas, e sua punição, mesmo antes da lei entrar em vigor, já era bastante expressiva, como podemos observar no caso do vazamento de informações de clientes e não correntistas do Banco Inter, em julho de 2018. A instituição se tornou réu de um processo ajuizado pelo Ministério Público do Distrito Federal e Territórios após se constatar o vazamento de informações pessoais de quase 20 mil usuários. A indenização pedida, de 10 milhões de reais, não só contemplava os danos morais dos clientes da instituição como também serviria como punição à falta de cuidado para com a segurança dos dados e informações, e será revertida – caso haja condenação – a um fundo voltado à defesa de direitos difusos (FDD: Fundo de Defesa de Direitos Difusos)[595]. Na ocasião, o banco negou o vazamento, se recusou a prestar contas e ainda tentou encobrir o caso – postura bastante comprometedora para a própria reputação da instituição e para o seu julgamento, bem como negativa para com seus clientes, que não se sentem mais protegidos e se tornam cada vez mais motivados a desfazerem seus vínculos com a empresa.

Condenações de casos de vazamento internacionais também já se mostravam bastante severas antes mesmo da proposição da regulamentação europeia[596]. Em 2016, a Altaba fora multada em 35 milhões[597] de dólares pelo governo americano por vazar informações de cerca de três bilhões de usuários[598] e, principalmente, por levar dois anos para lhes comunicar sobre o ocorrido; e a Uber teve que pagar 500 milhões de dólares ao governo americano e cerca de 4,5 milhões de reais para autoridades responsáveis pela proteção de dados na Holanda e Reino Unido por ter vazado informações de 57 milhões de usuários, entre passageiros e motoristas[599]. Já após a vigência da lei na União Europeia, a Google recebera uma multa de 50 milhões de euros[600] às autoridades francesas justamente por violar a transparência sobre a utilização de dados. Todas estas ocorrências enfatizam a seriedade com que estas regulações devem ser observadas por empresários e instituições, que não só devem se adequar às medidas como também sofrerão multas e punições relacionadas às suas posturas, que influenciam diretamente no estabelecimento das indenizações[601]. Este breve histórico já mostra, por exemplo, como a decisão por ocultar o incidente é muito prejudicial às organizações, enquanto que empresas que demonstrem estar dispostas a cooperar com os órgãos regulatórios ou mesmo tenham proatividade com relação à promoção de uma cultura de proteção já são vistas com mais simpatia pelas autoridades.

A postura prévia da empresa é tão importante nesse novo contexto de proteção de dados que as multas podem ser reduzidas consideravelmente baseadas em boa conduta, todavia provar que houve preocupação e cuidado técnico, principalmente, com as informações de clientes e usuários é uma tarefa bastante complicada, e no caso de escândalos de vazamento de dados, as empresas costumeiramente não tinham como provar de antemão que estavam, de fato, protegendo as informações mantidas. Entretanto, a tecnologia atual já fornece uma solução para as empresas, que podem contar com a blockchain como um instrumento de comprovação objetiva através da "prova de criptografia". Uma amostra aleatória dos dados criptografados dos clientes é gravada na blockchain de forma que a plataforma funciona como um repositório de provas – como se fosse uma fotografia do banco de dados que prova a higiene com os registros sensíveis dos clientes, tabelas de dados ou outros instrumentos – de que as informações, de fato, foram criptografados - ou seja, a empresa assegurou previamente esta proteção. Assim, com o advento de um vazamento ou infração, a empresa forneceria às autoridades uma chave criptográfica ligada aos dados armazenados na blockchain o que comprovaria que os dados estavam de fato criptografados e não ouve dolo ou descuido. Este tipo de prova só é possível com a blockchain, a única capaz de habilitar este tipo de serviço. Por isso, nenhuma outra regulamentação tem o mesmo potencial que a lei de proteção de dados tem para alterar a rotina e a postura das empresas em relação ao armazenamento de dados.

10.5 Performance comprovada

Performance de investimentos não precisa ser mais estar atrelada à confiança em uma instituição: bancos, fundos, robôs de investimentos, grupos de sinais e toda sorte de produto financeiro aberto ao público possuem um cunho comercial. Aqueles responsáveis pela oferta financeira devem, em alguma etapa do processo de comercialização, se preocupar com a captação de clientes, e é nesta fase que o sucesso passado do investimento tem mais importância, de modo que os clientes médios se concentram, normalmente, nos valores relacionados ao rendimento mensal, anual e outros. Ainda que alguns investidores mais experientes se interessem pela perda máxima dos investimentos, por seus valores de retorno, indicadores superficiais de risco e demais estatísticas que podem ser traçadas de um investimento ou portfólio, o principal interesse pode ser traduzido pela performance histórica.

As informações sobre o comportamento prévio, até então, eram repassadas aos investidores de forma unilateral, ou seja, as instituições eram as únicas responsáveis por fornecer os históricos ao investidor, que não tinham nenhuma alternativa que não aceitar as informações. Assim, tais informações eram tidas como verdade, uma vez que os investidores se baseavam em uma suposta legitimidade das instituições, que deveriam estar sob a regulamentação de um órgão auditor e regulador legítimo sob auditoria ou sob a validação do próprio público. As empresas, portanto, atuavam como um terceiro de segurança, já que os investidores não tinham como verificar as informações por conta própria, e este fato nos remete a uma famosa citação de Nick Szabo, que afirmava que este terceiro de confiança era justamente um buraco na segurança.

Para alterar qualquer tipo de dado e iludir seus clientes leigos sobre a performance de seus produtos, os fundos, entretanto, não precisavam ter o trabalho de manipular as informações: era possível maquiar a real situação de forma bastante sutil e técnica, como pela apresentação de performances baseadas em dados de testes (backtests) com algum grau de sobre ajuste (overfitting), algoritmos repintados (algo-repaint) ou simplesmente mencionar na cesta de investimentos aqueles produtos que deram certo no período em questão, deixando de lado os que tiveram um mal desempenho. Esta postura é conhecida como viés da sobrevivência (survivorship bias), e quaisquer apresentações que utilizem esses e tantos outros métodos de libertinagem estatística são abordagens espúrias.

Todavia, não precisamos mais depender da confiança nestas instituições para aceitar informações sobre performances e especulações de preços futuros de quaisquer ativos, e a solução passa necessariamente pela descentralização: basta que as provedoras dos títulos ou estratégias de investimentos se comprometam a registrar todas suas apostas como mensagens abertas em uma blockchain no momento em que são lançadas. Dessa maneira, os investidores terão conhecimento sobre o retorno individual de cada operação após seu fechamento. Para garantir que operações contrárias não sejam postadas simultaneamente para depois serem escolhidas de acordo com seu resultado, as instituições devem ter uma assinatura digital ou identificador único vinculado às mensagens da própria empresa. Assim, a blockchain poderia ser periodicamente inspecionada por um serviço que lê e avalia todos os anexos das transações dos blocos, garantindo que as instituições não gravem mensagens temporariamente conflitantes.

Há também uma medida criptográfica de segurança que pode ser utilizada para garantir a autenticidade dos registros: identificadores únicos que acompanham cada mensagem devem conter um código numérico resultante de uma função de difícil dedução e que é conhecido somente pelo seu emissor – tal como no caso de uma curva elíptica complexa. Isso vincula as mensagens às suas antecessoras de uma forma bastante singular, e estas funções podem ser reveladas e atualizadas regularmente, a fim de comprovar a linhagem íntegra das mensagens. Este é um tipo de cuidado a ser tomado para assegurar o protocolo de registros contra influências externas e sabotagem por parte de grupos interessados em prejudicar o histórico de performance. Desta forma, a performance é comprovada matematicamente e não pode ser alterada, trazendo mais segurança para os investidores.

10.6 LIBERDADE ABSOLUTA DE COMUNICAÇÃO E RESPONSABILIDADE CORPORATIVA

Atualmente, a liberdade absoluta de comunicação sofre com duas grandes ameaças: a censura e o boicote. Seu ápice se sucedeu em abril de 2019, com a prisão de Julian Assange[602], cofundador do Wikileaks e acusado de espionagem devido à publicação de documentos oficiais considerados como segredo de Estado pelo governo americano e que expunham detalhes sobre operações do exército em conflitos no Iraque e Afeganistão. Além disso, ele também fora acusado de vazar documentos privados da família do presidente eleito em 2017 do Equador, Lenín Moreno, que indicavam o crime de lavagem de dinheiro por parte do irmão do governante[603]. Após perder o asilo diplomático equatoriano – onde vivia na sua embaixada na Inglaterra desde junho de 2012 – Assange foi preso pela polícia de Londres e assim permanecerá enquanto não houver o julgamento de seu caso. Embora possa ser considerado como um dos grandes símbolos da liberdade de expressão moderna e até mesmo ter a ONU apelando por medidas justas para seu caso[604], Assange mostra que ninguém está imune às consequências da privação da liberdade de expressão.

Uma vez que a censura e os boicotes são uma realidade, indivíduos e organizações começam a buscar novas alternativas para se expressarem e divulgarem todo e qualquer tipo de informação, e as próprias empresas precisam ter ainda mais cautela para protegerem suas informações sigilosas. Em um contexto em que quebras de contrato de confidencialidade (non-disclosure agreement) são potencializadas graças ao alcance da internet, por exemplo, a necessidade de cuidado adicional fica ainda mais evidente quando inserimos a blockchain no contexto tecnológico, uma vez que suas informações são, de fato, permanentes, e não podem ser censuradas. Até então, no caso de haver algum tipo de vazamento, muitas empresas poderiam apelar para órgãos governamentais ou mesmo para sites de mecanismos de busca e veículos de informação para tentar frear a continuação dessa divulgação e, com a blockchain, não há mais meios para impedir este tipo de exposição, de forma que, contar com o esquecimento por parte da sociedade das informações que foram divulgadas se torna muito mais difícil.

Todavia, para organizações do meio jornalístico, a blockchain se torna uma vantagem para a propagação de informações, pois garante que as informações nunca serão apagadas ou retificadas. Isso promove mais poder pra imprensa e comunicadores, e representa uma mudança do marco da liberdade de expressão. Além disso, a garantia da permanência das informações é muito vantajosa para pesquisadores, historiadores e leigos – tanto que, para a própria elaboração deste livro, foi necessário recorrer a portais como o Wayback Machine, banco de dados digital criado pela Internet Archive que possui mais de 330 bilhões de páginas da internet e arquivos diversos que datam desde 1996, quando a organização sem fins lucrativos foram criada e ainda, muito do conteúdo buscado não foi encontrado.

Neste ínterim, a blockchain se torna um equalizador de forças, principalmente por conta da possibilidade das informações serem registradas e divulgadas permanente e anonimamente. O anonimato, inclusive, isenta as consequências sofridas por "bodes espiatórios", de modo que se torna muito mais fácil evitar coações e boicotes diretos. A blockchain representa um novo marco para a liberdade de expressão, especialmente se considerarmos que ela pode ser o veículo que dará fim às teorias de conspiração e dos segredos que não podem ser contados: ela torna possível a divulgação de informações sigilosas, controversas, segredos industriais, entre outros sob um pseudônimo ou mesmo anonimamente, garantindo a segurança do operador e a própria permanência da informação. Assim, a necessidade por mais cautela por parte das empresas é inevitável, e por isso o desenvolvimento de uma visão de longo prazo sobre as consequências de ações de divulgação de informações é crucial, principalmente porque seus efeitos são retroativos e afetam diretamente sua reputação – característica fundamental para o desenvolvimento de uma marca e sua consequente aceitação no mercado. Dessa forma inaugura-se o que chamo de "imperativo categórico da comunicação corportativa": só exponha aquilo que pode ser exposto permanentemente, inclusive para parceiros e colaboradores. Tal realidade pode trazer alguns problemas que as empresas não tem costume de enfrentar, porque nunca ocorreram.

10.7 HEGEMONIA PARA DESCENTRALIZAR

Sabemos que a expectativa e especulação no mercado financeiro levaram muitas empresas a crescerem exponencialmente quando indicavam algum interesse na tecnologia da blockchain[605]. Todavia, ainda que seu potencial de transformação seja grande, ela não pode e não precisa ser necessariamente aplicada em toda e qualquer situação, não satisfaz alguns requisitos e demandas de determinados indivíduos e instituições e, principalmente, não se trata de uma ferramenta que sozinha quebrará paradigmas do mercado e redefinirá o equilíbrio de forças dos seus *players* – mesmo que possa potencializar a posição de alguns deles. Mesmo assim, muitas empresas, guiadas por estratégias de marketing ou pela *hype* do mercado, investem na busca de problemas que possam ser resolvidos pela tecnologia da blockchain, quando na prática, é a ferramenta que tem que ser adaptada ao problema.

A descentralização, ainda que se trate de um paradigma versátil, na maioria dos casos, não é essencial, justamente por resolver empasses gerenciais muito específicos. Em uma ocasião que fui convidado para realizar uma consultoria corporativa em uma indústria multinacional produtora e exportadora de commodities, me foram apresentados dois candidatos para a confecção de um projeto piloto baseado na tecnologia blockchain. Uma das propostas era um sistema para contemplar todo o fluxo de comercio internacional e pagamentos internacionais, a minha primeira reação frente o escopo da solução foi, "vocês não querem trilhar por esse caminho". Existe um custo grande para competir por convencimento de que a sua blockchain é a que deve ser tornada padrão como um sistema colaborativo que envolve milhares de atores, com diversas cadeias logísticas e interesses dispersos. Por fim acabamos por escolher o outro candidato, mais realista e o projeto foi tangibilizado. A minha opinião de qual escopo abordar passou muito mais pelos custos da hegemonia do que qualquer barreira técnica, no que tange as chances de êxito da solução.

Quando um sistema em rede é desenvolvido a sua métrica de sucesso é justamente a adoção dos agentes em questão. Cada instituição tem a sua rede de influência prévia no seu mercado e é muito mais provável que gigantes da sua área de atuação consigam exercer hegemonia necessária para com que os seus clientes, fornecedores e parceiros adotem com mais facilidade o sistema proposto. Aproveitando o exemplo, é provável que a Blockchain que consiga angariar os maiores incentivos para o comercio internacional venha de players fortes do mercado como a Maersk por exemplo e o mesmo princípio pode ser aplicado para os consórcios entre os bancos no que tange o sistema de pagamentos internacionais.

É claro que engajamento de múltiplos atores será sempre uma

questão de incentivos e o sistema descentralizado que melhor entregar valor para os seus participantes inevitavelmente vai se sobrepor aos demais, todavia o sucesso de um sistema descentralizado para o âmbito coorporativo é em grande parte função do sucesso que a empresa já tem. A adoção por um setor da economia ou qualquer outro âmbito dependerá do engajamento dos demais membros e, mesmo que uma empresa de outro mercado crie uma blockchain para um determinado contexto comercial, a adoção pelo setor é muito mais provável de acontecer quando a proposta vem de um ator previamente hegemônico, total ou parcialmente.

A tecnologia do protocolo descentralizado já iniciou um processo de transformação de processos gerenciais e produtivos em diversos setores que vão da indústria pesada ao mercado de arte fina. Os impactos da tecnologia que serve como infraestrutura de registros vão emergir na vida cotidiana de forma indireta, como toda boa tecnologia que cumpre o seu papel, na maioria das vezes, sem precisar ser notada. O grande aspecto que diferencia a blockchain de outras arquiteturas é justamente a quebra de paradigma que a mesma proporciona no que tange a forma com que a civilização com um todo transfere valor e registra informação.

REFERÊNCIAS

1   HOHAGEN, Alexandre. O ano que não vai terminar. Folha de São Paulo, Mercado, 27 jan. 2011. Disponível em: <https://www1.folha.uol.com.br/fsp/mercado/me2701201125.htm>. Acesso em: 03 set. 2018.

2   Confiança. Dicio: Dicionário Online de Português. Disponível em: <https://www.dicio.com.br/confianca/>. Acesso em: 9 ago. 2018.

3   BRAGA, José Luiz. Perspectivas para um conhecimento comunicacional. In: LOPES, Maria Immacolata Vassalo de (org). Epistemologia da comunicação no Brasil: trajetórias autorreflexivas. São Paulo: ECA-USP, 2016, p. 123-141. Disponível em: <http://www.assibercom.org/arquivos/01_epistemologia_ibercom_2015.pdf>. Acesso em: 25 ago. 2017.

4   CÁSSIA, Anna de. Período Paleolítico - Características. Estudo Prático, Terra: Educação, 2018. Disponível em: <https://www.estudopratico.com.br/periodo-paleolitico-caracteristicas/>. Acesso em: 9 ago. 2018.

5   GONÇALVES, Rainer. Período Paleolítico - História do Período Paleolítico. Uol, História do Mundo, 2018. Disponível em: <https://historiadomundo.uol.com.br/pre-historia/periodo-paleolitico.htm>. Acesso em: 9 ago. 2018.

6   GEORGIA, Nayla. Período Neolítico - Características. Estudo Prático, Terra: Educação, 2018. Disponível em: <https://www.estudopratico.com.br/periodo-neolitico-caracteristicas/>. Acesso em: 9 ago. 2018.

7   KHAN ACADEMY. Uruk: The World's First Big City. Khan Academy, Big History Project - The First Cities and States Appear, 2019. Disponível em: <https://www.khanacademy.org/partner-content/big-history-project/agriculture-civilization/first-cities-states/a/uruk>. Acesso em: 17 fev. 2019.

8   HIRST, K. Kris. Clay Token System. ThoughtCo, 27 maio 2018. Disponível em: <https://www.thoughtco.com/clay-tokens-mesopotamian-writing-171673>. Acesso em: 03 set. 2018.

9   HIRST, K. Kris. Clay Token System. ThoughtCo, 27 maio 2018. Disponível em: <https://www.thoughtco.com/clay-tokens-mesopotamian-writing-171673>. Acesso em: 03 set. 2018.

10   CALVIN, William H. The Throwing Madonna: Essays on the Brain. Nova York: McGraw-Hill, 1983. 253 p.

11   ETCSL CUNEIFORM. Cuneiform writing. ETCSL: The Electronic Text Corpus of Sumerian Literature, Universidade de Oxford, 2018. Disponível em: <http://etcsl.orinst.ox.ac.uk/edition2/cuneiformwriting.php>. Acesso em: 14 ago. 2018

12   The development of writing. The British Museum, Story, 2018. Disponível em: <http://www.mesopotamia.co.uk/writing/story/sto_set.html>. Acesso em: 14 ago. 2018.

13   CALVIN, William H. The Throwing Madonna: Essays on the Brain. Nova York: McGraw-Hill, 1983. 253 p.

14   The development of writing. The British Museum, Story, 2018. Disponível em: <http://www.mesopotamia.co.uk/writing/story/sto_set.html>. Acesso em: 14 ago. 2018.

15   Inanna ou Ishtar, como passou a ser chamada por outros povos, era uma deusa adorada pelo povo mesopotâmico, sobretudo pela população de Uruk. Conhecida como a "Rainha do Paraíso", ela simbolizava a fertilidade, o poder, a justiça e o amor, mas era aclamada, principalmente, como uma deusa do sexo e da guerra.

16   DHWTY. The Descent of Inanna into the Underworld: A 5,500-Year-Old Literary Masterpiece. Ancient Origins: Reconstructing the Story of Humanity's Past, 02 jan. 2017. Disponível em: <https://www.ancient-origins.net/myths-legends/descent-inanna-underworld-5500-year-old-literary-masterpiece-007296>. Acesso em: 03 set. 2018.

17   GOETZMANN, William N. Financing Civilization. In: GOETZMANN, William N. Money Changes Everything: How Finance Made Civilization Possible. Princeton, EUA: Princeton University Press, 2016. 600 p. Disponível em: <http://viking.som.yale.edu/will/finciv/chapter1.htm>. Acesso em: 16 ago. 2018.

18   Writing. The British Museum, Story, 2018. Disponível em: <http://www.mesopotamia.co.uk/writing/explore/exp_set.html>. Acesso em: 14 ago. 2018.

19   Writing. The British Museum, Story, 2018. Disponível em: <http://www.mesopotamia.co.uk/writing/explore/exp_set.html>. Acesso em: 14 ago. 2018.

20   Writing. The British Museum, Story, 2018. Disponível em: <http://www.mesopotamia.co.uk/writing/home_set.html>. Acesso em: 14 ago. 2018.

21   TRANT, Chris. The Origin and Evolution of the Commodity Future Market: Part I. Daniels Trading: Independent, Objective, Reliable. 31 maio 2012. Disponível em: <https://www.danielstrading.com/2012/05/31/the-origin-and-evolution-of-the-commodity-futures-market-part-i>. Acesso em 24 ago.

2018.

22   Ancient Mesopotamian Slaves. Ancient Mesopotamians.Com, 2017. Disponível em: <http://ancientmesopotamians.com/ancient-mesopotamian-slaves.html>. Acesso em: 24 ago. 2018.

23   MARK, Joshua J. Daily Life in Ancient Mesopotamia. Ancient History Encyclopedia, 15 abr. 2014. Disponível em: <https://www.ancient.eu/article/680/daily-life-in-ancient-mesopotamia/>. Acesso em: 24 ago. 2018.

24   HAYS, Jeffrey. Mesopotamian Economics, Money, Labor. Facts and Details, Mesopotâmia: Sumerians, Babylonians and Assyrians, mar. 2011. Disponível em: <http://factsanddetails.com/world/cat56/sub363/item1514.html#chapter-2>. Acesso em: 24 ago. 2018.

25   MARK, Joshua J. Daily Life in Ancient Mesopotamia. Ancient History Encyclopedia, 15 abr. 2014. Disponível em: <https://www.ancient.eu/article/680/daily-life-in-ancient-mesopotamia/>. Acesso em: 24 ago. 2018.

26   HALSALL, Paul. Ancient History Sourcebook: A Collection of Contracts from Mesopotamia c. 2300 - 428 BCE. Sourcebooks, 1999. Disponível em: <https://sourcebooks.fordham.edu/ancient/meso-potamia-contracts.asp>. Acesso em: 20 ago. 2018.

27   HAYS, Jeffrey. Mesopotamian Economics, Money, Labor. Facts and Details, Mesopotâmia: Sumerians, Babylonians and Assyrians, mar. 2011. Disponível em: <http://factsanddetails.com/world/cat56/sub363/item1514.html#chapter-2>. Acesso em: 24 ago. 2018.

28   HAYS, Jeffrey. Mesopotamian Economics, Money, Labor. Facts and Details, Mesopotâmia: Sumerians, Babylonians and Assyrians, mar. 2011. Disponível em: <http://factsanddetails.com/world/cat56/sub363/item1514.html#chapter-2>. Aceso em: 24 ago. 2018.

29   GOETZMANN, William N. Financing Civilization. In: GOETZMANN, William N. Money Changes Everything: How Finance Made Civilization Possible. Princeton, EUA: Princeton University Press, 2016. 600 p. Disponível em: <http://viking.som.yale.edu/will/finciv/chapter1.htm>. Acesso em: 16 ago. 2018.

30   HALSALL, Paul. Ancient History Sourcebook: A Collection of Contracts from Mesopotamia c. 2300 - 428 BCE. Sourcebooks, 1999. Disponível em: <https://sourcebooks.fordham.edu/ancient/meso-potamia-contracts.asp>. Acesso em: 20 ago. 2018.

31   HALSALL, Paul. Ancient History Sourcebook: A Collection of Contracts from Mesopotamia c. 2300 - 428 BCE. Sourcebooks, 1999. Disponível em: <https://sourcebooks.fordham.edu/ancient/meso-potamia-contracts.asp>. Acesso em: 20 ago. 2018.

32   HALSALL, Paul. Ancient History Sourcebook: A Collection of Contracts from Mesopotamia c. 2300 - 428 BCE. Sourcebooks, 1999. Disponível em: <https://sourcebooks.fordham.edu/ancient/meso-potamia-contracts.asp>. Acesso em: 20 ago. 2018.

33   HALSALL, Paul. Ancient History Sourcebook: A Collection of Contracts from Mesopotamia c. 2300 - 428 BCE. Sourcebooks, 1999. Disponível em: <https://sourcebooks.fordham.edu/ancient/meso-potamia-contracts.asp>. Acesso em: 20 ago. 2018.

34   HALSALL, Paul. Ancient History Sourcebook: A Collection of Contracts from Mesopotamia c. 2300 - 428 BCE. Sourcebooks, 1999. Disponível em: <https://sourcebooks.fordham.edu/ancient/meso-potamia-contracts.asp>. Acesso em: 20 ago. 2018.

35   HALSALL, Paul. Ancient History Sourcebook: A Collection of Contracts from Mesopotamia c. 2300 - 428 BCE. Sourcebooks, 1999. Disponível em: <https://sourcebooks.fordham.edu/ancient/meso-potamia-contracts.asp>. Acesso em: 20 ago. 2018.

36   HALSALL, Paul. Ancient History Sourcebook: A Collection of Contracts from Mesopotamia c. 2300 - 428 BCE. Sourcebooks, 1999. Disponível em: <https://sourcebooks.fordham.edu/ancient/meso-potamia-contracts.asp>. Acesso em: 20 ago. 2018.

37   HALSALL, Paul. Ancient History Sourcebook: A Collection of Contracts from Mesopotamia c. 2300 - 428 BCE. Sourcebooks, 1999. Disponível em: <https://sourcebooks.fordham.edu/ancient/meso-potamia-contracts.asp>. Acesso em: 20 ago. 2018.

38   HALSALL, Paul. Ancient History Sourcebook: A Collection of Contracts from Mesopotamia c. 2300 - 428 BCE. Sourcebooks, 1999. Disponível em: <https://sourcebooks.fordham.edu/ancient/meso-potamia-contracts.asp>. Acesso em: 20 ago. 2018.

39   HALSALL, Paul. Ancient History Sourcebook: A Collection of Contracts from Mesopotamia c. 2300 - 428 BCE. Sourcebooks, 1999. Disponível em: <https://sourcebooks.fordham.edu/ancient/meso-

potamia-contracts.asp>. Acesso em: 20 ago. 2018.

40   HOFFERT, Antonio. BRLT: Seu dinheiro, na era digital (Whitepaper). BRLT Money, 2018. Disponível em: <https://brlt.money/whitepapers/whitepaper-brlt.pdf>. Acesso em: 22 nov. 2018.

41   HOFFERT, Antonio. BRLT: Seu dinheiro, na era digital (Whitepaper). BRLT Money, 2018. Disponível em: <https://brlt.money/whitepapers/whitepaper-brlt.pdf>. Acesso em: 22 nov. 2018.

42   TURGOT, Anne-Robert-Jacques. Reflexions sur la formation et la distribution des richesses. Scotts Valley, California: CreateSpace Independent Publishing Platform, 2015. 136 p.

43   WEATHERFORD, Jack. A história do dinheiro: do arenito ao cyberspace. 2.ed. São Paulo: Negócio Editora, 1999.

44   WEATHERFORD, Jack. A história do dinheiro: do arenito ao cyberspace. 2.ed. São Paulo: Negócio Editora, 1999.

45   BANCO DE CABO VERDE. "O que é o dinheiro?". Cadernos BCV, Série Educação Financeira, N. 2. Gráfica da Praia, Cabo Verde. Disponível em: <http://www.bi.cv/upl/%7B90e4daab-068f-4b1f-9e18-8fbfb04cd90f%7D.pdf>. Acesso em: 14 ago. 2018.

46   WEATHERFORD, Jack. A história do dinheiro: do arenito ao cyberspace. 2.ed. São Paulo: Negócio Editora, 1999.

47   WEATHERFORD, Jack. A história do dinheiro: do arenito ao cyberspace. 2.ed. São Paulo: Negócio Editora, 1999.

48   HAYS, Jeffrey. Mesopotamian Economics, Money, Labor. Facts and Details, Mesopotâmia: Sumerians, Babylonians and Assyrians, mar. 2011. Disponível em: <http://factsanddetails.com/world/cat56/sub363/item1514.html#chapter-2>. Aceso em: 24 ago. 2018.

49   WEATHERFORD, Jack. A história do dinheiro: do arenito ao cyberspace. 2.ed. São Paulo: Negócio Editora, 1999.

50   WEATHERFORD, Jack. A história do dinheiro: do arenito ao cyberspace. 2.ed. São Paulo: Negócio Editora, 1999.

51   PINTO, Tales dos Santos. Idade Antiga. Uol, Mundo Educação: História Geral, 2018. Disponível em: <https://mundoeducacao.bol.uol.com.br/historiageral/idade-antiga.htm>. Acesso em: 07 set. 2018.

52   GOETZMANN, William N. Financing Civilization. In: GOETZMANN, William N. Money Changes Everything: How Finance Made Civilization Possible. Princeton, EUA: Princeton University Press, 2016. 600 p. Disponível em: <http://viking.som.yale.edu/will/finciv/chapter1.htm>. Acesso em: 16 ago. 2018.

53   FREIRE, Marusa. Moedas Sociais: O que são, como funcionam e porque podem ser consideradas instrumentos de desenvolvimento social. In: Seminário Banco Central sobre Microfinanças, 7, 29 set. - 1 out., Belo Horizonte - MG, 2008. Disponível em: <https://www.bcb.gov.br/pre/microFinancas/arquivos/horario_arquivos/apres_116.pdf>. Acesso em: 07 set. 2018.

54   RIBEIRO, Mônica. Moedas sociais circulam por todo o Brasil e impulsionam economia das comunidades. Conexão Planeta: Inspiração para a ação, 7 jun. 2017. Disponível em: <http://conexaoplaneta.com.br/blog/moedas-sociais-circulam-por-todo-o-brasil-e-geram-dinamismo-para-economia-das-comunidades/>. Acesso em: 07 set. 2018.

55   RIBEIRO, Mônica. Justa Troca: o mais novo banco comunitário brasileiro. Conexão Planeta: Inspiração para a ação, 30 maio 2017. Disponível em: <http://conexaoplaneta.com.br/blog/justa-troca-o-mais-novo-banco-comunitario-brasileiro/>. Acesso em: 07 set. 2018.

56   REDE Brasileira de Bancos Comunitários. Instituto Banco Palmas, 2018. Disponível em: <http://www.institutobancopalmas.org/rede-brasileira-de-bancos-comunitarios/>. Acesso em: 7 set. 2018.

57   WEATHERFORD, Jack. A história do dinheiro: do arenito ao cyberspace. 2.ed. São Paulo: Negócio Editora, 1999.

58   PHAM, Peter. How to finance a War? Forbes, 1 dez. 2017. Disponível em: <https://www.forbes.com/sites/peterpham/2017/12/01/how-to-finance-a-war/>. Acesso em: 01 ou. 2018.

59   FERREIRA, Pedro Fernando de Almeida Nery. A Incorporação das Expectativas Racionais na Macroeconomia. Economia e Desenvolvimento, V. 12, N. 2, 2014, Recife-PE. Disponível em: <http://periodicos.ufpb.br/index.php/economia/article/viewFile/22705/12580>. Acesso em: 17 set. 2018.

60   ECONOMISTA, O. Conceito de Inflação: O que é e como se forma?. O Economista, 13 jul. 2009. Disponível em: <https://www.oeconomista.com.br/inflacao-o-que-e-e-como-se-forma/>. Acesso em 10 set. 2018.

61   BANCO CENTRAL EUROPEU. O que significa "senhoriagem"?. European Central Bank, Eurosistema, 7 abr. 2017. Disponível em: <https://www.ecb.europa.eu/explainers/tell-me/html/seigniorage. pt.html>. Acesso em: 17 set. 2018.

62   JALORETTO, Cláudio. Senhoriagem e Financiamento do Setor Público. 2005. 115 f. Dissertação (Mestrado) - Universidade de Brasília, Mestrado em Economia do Setor Público, Brasília. Disponível em: <http://repositorio.unb.br/bitstream/10482/4951/1/2005_CI%C3%A1udio%20Jaloretto.pdf>. Acesso em 17 set. 2018.

63   RIBEIRO, Alex. Ganho do BC com emissão de moeda cresce em 2012. Valor Econômico, Finanças, p. C3, 18 mar. 2013. Disponível em: <http://www2.senado.leg.br/bdsf/bitstream/handle/ id/477595/noticia.htm?sequence=1>. Acesso em: 17 set. 2018.

64   RECEITA FEDERAL. Imposto sobre a Renda da Pessoa Física. Ministério da Fazenda, 2018. Disponível em: <http://idg.receita.fazenda.gov.br/interface/cidadao/irpf>. Acesso em: 17 set. 2019

65   VILLELA, Gustavo. Plano Collor confiscou a poupança, e Brasil mergulhou na hiperinflação. O Globo, 16 mar. 2015. Disponível em: <https://acervo.oglobo.globo.com/fatos-historicos/plano-collor-confiscou-poupanca-brasil-mergulhou-na-hiperinflacao-15610534>. Acesso em: 17 set. 2018.

66   QUERO, João; TREVIZAN, Karina. Como funciona o câmbio no Brasil. G1, 23 jun. 2016. Disponível em: <http://g1.globo.com/economia/mercados/noticia/2016/06/como-funciona-o-cambio-no-brasil.html>. Acesso em: 17 set. 2018.

67   CASTELLS, Manuel; CARDOSO, Gustavo (Orgs.). A Sociedade em Rede: do conhecimento à acção política. Belém: Casa da Moeda, 2005. 435 p. Disponível em: <http://www.egov.ufsc.br/portal/ sites/default/files/anexos/a_sociedade_em_rede_-_do_conhecimento_a_acao_politica.pdf>. Acesso em: 28 nov. 2017.

68   BECHELANY, Camila Campelo. A Comunidade Transnacional da Arte Contemporânea. Fronteira: Revista de Iniciação Científica em Relações Internacionais. V. 4, N. 7, 2005. Disponível em: <http://periodicos.pucminas.br/index.php/fronteira/article/view/5297/5246>. Acesso em: 09 abr. 2014.

69   HAAS, Guilherme. Cypherpunk: o ativismo do futuro. TecMundo, 5 jul. 2013. Disponível em: <https://www.tecmundo.com.br/criptografia/41665-cypherpunk-o-ativismo-do-futuro.htm>. Acesso em: 21 set. 2018.

70   FOUCAULT, Michel. Vigiar e punir: nascimento da prisão. 11. ed. Petropolis: Vozes, 1994. 24p. de lams.

71   ROCHA, Luciano. Bit Gold: Nick Szabo esteve a poucos passos de inventar o Bitcoin. Criptomoedas Fácil, 28 jul. 2018. Disponível em: <https://www.criptomoedasfacil.com/bit-gold-nick-szabo-esteve-a-poucos-passos-de-inventar-o-bitcoin/>. Acesso em: 21 set. 2018.

72   HOFFERT, Antonio. BRLT: Seu dinheiro, na era digital (Whitepaper). BRLT Money, 2018. Disponível em: <https://brlt.money/whitepapers/whitepaper-brlt.pdf>. Acesso em: 22 nov. 2018.

73   FERRARA, Peter. How The Government Created A Financial Crisis. Forbes, 19 maio 2011. Disponível em: <https://www.forbes.com/sites/peterferrara/2011/05/19/how-the-government-created-a-financial-crisis/#c68a99221fb5>. Acesso em: 21 set. 2018.

74   PERRY, Brian. Credit Crisis: Historical Crises. Investopedia, 2018. Disponível em: <https:// www.investopedia.com/university/credit-crisis/credit-crisis2.asp>. Acesso em: 21 set. 2018.

75   WALLIN, Claudia Varejão. Atuação dos EUA para conter crise foi ‹escandalosa›, diz economista sueco. BBC Brasil, 14 out. 2008. Disponível em: <https://www.bbc.com/portuguese/reporterbbc/story/2008/10/081014_suecia_crise_cv_cq.shtml>. Acesso em: 18 set. 2018.

76   WALLIN, Claudia Varejão. Atuação dos EUA para conter crise foi ‹escandalosa›, diz economista sueco. BBC Brasil, 14 out. 2008. Disponível em: <https://www.bbc.com/portuguese/reporterbbc/story/2008/10/081014_suecia_crise_cv_cq.shtml>. Acesso em: 18 set. 2018.

77   WALLIN, Claudia Varejão. Atuação dos EUA para conter crise foi ‹escandalosa›, diz economista sueco. BBC Brasil, 14 out. 2008. Disponível em: <https://www.bbc.com/portuguese/reporterbbc/story/2008/10/081014_suecia_crise_cv_cq.shtml>. Acesso em: 18 set. 2018.

78   WALLIN, Claudia Varejão. Atuação dos EUA para conter crise foi ‹escandalosa›, diz

economista sueco. BBC Brasil, 14 out. 2008. Disponível em: <https://www.bbc.com/portuguese/repor-terbbc/story/2008/10/081014_suecia_crise_cv_cq.shtml>. Acesso em: 18 set. 2018.

79   OCCUPYWALLST. About. Occupy Solidarity Network, 2018. Disponível em: <http://occupy-wallst.org/about/>. Acesso em 22 set. 2018.

80   ROUSSEAU, Jean-Jacques. O contrato social e outros escritos. São Paulo: Cultrix, 1965. 235p.

81   HOBBES, Thomas. Leviatã ou, Matéria, forma e poder de um Estado eclesiástico e civil. São Paulo: Abril Cultural, 1974. 423p.

82   Nota Positiva. Escassez. Dicionário de Economia, 2006. Disponível em: <http://www.notaposi-tiva.com/old/dicionario_economia/escassez.htm>. Acesso em: 02 out. 2018.

83   YE, Mason F. 4.2 Causes and Consequences of Ari Pollution in Beijing, China. Pressbooks, 2019. Disponível em: <https://ohiostate.pressbooks.pub/sciencebites/chapter/causes-and-conse-quences-of-air-pollution-in-beijing-china/>. Acesso em: 19 fev. 2019.

84   EMPREENDEDOR vende garras de ar puro inglês a R$ 450 para cidades poluídas na China. BBC News, 10 fev. 2016. Disponível em: <https://www.bbc.com/portuguese/noticias/2016/02/160209_venda_arpuro_tg>. Acesso em: 02 out. 2018.

85   Infopédia. Valor-utilidade. Dicionários Porto Editora. Porto: Porto Editora, 2003-2018. Disponível em: <https://www.infopedia.pt/$valor-utilidade>. Acesso em: 02 out. 2018.

86   WEATHERFORD, Jack. A história do dinheiro: do arenito ao cyberspace. 2.ed. São Paulo: Negócio Editora, 1999.

87   EICHENGREEN, Barry J. A globalização do capital: uma história do sistema monetário interna-cional. São Paulo: Ed. 34, 2000. 286 p.

88   EICHENGREEN, Barry J. A globalização do capital: uma história do sistema monetário interna-cional. São Paulo: Ed. 34, 2000. 286 p.

89   EICHENGREEN, Barry J. A globalização do capital: uma história do sistema monetário interna-cional. São Paulo: Ed. 34, 2000. 286 p.

90   EICHENGREEN, Barry J. A globalização do capital: uma história do sistema monetário interna-cional. São Paulo: Ed. 34, 2000. 286 p.

91   ECONOMIA NET. Introdução à Economia Internacional. Economia Net, Conceitos, 2018. Disponível em: <http://www.economiabr.net/economia/4_economia_internacional.html>. Acesso em: 02 out. 2018.

92   EICHENGREEN, Barry J. A globalização do capital: uma história do sistema monetário interna-cional. São Paulo: Ed. 34, 2000. 286 p.

93   EICHENGREEN, Barry J. A globalização do capital: uma história do sistema monetário interna-cional. São Paulo: Ed. 34, 2000. 286 p.

94   EICHENGREEN, Barry J. A globalização do capital: uma história do sistema monetário interna-cional. São Paulo: Ed. 34, 2000. 286 p.

95   EICHENGREEN, Barry J. A globalização do capital: uma história do sistema monetário interna-cional. São Paulo: Ed. 34, 2000. 286 p.

96   EICHENGREEN, Barry J. A globalização do capital: uma história do sistema monetário interna-cional. São Paulo: Ed. 34, 2000. 286 p.

97   INVESTOPEDIA. Bretton Woods Agreement. Investopedia, 2018. Disponível em: <https://www.investopedia.com/terms/b/brettonwoodsagreement.asp>. Acesso em: 25 set. 2018.

98   QUICKONOMICS. The Four Different Types of Money. Quickonomics, Basic Principles, 2016. Disponível em: <https://quickonomics.com/different-types-of-money/>. Acesso em: 25 set. 2018.

99   GOWAN, Peter. A roleta global. Rio de Janeiro: Record, 2003. 445 p.

100   GOWAN, Peter. A roleta global. Rio de Janeiro: Record, 2003. 445 p.

101   FREITAS, Eduardo de. Petrodólar. Brasil Escola, 2018. Disponível em: <https://brasilescola.uol.com.br/geografia/petrodolar.htm>. Acesso em: 25 set. 2018.

102   GOWAN, Peter. A roleta global. Rio de Janeiro: Record, 2003. 445 p.

103   GOWAN, Peter. A roleta global. Rio de Janeiro: Record, 2003. 445 p.

104   WONG, Andrea. The Untold Story Behind Saudi Arabia's 41-Year U.S. Debt Secret. Bloomberg, 30 maio 2016. Disponível em: <https://www.bloomberg.com/news/features/2016-05-30/the-untold-story-behind-saudi-arabia-s-41-year-u-s-debt-secret>. Acesso em: 09 out. 2018.

105   GOWAN, Peter. A roleta global. Rio de Janeiro: Record, 2003. 445 p.

106   CERQUEIRA E FRANCISCO, Wagner de. OPEP. Uol, Mundo Educação, 2018. Disponível em: <https://mundoeducacao.bol.uol.com.br/geografia/opep.htm>. Acesso em: 02 out. 2018.

107   CRONOLOGIA da OPEP. Le Monde Diplomatic Brasil, 01 maio 2006. Disponível em: <http://diplo.org.br/2006-05,a1304>. Acesso em: 02 out. 2018.

108   GOWAN, Peter. A roleta global. Rio de Janeiro: Record, 2003. 445 p.

109   ROTHBARD, Murray N. O que o governo fez com o nosso dinheiro?. São Paulo: Instituto Ludwig Von Mises Brasil, 2013. 230 p. Disponível em: <http://rothbardbrasil.com/wp-content/uploads/arquivos/nossodinheiro.pdf>. Acesso em: 15 out. 2018.

110   KOSARES, Michael J. Keynes on the menace of printing money: How the celebrated economist might have structured his investment portfolio today. Gold Seek, 7 dez. 2015. Disponível em: <http://news.goldseek.com/GoldSeek/1449514881.php>. Acesso em: 09 out. 2018.

111   POLLEIT, Thorsten. O sistema bancário e o estado - por que os banqueiros evitam a atenção pública. Instituto Ludwig von Mises Brasil, 07 fev. 2013. Disponível em: <https://www.mises.org.br/Article.aspx?id=1521>. Acesso em: 09 out. 2018.

112   ROTHBARD, Murray N. O sistema bancário de reservas fracionárias. Instituto Ludwig von Mises Brasil, 11 maio 201o. Disponível em: <https://www.mises.org.br/Article.aspx?id=311>. Acesso em: 15 out. 2018.

113   ROTHBARD, Murray N. O sistema bancário de reservas fracionárias. Instituto Ludwig von Mises Brasil, 11 maio 201o. Disponível em: <https://www.mises.org.br/Article.aspx?id=311>. Acesso em: 15 out. 2018.

114   ROQUE, Leandro. Fazenda ou Banco Central - quem é o responsável pela atual disparada de preços no Brasil?. Instituto Ludwig von Mises Brasil, 26 abr. 2011. Disponível em: <https://www.mises.org.br/Article.aspx?id=961>. Acesso em: 15 out. 2018.

115   ROQUE, Leandro. Como ocorreu a crise financeira americana. Instituto Ludwig von Mises Brasil, 17 ago. 2018. Disponível em: <https://www.mises.org.br/Article.aspx?id=1696>. Acesso em: 15 out. 2018.

116   ROQUE, Leandro. Como ocorreu a crise financeira americana. Instituto Ludwig von Mises Brasil, 17 ago. 2018. Disponível em: <https://www.mises.org.br/Article.aspx?id=1696>. Acesso em: 15 out. 2018.

117   ROQUE, Leandro. O sistema bancário brasileiro e seus detalhes quase nunca mencionados. Instituto Ludwig von Mises Brasil, 22 ago. 2012. Disponível em: <https://www.mises.org.br/Article.aspx?id=1387>. Acesso em: 15 out. 2018.

118   POLLEIT, Thorsten. O sistema bancário e o estado - por que os banqueiros evitam a atenção pública. Instituto Ludwig von Mises Brasil, 07 fev. 2013. Disponível em: <https://www.mises.org.br/Article.aspx?id=1521>. Acesso em: 09 out. 2018.

119   ROQUE, Leandro. O sistema bancário brasileiro e seus detalhes quase nunca mencionados. Instituto Ludwig von Mises Brasil, 22 ago. 2012. Disponível em: <https://www.mises.org.br/Article.aspx?id=1387>. Acesso em: 15 out. 2018.

120   ROQUE, Leandro. O sistema bancário brasileiro e seus detalhes quase nunca mencionados. Instituto Ludwig von Mises Brasil, 22 ago. 2012. Disponível em: <https://www.mises.org.br/Article.aspx?id=1387>. Acesso em: 15 out. 2018.

121   BITCOIN PROJECT. Geral: Quem controla a rede Bitcoin?. Bitcoin Project, 2018. Disponível em: <https://bitcoin.org/pt_BR/faq#quem-controla-a-rede-bitcoin>. Acesso em: 03 out. 2018.

122   Quando questionado sobre o fato de criptomoedas como o Bitcoin não possuírem nenhum tipo de lastro, e não deve se confundir a seriedade da sua regra de emissão monetária com colateral, é simples entender que não há lastro, assim como não há para as moedas fiduciárias desde a década de 70.

123   FADUL, Anamaria. Globalização cultural e o fluxo internacional da ficção televisiva seriada: o caso da telenovela brasileira. In: CONGRESSO BRASILEIRO DA COMUNICAÇÃO, 24, set. 2011, Campo Grande - MS. Anais... São Paulo: Intercom, 2001. Disponível em: <http://www.intercom.org.br/papers/nacionais/2001/papers/NP14FADUL.PDF>. Acesso em: 23 mar. 2014.

124   BARRETO, Jorge Muniz. Redes de Computadores: Arquitetura Cliente vs. Servidor. Departamento de Informática e de Estatística, Universidade Federal de Santa Catarina, 2018. Disponível em: <http://www.inf.ufsc.br/~j.barreto/cca/internet/redesde.htm>. Acesso em 16 out. 2018.

125   Mozilla Developer Network. How the Web works. Mozilla Corporation, 2018. Disponível em: <https://developer.mozilla.org/en-US/docs/Learn/Getting_started_with_the_web/How_the_Web_works>. Acesso em: 16 out. 2018.

126   CCM. A tecnologia da arquitetura cliente/servidor. Group Figaro CCM Benchmark, 5 out. 2017. Disponível em: <https://br.ccm.net/contents/149-a-tecnologia-da-arquitetura-cliente-servidor>. Acesso em: 16 out. 2018.

127   CCM. A tecnologia da arquitetura cliente/servidor. Group Figaro CCM Benchmark, 5 out. 2017. Disponível em: <https://br.ccm.net/contents/149-a-tecnologia-da-arquitetura-cliente-servidor>. Acesso em: 16 out. 2018.

128   MENDES, Antonio. Arquitetura de software: desenvolvimento orientado para arquitetura. Rio de Janeiro: Campus, c2002. xix, 212p.

129   Mozilla Developer Network. How the Web works. Mozilla Corporation, 2018. Disponível em: <https://developer.mozilla.org/en-US/docs/Learn/Getting_started_with_the_web/How_the_Web_works>. Acesso em: 16 out. 2018.

130   MENDES, Antonio. Arquitetura de software: desenvolvimento orientado para arquitetura. Rio de Janeiro: Campus, c2002. xix, 212p.

131   HAAS, Guilherme. Cypherpunk: o ativismo do futuro. TecMundo, 5 jul. 2013. Disponível em: <https://www.tecmundo.com.br/criptografia/41665-cypherpunk-o-ativismo-do-futuro.htm>. Acesso em: 21 set. 2018.

132   HOFFERT, Antonio. BRLT: Seu dinheiro, na era digital (Whitepaper). BRLT Money, 2018. Disponível em: <https://brlt.money/whitepapers/whitepaper-brlt.pdf>. Acesso em: 22 nov. 2018.

133   BITCOINS NET. Double Spend. Bitcoins.net, 2018. Disponível em: <http://bitcoins.net/guides/double-spend.asp>. Acesso em: 16 out. 2018.

134   GRIFFITH, Ken. A Quick History of Cryptocurrencies BBTC — Before Bitcoin. Bitcoin Magazine, 16 ago. 2014. Disponível em: <https://bitcoinmagazine.com/articles/quick-history-cryptocurrencies-bbtc-bitcoin-1397682630/>. Acesso em: 17 out. 2018.

135   HAAS, Guilherme. Cypherpunk: o ativismo do futuro. TecMundo, 5 jul. 2013. Disponível em: <https://www.tecmundo.com.br/criptografia/41665-cypherpunk-o-ativismo-do-futuro.htm>. Acesso em: 21 set. 2018.

136   WAGNER, Andrew. Digital vs. Virtual Currencies. Bitcoin Magazine, 22 ago. 2014. Disponível em: <https://bitcoinmagazine.com/articles/digital-vs-virtual-currencies-1408735507/>. Acesso em: 17 out. 2018.

137   WAGNER, Andrew. Digital vs. Virtual Currencies. Bitcoin Magazine, 22 ago. 2014. Disponível em: <https://bitcoinmagazine.com/articles/digital-vs-virtual-currencies-1408735507/>. Acesso em: 17 out. 2018.

138   EUROPEAN CENTRAL BANK. Virtual currency schemes: a further analysis. European Central Bank, 2015, 37 p. Disponível em: <https://www.ecb.europa.eu/pub/pdf/other/virtualcurrencyschemesen.pdf>. Acesso em: 17 out. 2018.

139   SÁ, Victor. Venezuela Lança Oficialmente a Pré-Venda de sua Criptomoeda. Portal do Bitcoin, 20 fev. 2018. Disponível em: <https://portaldobitcoin.com/venezuela-lanca-oficialmente-pre-venda-de-sua-criptomoeda/>. Acesso em: 17 out. 2018.

140   GOVERNO de Ilhas Marshall vai Lançar sua Criptomoeda Sovereing 'SOV'. Portal do Bitcoin, 04 mar. 2018. Disponível em: <https://portaldobitcoin.com/governo-de-ilhas-marshall-vai-lancar-sua-criptomoeda-sovereing-sov/>. Acesso em: 17 out. 2018.

141   ECONOTIMES. BoE explores implications of blockchain and central bank-issued digital currency. Elmin Media, 9 set. 2016. Disponível em: <http://www.econotimes.com/BoE-explores-implica-

tions-of-blockchain-and-central-bank-issued-digital-currency-277718>. Acesso em: 17 out. 2018.

142   IRÃ e Turquia Seguem Caminho da Venezuela e Pretendem Lançar Suas Criptomoedas. Portal do Bitcoin, 26 fev. 2018. Disponível em: <https://portaldobitcoin.com/ira-e-turquia-seguem-camin-ho-da-venezuela-e-pretendem-lancar-suas-criptomoedas/>. Acesso em: 17 out. 2018.

143   GUSSON, Cassio. Suécia pode ter sua própria criptomoeda até o final de 2018. Criptomoedas Fácil, 18 fev. 2018. Disponível em: <https://www.criptomoedasfacil.com/suecia-pode-ter-sua-propria-criptomoeda-ate-o-final-de-2018/>. Acesso em: 17 out. 2018.

144   CHAUM, David. Profile. David Chaum, 2018. Disponível em: <https://www.chaum.com/>. Acesso em: 17 out. 2018.

145   CHAUM, David. Blind Signatures for Untraceable Payments. p. 199-2013. In: CHAUM, David; RIVEST, Ronald L.; SHERMAN, Alan T. (Orgs.). Advances in Cryptology: Proceedings Of Crypto 82. Plenum, 1983, 348 p. Disponível em: <https://www.chaum.com/publications/Chaum-blind-signatures. PDF>. Acesso em: 17 out. 2018.

146   CHAUM, David. Blind Signatures for Untraceable Payments. p. 199-2013. In: CHAUM, David; RIVEST, Ronald L.; SHERMAN, Alan T. (Orgs.). Advances in Cryptology: Proceedings Of Crypto 82. Plenum, 1983, 348 p. Disponível em: <https://www.chaum.com/publications/Chaum-blind-signatures. PDF>. Acesso em: 17 out. 2018.

147   CNET. DigiCash loses U.S. toehold. CBS Interactive Inc, 02 set. 1998. Disponível em: <https://www.cnet.com/news/digicash-loses-u-s-toehold/>. Acesso em: 17 out. 2018.

148   CHAUM, David. Security without Identification: Card Computers to make Big Brother Obsolete. Communications of the ACM, v. 28, n. 10, out. 1985, p. 1030-1044. Disponível em: <https://www.chaum.com/publications/Security_Wthout_Identification.html>. Acesso em: 17 out. 2018.

149   GRIFFITH, Ken. A Quick History of Cryptocurrencies BBTC — Before Bitcoin. Bitcoin Maga-zine, 16 ago. 2014. Disponível em: <https://bitcoinmagazine.com/articles/quick-history-cryptocurren-cies-bbtc-bitcoin-1397682630/>. Acesso em: 17 out. 2018.

150   BRODESSER, Jens-Ingo. FM Interviews: David Chaum. First Monday: Peer-Reviewed Journal on the Internet, v. 4, n. 7, jul. 1999. Disponível em: <http://firstmonday.org/ojs/index.php/fm/article/view/683/593>. Acesso em: 17 out. 2018.

151   ROCHA, Luciano. eCash: como a criação de David Chaum deu início ao sonho cypherpunk. Criptomoedas Fácil, 9 jun. 2018a. Disponível em: <https://www.criptomoedasfacil.com/ecash-como-a-criacao-de-david-chaum-deu-inicio-ao-sonho-cypherpunk/>. Acesso em: 18 out. 2018.

152   GRIFFITH, Ken. A Quick History of Cryptocurrencies BBTC — Before Bitcoin. Bitcoin Maga-zine, 16 ago. 2014. Disponível em: <https://bitcoinmagazine.com/articles/quick-history-cryptocurren-cies-bbtc-bitcoin-1397682630/>. Acesso em: 17 out. 2018.

153   EU PAYMENT SYSTEMS. Prepaid Cards. European Central Bank, 1994. Disponível em: <https://www.ecb.europa.eu/pub/pdf/other/prepaidcards1994en.pdf?9fc7b56c72b0b1a42eb60ad5f-97fb7d3>. Acesso em: 17 out. 2018.

154   GRIFFITH, Ken. A Quick History of Cryptocurrencies BBTC — Before Bitcoin. Bitcoin Maga-zine, 16 ago. 2014. Disponível em: <https://bitcoinmagazine.com/articles/quick-history-cryptocurren-cies-bbtc-bitcoin-1397682630/>. Acesso em: 17 out. 2018.

155   K., Daniel. The Early History of Virtual Currency and Cryptocurrency. Daniel K., Medium, 5 out. 2017. Disponível em: <https://medium.com/@danielsfskim/the-early-history-of-digital-cash-and-crypto-currency-b87436711de0>. Acesso em: 17 out. 2018.

156   BACON, Natalie. PayPal Alternatives: 10 Best Online Payment Apps. Money Under 30, 18 out. 2018. Disponível em: <https://www.moneyunder30.com/paypal-alternatives>. Acesso em: 18 out. 2018.

157   PAYPAL. PayPal Privacy Policy. PayPal Holdings, 2018. Disponível em: <https://www.paypal. com/us/webapps/mpp/ua/privacy-full>. Acesso em: 18 out. 2018.

158   RICHTEL, Matt. EBay to Buy PayPal, a Rival in Online Payments. The New York Times, 9 jul. 2002. Disponível em: <https://www.nytimes.com/2002/07/09/business/ebay-to-buy-paypal-a-rival-in-on-line-payments.html>. Acesso em: 18 out. 2018

159   RICHTEL, Matt. EBay to Buy PayPal, a Rival in Online Payments. The New York Times, 9 jul. 2002. Disponível em: <https://www.nytimes.com/2002/07/09/business/ebay-to-buy-paypal-a-rival-in-on-line-payments.html>. Acesso em: 18 out. 2018.

160   CNET. It's official: eBay weds PayPal. CBS Interactive Inc, 3 out. 2002. Disponível em: <https://www.cnet.com/news/its-official-ebay-weds-paypal/>. Acesso em: 18 out. 2018.

161   INVESTOPEDIA. Digital Gold Currency (DGC). Investopedia LLC, 2018. Disponível em: <https://www.investopedia.com/terms/d/digital-gold-currency-dgc.asp>. Acesso em: 18 out. 2018.

162   ISO. Currency codes: ISO 4217. International Organization for Standardization, 2018. Disponível em: <https://www.iso.org/iso-4217-currency-codes.html>. Acesso em: 18 out. 2018.

163   No caso da certificação específica das moedas de ouro digitais, quem gere as alterações do padrão é a Associação Suíça de Normalização (SNV) a partir da SIX Interbank Clearing Ltd.

164   INVESTOPEDIA. Digital Gold Currency (DGC). Investopedia LLC, 2018. Disponível em: <https://www.investopedia.com/terms/d/digital-gold-currency-dgc.asp>. Acesso em: 18 out. 2018.

165   GROW, Brian [et. al.]. Gold Rush: Online payment systems like e-gold Ltd. are becoming the currency of choice for cybercrooks. Internet Archive - Wayback Machine, Business Week, 9 jan. 2006. Disponível em: <https://web.archive.org/web/20080212071332/http://www.businessweek.com/magazine/content/06_02/b3966094.htm>. Acesso em: 18 out. 2018.

166   GRIFFITH, Ken. A Quick History of Cryptocurrencies BBTC — Before Bitcoin. Bitcoin Magazine, 16 ago. 2014. Disponível em: <https://bitcoinmagazine.com/articles/quick-history-cryptocurrencies-bbtc-bitcoin-1397682630/>. Acesso em: 17 out. 2018.

167   Enquanto que em janeiro de 2000 tinha uma quantidade de ouro equivalente a um pouco mais de 350 mil dólares, em dezembro já possuía quase 125 milhões de dólares no mesmo metal.

168   RAY, James M. e-gold-list: Some numbers to play with. The Mail Archive, 04 mar. 2001. Disponível em: <https://www.mail-archive.com/e-gold-list@talk.e-gold.com/msg02724.html>. Acesso em: 18 out. 2018.

169   GROW, Brian [et. al.]. Gold Rush: Online payment systems like e-gold Ltd. are becoming the currency of choice for cybercrooks. Internet Archive - Wayback Machine, Business Week, 9 jan. 2006. Disponível em: <https://web.archive.org/web/20080212071332/http://www.businessweek.com/magazine/content/06_02/b3966094.htm>. Acesso em: 18 out. 2018.

170   INVESTOPEDIA. Digital Gold Currency (DGC). Investopedia LLC, 2018. Disponível em: <https://www.investopedia.com/terms/d/digital-gold-currency-dgc.asp>. Acesso em: 18 out. 2018.

171   DIGITAL CURRENCY Business E-Gold Indicted for Money Laundering and Illegal Money Transmitting. U. S. Department of Justice, 27 abr. 2007. Disponível em: <https://www.justice.gov/archive/opa/pr/2007/April/07_crm_301.html>. Acesso em: 18 out. 2018.

172   MEEK, James Gordon. Feds out to bust up 24-karat Web worry. Daily News, 3 jun. 2007. Disponível em: <http://www.nydailynews.com/news/crime/feds-bust-24-karat-web-worry-article-1.219589>. Acesso em: 18 out. 2018.

173   GRIFFITH, Ken. A Quick History of Cryptocurrencies BBTC — Before Bitcoin. Bitcoin Magazine, 16 ago. 2014. Disponível em: <https://bitcoinmagazine.com/articles/quick-history-cryptocurrencies-bbtc-bitcoin-1397682630/>. Acesso em: 17 out. 2018.

174   MULLAN, P. Carl. A History of Digital Currency in The United States. Londres: Palgrave Macmillan, 2016. 278 p.

175   PECK, Morgan E. Bitcoin: The Cryptoanarchists' Answer to Cash. IEEE Spectrum, 30 maio 2012. Disponível em: <https://spectrum.ieee.org/computing/software/bitcoin-the-cryptoanarchists-answer-to-cash>. Acesso em: 19 out. 2018.

176   ROCHA, Luciano. Hashcash: como Adam Back projetou o motor do Bitcoin. Criptomoedas Fácil, 21 jul. 2018c. Disponível em: <https://www.criptomoedasfacil.com/hashcash-como-adam-back-projetou-o-motor-do-bitcoin/>. Acesso em: 18 out. 2018.

177   DWORK, Cynthia; NAOR. Moni. Pricing via Processing or Combatting Junk Mail. In: BRICKELL, Ernest F. (Org). Advances in Cryptology: Proceedings Of Crypto 92. Londres: Springer-Verlag, 1993. 593 p. Disponível em: <http://www.wisdom.weizmann.ac.il/~naor/PAPERS/pvp.pdf>. Acesso em: 22 out. 2018.

178   JAKOBSSON, Markus; JUELS, Ari. Proofs of work and bread pudding protocols. In: Proceedings of the IFIP TC6/TC11 Joint Working Conference on Secure Information Networks: Communications and Multimedia Security. Leuven, Bélgica: Springer, 1999. 324 p. Disponível em: <http://citeseer.nj.nec.com/238810.html>. Acesso em: 22 out. 2018.

179   PISA, Pedro. O que é Hash?. TechTudo, 10 jul. 2012. Disponível em: <https://www.techtudo. com.br/artigos/noticia/2012/07/o-que-e-hash.html>. Acesso em: 18 out. 2018.

180   ROCHA, Luciano. Hashcash: como Adam Back projetou o motor do Bitcoin. Criptomoedas Fácil, 21 jul. 2018c. Disponível em: <https://www.criptomoedasfacil.com/hashcash-como-adam-back-projetou-o-motor-do-bitcoin/>. Acesso em: 18 out. 2018.

181   BACK, Adam. Announce: hash cash postage implementation. Verona Cypherpunks Archives, 28 mar. 1997. Disponível em: <https://cypherpunks.venona.com/date/1997/03/msg00774.html>. Acesso em: 23 out. 2018.

182   ROCHA, Luciano. Hashcash: como Adam Back projetou o motor do Bitcoin. Criptomoedas Fácil, 21 jul. 2018c. Disponível em: <https://www.criptomoedasfacil.com/hashcash-como-adam-back-projetou-o-motor-do-bitcoin/>. Acesso em: 18 out. 2018.

183   ROCHA, Luciano. Hashcash: como Adam Back projetou o motor do Bitcoin. Criptomoedas Fácil, 21 jul. 2018c. Disponível em: <https://www.criptomoedasfacil.com/hashcash-como-adam-back-projetou-o-motor-do-bitcoin/>. Acesso em: 18 out. 2018.

184   MARQUES, Diego. Um guia para iniciantes sobre Smart Contracts. Guia do Bitcoin, 10 maio 2017. Disponível em: <https://guiadobitcoin.com.br/um-guia-para-iniciantes-sobre-smart-contracts/>. Acesso em: 19 out. 2018.

185   MARQUES, Diego. Um guia para iniciantes sobre Smart Contracts. Guia do Bitcoin, 10 maio 2017. Disponível em: <https://guiadobitcoin.com.br/um-guia-para-iniciantes-sobre-smart-contracts/>. Acesso em: 19 out. 2018.

186   SZABO, Nick. Bit gold. Unenumerated: An Unending variety of topics, 27 dez. 2008. Disponível em: <http://unenumerated.blogspot.com/2005/12/bit-gold.html>. Acesso em: 18 out. 2018.

187   SZABO, Nick. Bit gold. Unenumerated: An Unending variety of topics, 27 dez. 2008. Disponível em: <http://unenumerated.blogspot.com/2005/12/bit-gold.html>. Acesso em: 18 out. 2018.

188   SIGNIFICADO de Bits: O que são Bits. Significados, 2018. outDisponível em: <https://www.significados.com.br/bits/>. Acesso em: 22 out. 2018.

189   Techopedia. Timestamp. Techopedia Inc., 2018. Disponível em: <https://www.techopedia.com/definition/16285/timestamp>. Acesso em: 22 out. 2018.

190   SZABO, Nick. Bit gold. Unenumerated: An Unending variety of topics, 27 dez. 2008. Disponível em: <http://unenumerated.blogspot.com/2005/12/bit-gold.html>. Acesso em: 18 out. 2018.

191   ROCHA, Luciano. Bit Gold: Nick Szabo esteve a poucos passos de inventar o Bitcoin. Criptomoedas Fácil, 28 jul. 2018d. Disponível em: <https://www.criptomoedasfacil.com/bit-gold-nick-szabo-esteve-a-poucos-passos-de-inventar-o-bitcoin/>. Acesso em: 21 set. 2018.

192   B-Money. Wei Dai, 2018. Disponível em: <http://www.weidai.com/bmoney.txt>. Acesso em: 19 out. 2018.

193   ROCHA, Luciano. eCash: como a criação de David Chaum deu início ao sonho cypherpunk. Criptomoedas Fácil, 9 jun. 2018a. Disponível em: <https://www.criptomoedasfacil.com/ecash-como-a-criacao-de-david-chaum-deu-inicio-ao-sonho-cypherpunk/>. Acesso em: 18 out. 2018.

194   B-Money. Wei Dai, 2018. Disponível em: <http://www.weidai.com/bmoney.txt>. Acesso em: 19 out. 2018.

195   ROCHA, Luciano. Wei Dai: como o seu B-Money inspirou a criação do Bitcoin. Criptomoedas Fácil, 30 jun. 2018b. Disponível em: <https://www.criptomoedasfacil.com/wei-dai-como-o-seu-b-money-inspirou-a-criacao-do-bitcoin/>. Acesso em: 18 out. 2018.

196   B-Money. Wei Dai, 2018. Disponível em: <http://www.weidai.com/bmoney.txt>. Acesso em: 19 out. 2018.

197   B-Money. Wei Dai, 2018. Disponível em: <http://www.weidai.com/bmoney.txt>. Acesso em: 19 out. 2018.

198   ROCHA, Luciano. Wei Dai: como o seu B-Money inspirou a criação do Bitcoin. Criptomoedas Fácil, 30 jun. 2018b. Disponível em: <https://www.criptomoedasfacil.com/wei-dai-como-o-seu-b-money-inspirou-a-criacao-do-bitcoin/>. Acesso em: 18 out. 2018.

199   B-Money. Wei Dai, 2018. Disponível em: <http://www.weidai.com/bmoney.txt>. Acesso em: 19 out. 2018.

200   Aparentemente, qualquer usuário poderia se tornar um servidor, uma vez que o documento apresentado por Wei Dai não deixava claro se havia ou não requisitos para um indivíduo ocupar tal posição no sistema.

201   B-Money. Wei Dai, 2018. Disponível em: <http://www.weidai.com/bmoney.txt>. Acesso em: 19 out. 2018.

202   PECK, Morgan E. Bitcoin: The Cryptoanarchists' Answer to Cash. IEEE Spectrum, 30 maio 2012. Disponível em: <https://spectrum.ieee.org/computing/software/bitcoin-the-cryptoanarchists-answer-to-cash>. Acesso em: 19 out. 2018.

203   B-Money. Wei Dai, 2018. Disponível em: <http://www.weidai.com/bmoney.txt>. Acesso em: 19 out. 2018.

204   As fases do leilão proposto no seu subprotocolo eram a de planejamento, em que os responsáveis negociavam um valor, que deveria ser consensual, respectivo ao acréscimo das ofertas monetárias; a de licitação de criação monetária, em que o indivíduo propunha uma quantidade a ser criada e a escolha de um problema computacional pré-determinado a ser resolvido; a da computação, onde os licitantes ofereciam as respostas aos problemas escolhidos; e, por fim, a própria criação do dinheiro, onde todos os membros escolhiam as soluções pelas quais estavam dispostas a transacionar.

205   DAI, Wei. I've been getting an increasing... In: LESSWRONG. AALWA: Ask any LessWronger anything. LessWronger, 12 jan. 2014. Disponível em: <https://www.lesswrong.com/posts/YdfpDyRpNyy-pivgdu/aalwa-ask-any-lesswronger-anything#TLvSTxuypiHBuoCLM>. Acesso em: 18 out. 2018.

206   PECK, Morgan E. Bitcoin: The Cryptoanarchists' Answer to Cash. IEEE Spectrum, 30 maio 2012. Disponível em: <https://spectrum.ieee.org/computing/software/bitcoin-the-cryptoanarchists-answer-to-cash>. Acesso em: 19 out. 2018.

207   BELL, Jim. Assassination Politics. In: HUNT, Gary. The Outpost of Freedom. Outpost of Freedom, 23 jun. 2010. Disponível em: <http://www.outpost-of-freedom.com/jimbellap.htm>. Acesso em: 18 out. 2018.

208   IMF. Virtual Currencies and Beyond: Initial Considerations. International Monetary Fund, jan. 2015, 215 p. Disponível em: <https://www.imf.org/external/pubs/ft/sdn/2016/sdn1603.pdf>. Acesso em: 16 out. 2018.

209   CHOHAN, Usnan W. Cryptocurrencies: A Brief Thematic Review. SSRN Electronic Journal, Notes on the 21st Century, 4 ago. 2017. 9 p.

210   BOUVERET, Antoine; HAKSAR, Vikram. What are Cryptocurrencies?. Finance & Develpment, V. 55, N. 2, 2018. Disponível em: <https://www.imf.org/external/pubs/ft/fandd/2018/06/what-are-crypto-currencies-like-bitcoin/basics.htm>. Acesso em: 16 out. 2018.

211   IMF. Virtual Currencies and Beyond: Initial Considerations. International Monetary Fund, jan. 2015, 215 p. Disponível em: <https://www.imf.org/external/pubs/ft/sdn/2016/sdn1603.pdf>. Acesso em: 16 out. 2018.

212   INVESTOPEDIA. Cryptocurrency: What is a 'Cryptocurrency'. Investopedia, 2018. Disponível em: <https://www.investopedia.com/terms/c/cryptocurrency.asp>. Acesso em: 25 out. 2018.

213   BITCOIN PROJECT. Frequently Asked Questions: Who created Bitcoin?. Bitcoin Project, 2018a. Disponível em: <https://bitcoin.org/en/faq#general>. Acesso em: 26 out. 2018.

214   BITCOIN PROJECT. Bitcoin: A Peer-to-Peer Electronic Cash System. Bitcoin Project, 2018b. Disponível em: <https://bitcoin.org/bitcoin.pdf>. Acesso em: 15 out. 2018.

215   ORAM, Andy. Peer-to-Peer: Harnessing the Power of Disruptive Technologies. Sebastopol, Califórnia: O'Reilly Media, 2001. 450 p.

216   PECK, Morgan E. Bitcoin: The Cryptoanarchists' Answer to Cash. IEEE Spectrum, 30 maio 2012. Disponível em: <https://spectrum.ieee.org/computing/software/bitcoin-the-cryptoanarchists-answer-to-cash>. Acesso em: 19 out. 2018.

217   PISA, Pedro. O que é Hash?. TechTudo, 10 jul. 2012. Disponível em: <https://www.techtudo.com.br/artigos/noticia/2012/07/o-que-e-hash.html>. Acesso em: 18 out. 2018.

218   BITCOIN PROJECT. Bitcoin: A Peer-to-Peer Electronic Cash System. Bitcoin Project, 2018b. Disponível em: <https://bitcoin.org/bitcoin.pdf>. Acesso em: 15 out. 2018.

219   BITCOIN PROJECT. Bitcoin: A Peer-to-Peer Electronic Cash System. Bitcoin Project, 2018b. Disponível em: <https://bitcoin.org/bitcoin.pdf>. Acesso em: 15 out. 2018.

220   GREENBERG, Andy. Crypto Currency. Forbes, 20 abr. 2011. Disponível em: <https://www. forbes.com/forbes/2011/0509/technology-psilocybin-bitcoins-gavin-andresen-crypto-currency.html#419f-9ff0353e>. Acesso em: 23 out. 2018.

221   MARTINDALE, Jon. What is an ASIC miner?. Digital Trends, 12 abr. 2018. Disponível em: <https://www.digitaltrends.com/computing/what-is-an-asic-miner/>. Acesso em: 06 nov. 2018.

222   NAKAMOTO, Satoshi. Bitcoin: A Peer-to-Peer Electronic Cash System. Bitcoin Project, 2008. Disponível em: <https://bitcoin.org/bitcoin.pdf>. Acesso em: 23 out. 2018.

223   O endereço de IP corresponde ao endereço de protocolo da internet, que é individual para cada servidor.

224   INSTITUTO NCB. Como Funciona a Lei de Moore. Instituto Newton C Braga, 2018. Disponível em: <http://www.newtoncbraga.com.br/index.php/como-funciona/403-a-lei-de-moore>. Acesso em: 05 nov. 2018.

225   NAKAMOTO, Satoshi. Bitcoin: A Peer-to-Peer Electronic Cash System. Bitcoin Project, 2008. Disponível em: <https://bitcoin.org/bitcoin.pdf>. Acesso em: 23 out. 2018.

226   BITCOIN PROJECT. Frequently Asked Questions: How are bitcoins created??. Bitcoin Project, 2018. Disponível em: <https://bitcoin.org/en/faq#how-are-bitcoins-created>. Acesso em: 26 out. 2018.

227   BLOCKCHAIN. Bitcoins in circulation: The total number of bitcoins that have already been mined; in other words, the current supply of bitcoins on the network. Blockchain, 2018. Disponível em: <https://www.blockchain.com/pt/charts/total-bitcoins?timespan=all&scale=1>. Acesso em: 05 nov. 2018.

228   NAKAMOTO, Satoshi. Bitcoin: A Peer-to-Peer Electronic Cash System. Bitcoin Project, 2008. Disponível em: <https://bitcoin.org/bitcoin.pdf>. Acesso em: 23 out. 2018.

229   NAKAMOTO, Satoshi. Bitcoin: A Peer-to-Peer Electronic Cash System. Bitcoin Project, 2008. Disponível em: <https://bitcoin.org/bitcoin.pdf>. Acesso em: 23 out. 2018.

230   BOUVERET, Antoine; HAKSAR, Vikram. What are Cryptocurrencies?. Finance & Develpment, V. 55, N. 2, 2018. Disponível em: <https://www.imf.org/external/pubs/ft/fandd/2018/06/what-are-crypto-currencies-like-bitcoin/basics.htm>. Acesso em: 16 out. 2018.

231   NAKAMOTO, Satoshi. Bitcoin: A Peer-to-Peer Electronic Cash System. Bitcoin Project, 2008. Disponível em: <https://bitcoin.org/bitcoin.pdf>. Acesso em: 23 out. 2018.

232   NAKAMOTO, Satoshi. Bitcoin: A Peer-to-Peer Electronic Cash System. Bitcoin Project, 2008. Disponível em: <https://bitcoin.org/bitcoin.pdf>. Acesso em: 23 out. 2018.

233   NAKAMOTO, Satoshi. Bitcoin: A Peer-to-Peer Electronic Cash System. Bitcoin Project, 2008. Disponível em: <https://bitcoin.org/bitcoin.pdf>. Acesso em: 23 out. 2018.

234   LINE DEVELOPERS. Messaging API: How it works. Line Corporation, 2018. Disponível em: <https://developers.line.me/en/docs/messaging-api/overview/>. Acesso em: 26 out. 2018.

235   BITCOIN PROJECT. Protect your privacy: Future improvements. Bitcoin Project, 2018c. Disponível em: <https://bitcoin.org/en/protect-your-privacy>. Acesso em: 26 out. 2018.

236   BITCOIN PROJECT. Frequently Asked Questions: What are the advantages of Bitcoin?. Bitcoin Project, 2018d. Disponível em: <https://bitcoin.org/en/faq#what-are-the-advantages-of-bitcoin>. Acesso em: 26 out. 2018.

237   AUMANN, Robert J.; HART, Sergiu (Ed.). Handbook of game theory with economic applications. Amsterdam: Elsevier: North Holland, 2002. nv.

238   A nomenclatura deste equilíbrio faz menção ao matemático John Nash, que contribuiu para as explicações matemáticas que envolviam os cálculos sobre os possíveis ganhos e prejuízos provenientes das relações entre as pessoas.

239   LISK. Proof of Stake. Lisk, 2018. Disponível em: <https://lisk.io/academy/blockchain-basics/how-does-blockchain-work/proof-of-stake>. Acesso em: 05 nov. 2018.

240   LISK. Proof of Stake. Lisk, 2018. Disponível em: <https://lisk.io/academy/blockchain-basics/how-does-blockchain-work/proof-of-stake>. Acesso em: 05 nov. 2018.

241   O'LEARY, Rachel Rose. The Creator of Proof-of-Stake Thinks He Finally Figured It Out. CoinDesk, 7 set. 2018. Disponível em: <https://www.coindesk.com/the-creator-of-proof-of-stake-thinks-he-finally-figured-it-out/>. Acesso em: 05 out. 2018.

242   KING, Sunny; NADAL, Scott. PPCoin: Peer-to-Peer Crypto-Currency with Proof-of-Stake. Peercoin, 19 ago. 2012. Disponível em: <https://peercoin.net/assets/paper/peercoin-paper.pdf>. Acesso em: 05 nov. 2018.

243   LISK. Delegated Proof of Stake. Lisk, 2018. Disponível em: <https://lisk.io/academy/blockchain-basics/how-does-blockchain-work/delegated-proof-of-stake>. Acesso em: 05 nov. 2018.

244   BURSTCOIN. What is Proof-of-Capacity?. Burstcoin, 2018. Disponível em: <https://www.burst-coin.org/proof-of-capacity>. Acesso em: 05 nov. 2018.

245   BITCOIN PROJECT. Frequently Asked Questions: What are the advantages of Bitcoin?. Bitcoin Project, 2018d. Disponível em: <https://bitcoin.org/en/faq#what-are-the-advantages-of-bitcoin>. Acesso em: 26 out. 2018.

246   BITCOIN PROJECT. Frequently Asked Questions: What are the disadvantages of Bitcoin?. Bitcoin Project, 2018. Disponível em: <https://bitcoin.org/en/faq#what-are-the-disadvantages-of-bitcoin>. Acesso em: 26 out. 2018.

247   ROGERS, Everett M. Diffusion of innovations. 4th ed. New York: The Free Press, c1995. xvii, 519p.

248   LAI, P. C. The Literature Review of Technology Adoption Models and Theories for the Novelty Technology. JISTEM - Journal of Information Systems and Technology Management, v. 14, n. 1, São Paulo, 2017. Disponível em: <http://www.scielo.br/scielo.php?script=sci_arttext&pid=S1807-17752017000100021#B6>. Acesso em: 29 out. 2018.

249   Assim como os primeiros a ocuparem a curva da inovação, também têm um grau de instrução mais alto quando comparado com as categorias posteriores, principalmente com relação a conhecimentos sobre tecnologia e com sua própria postura no que tange liderança e inovação. Esta diferença do nível de escolaridade é ainda mais acentuada quando comparada com os integrantes da última etapa, dos retardatários, que além de provavelmente serem mais velhos, também estão inseridos em posições sociais inferiores. Mesmo muito novos, os ocupantes desta faixa da curva têm bastante consciência sobre o contexto econômico que estão inseridos e também têm um elevado nível educacional.

250   ON DIGITAL MARKETIN. The 5 Customer Segments of Technology Adoption. On Digital Marketing, 2018. Disponível em: <https://ondigitalmarketing.com/learn/odm/foundations/5-customer-segments-technology-adoption/>. Acesso em: 29 out. 2018.

251   MCKINNEY, Kelsey. Ignore age—define generations by the tech they use. Vox, 20 abr. 2014. Disponível em: <https://www.vox.com/2014/4/20/5624018/should-technology-define-generations>. Acesso em: 29 out. 2018.

252   BITCOIN PROJECT. Frequently Asked Questions: What are the disadvantages of Bitcoin?. Bitcoin Project, 2018. Disponível em: <https://bitcoin.org/en/faq#what-are-the-disadvantages-of-bitcoin>. Acesso em: 26 out. 2018.

253   LAGARDE, Christine. Addressing the Dark Side of the Crypto World. IMFBlog, 13 mar. 2018. Disponível em: <https://blogs.imf.org/2018/03/13/addressing-the-dark-side-of-the-crypto-world/>. Acesso em> 24 out. 2018.

254   CHEN, Adrian.The Underground Website Where You Can Buy Any Drug Imaginable. Gawker, 06 jan. 2011. Disponível em: <http://gawker.com/the-underground-website-where-you-can-buy-any-drug-imag-30818160>. Acesso em: 29 out. 2018.

255   WEISER, Benjamin. Ross Ulbricht, Creator of Silk Road Website, Is Sentenced to Life in Prison. The New York Times, 29 maio 2015. Disponível em: <https://www.nytimes.com/2015/05/30/nyregion/ross-ulbricht-creator-of-silk-road-website-is-sentenced-to-life-in-prison.html>. Acesso em: 29 out. 2018.

256   LAGARDE, Christine. Addressing the Dark Side of the Crypto World. IMFBlog, 13 mar. 2018. Disponível em: <https://blogs.imf.org/2018/03/13/addressing-the-dark-side-of-the-crypto-world/>. Acesso em> 24 out. 2018.

257   BOUVERET, Antoine; HAKSAR, Vikram. What are Cryptocurrencies?. Finance & Develpment, V. 55, N. 2, 2018. Disponível em: <https://www.imf.org/external/pubs/ft/fandd/2018/06/what-are-crypto-currencies-like-bitcoin/basics.htm>. Acesso em: 16 out. 2018.

258   BITCOIN PROJECT. Frequently Asked Questions: What are the disadvantages of Bitcoin?. Bitcoin Project, 2018. Disponível em: <https://bitcoin.org/en/faq#what-are-the-disadvantages-of-bitcoin>.

Acesso em: 26 out. 2018.

259   BLOCKCHAIN. The State of Stablecoins. Blockchain, 2018. Disponível em: <https://www.
blockchain.com/research>. Acesso em: 01 nov. 2018.

260   CRYPTOCURRENCY FACTS. What is a Stable Coin? Stable Coins Explained. Cryptocurrency
Facts, 2018. Disponível em: <https://cryptocurrencyfacts.com/what-is-a-stable-coin/>. Acesso em: 30
out. 2018.

261   BLOCKCHAIN. The State of Stablecoins. Blockchain, 2018. Disponível em: <https://www.
blockchain.com/research>. Acesso em: 01 nov. 2018.

262   BLOCKCHAIN. The State of Stablecoins. Blockchain, 2018. Disponível em: <https://www.
blockchain.com/research>. Acesso em: 01 nov. 2018.

263   BLOCKCHAIN. The State of Stablecoins. Blockchain, 2018. Disponível em: <https://www.
blockchain.com/research>. Acesso em: 01 nov. 2018.

264   TETHER. Tether: Fiat currencies on the Bitcoin blockchain. Tether, jun. 2016. Disponível em:
<https://tether.to/wp-content/uploads/2016/06/TetherWhitePaper.pdf>. Acesso em: 01 nov. 2018.

265   BLOCKCHAIN. The State of Stablecoins. Blockchain, 2018. Disponível em: <https://www.
blockchain.com/research>. Acesso em: 01 nov. 2018.

266   BLOCKCHAIN. The State of Stablecoins. Blockchain, 2018. Disponível em: <https://www.
blockchain.com/research>. Acesso em: 01 nov. 2018.

267   HOFFERT, Antonio. BRLT: Seu dinheiro, na era digital (Whitepaper). BRLT Money, 2018.
Disponível em: <https://brlt.money/whitepapers/whitepaper-brlt.pdf>. Acesso em: 22 nov. 2018.

268   WILLIAMS-GRUT, Oscar. The crypto world is going wild for 'stablecoins' — here's everything
you need to know about them. Business Insider, 30 set. 2018. Disponível em: <https://www.businessinsi-
der.com/crypto-stablecoins-explained-bitcoin-ethereum-fintech-2018-9>. Acesso em: 30 out. 2018.

269   WILLIAMS-GRUT, Oscar. The crypto world is going wild for 'stablecoins' — here's everything
you need to know about them. Business Insider, 30 set. 2018. Disponível em: <https://www.businessinsi-
der.com/crypto-stablecoins-explained-bitcoin-ethereum-fintech-2018-9>. Acesso em: 30 out. 2018.

270   ASSIS, Gliesson de. Entrevista BRLT e Blockchain. [mensagem pessoal] Mensagem recebida
por em 20 nov. 2018.

271   ASSIS, Gliesson de. Entrevista BRLT e Blockchain. [mensagem pessoal] Mensagem recebida
por em 20 nov. 2018.

272   BLOCKCHAIN. The State of Stablecoins. Blockchain, 2018. Disponível em: <https://www.
blockchain.com/research>. Acesso em: 01 nov. 2018.

273   DÓRIA, Silvio. A bolha ponto com. Terraço Econômico, 5 nov. 2014. Disponível em: <http://
terracoeconomico.com.br/a-bolha-ponto-com>. Acesso em: 30 out. 2018.

274   ARAÚJO JÚNIOR, Francisco de Assis de. Crise das Pontocom. LinkdIn, 2017. Disponível em:
<https://www.linkedin.com/pulse/crise-das-pontocom-francisco-de-assis-de-araujo-junior>. Acesso em:
30 out. 2018.

275   THE DOT-COM Bubble. Treasury Today, Nov. 2012. Disponível em: <http://treasurytoday.
com/2012/11/the-dot-com-bubble>. Acesso em: 30 out. 2018.

276   GEIER, Ben. What Did We Learn From the Dotcom Stock Bubble of 2000?. Time, 12 mar.
2015. Disponível em: <http://time.com/3741681/2000-dotcom-stock-bust/>. Acesso em: 30 out. 2018.

277   Cabe destacar que o crash da bolha da internet somado às consequências trazidas pelos
atentados terroristas de 11 Setembro trouxe um prejuízo de 5 trilhões de dólares dos investidores do
mercado financeiro.

278   THE DOT-COM Bubble. Treasury Today, Nov. 2012. Disponível em: <http://treasurytoday.
com/2012/11/the-dot-com-bubble>. Acesso em: 30 out. 2018.

279   SMITH, Kalen. History of the Dot-Com Bubble Burst and How to Avoid Another. Money Crashers, 2011. Disponível em: <https://www.moneycrashers.com/dot-com-bubble-burst/>. Acesso em: 30
out. 2018.

280   SMITH, Kalen. History of the Dot-Com Bubble Burst and How to Avoid Another. Money Crashers, 2011. Disponível em: <https://www.moneycrashers.com/dot-com-bubble-burst/>. Acesso em: 30

out. 2018.

281   SMITH, Kalen. History of the Dot-Com Bubble Burst and How to Avoid Another. Money Crashers, 2011. Disponível em: <https://www.moneycrashers.com/dot-com-bubble-burst/>. Acesso em: 30 out. 2018.

282   FIELD, Matthew. Bitcoin peaks at $4,500 in latest milestone for volatile digital currency. Telegraph, Technology Intelligence, 18 ago. 2017. Disponível em: <https://www.telegraph.co.uk/technolo­gy/2017/08/17/bitcoin-peaks-4500-latest-milestone-volatile-digital-currency/>. Acesso em: 30 out. 2018.

283   FÁBIO, André Cabette. Por que o valor da bitcoin explodiu. E por que há temor de uma bolha. Nexo Jornal, 18 ago. 2017. Disponível em: <https://www.nexojornal.com.br/expresso/2017/08/18/Por­que-o-valor-da-bitcoin-explodiu.-E-por-que-h%C3%A1-temor-de-uma-bolha>. Acesso em: 30 out. 2018.

284   GARTNER. Gartner Hype Cycle: Interpreting technology hype. Gartner, 2018. Disponível em: <https://www.gartner.com/en/research/methodologies/gartner-hype-cycle>. Acesso em: 30 out. 2018.

285   GARTNER. Gartner Hype Cycle: Interpreting technology hype. Gartner, 2018. Disponível em: <https://www.gartner.com/en/research/methodologies/gartner-hype-cycle>. Acesso em: 30 out. 2018.

286   As soluções anteriores falharam ou por conta das decisões tomadas pela governança ou porque não eram soluções permanentes, ou seja, já nasciam fadadas ao fracasso a longo prazo

287   BITCOIN Obituaries. 99 Bitcoins, 2019. Disponível em: <https://99bitcoins.com/bitcoin-obitua­ries/>. Acesso em: 17 mar. 2019.

288   TALEB, Nassim Nicholas. Antifragile: Things That Gain from Disorder. Nova York: Penguim Random House, 2012. 519 p.

289   BITCOIN PROJECT. Frequently Asked Questions: Who created Bitcoin?. Bitcoin Project, 2018a. Disponível em: <https://bitcoin.org/en/faq#general>. Acesso em: 26 out. 2018.

290   NAKAMOTO, Satoshi. Bitcoin: A Peer-to-Peer Electronic Cash System. Bitcoin Project, 2008. Disponível em: <https://bitcoin.org/bitcoin.pdf>. Acesso em: 23 out. 2018.

291   RONCOLATO, Murilo. Qual o plano da Kodak para lucrar usando blockchain e defendendo copyright. Nexo Jornal, 12 jan. 2018. Disponível em: <https://www.nexojornal.com.br/expresso/2018/01/11/Qual-o-plano-da-Kodak-para-lucrar-usando-blockchain-e-defendendo-copyright>. Acesso em: 12 fev. 2019.

292   BAMBROUGH, Billy. Blow For Bitcoin As Kodak-branded Mining Scheme Collapses -- But The Bitcoin Price Holds. Forbes, 17 jul. 2018. Disponível em: <https://www.forbes.com/sites/billybam­brough/2018/07/17/blow-for-bitcoin-as-kodak-mining-scheme-collapses-but-the-bitcoin-price-holds/#e­bafeea67242>. Acesso em: 12 fev. 2019.

293   LIAO, Shannon. Kodak announces its own cryptocurrency and watches stock price skyrocket. The Verge, 09 jan. 2018. Disponível em: <https://www.theverge.com/2018/1/9/16869998/kodak-ko­dakcoin-blockchain-platform-ethereum-ledger-stock-price>. Acesso em: 12 fev. 2019.

294   POPPER, Nathaniel. The Can't-Lose Way for Your Business to Pop: Add Bitcoin to Its Name. The New York Times, 21 dez. 2017. Disponível em: <https://www.nytimes.com/2017/12/21/technology/bitcoin-blockchain-stock-market.html>. Acesso em: 12 fev. 2019.

295   KIM, Tae. Tiny company which owns some Hooter's restaurants says it will use blockchain for rewards program, boosting stock by 50%. CNBC, 02 jan. 2018. Disponível em: <https://www.cnbc.com/2018/01/02/chanticleer-to-use-blockchain-for-its-rewards-program.html>. Acesso em: 12 fev. 2019.

296   KAWA, Luke. What These Obscure Companies Were Doing Before They Pivoted to Crypto. Bloomberg, 20 dez. 2017. Disponível em: <https://www.bloomberg.com/news/articles/2017-12-20/juices-bras-and-e-cigs-no-past-too-weird-for-new-crypto-firms>. Acesso em: 12 fev. 2019.

297   NAKAMOTO, Satoshi. Bitcoin: A Peer-to-Peer Electronic Cash System. Bitcoin Project, 2008. Disponível em: <https://bitcoin.org/bitcoin.pdf>. Acesso em: 23 out. 2018.

298   LEE, Timothy B. Bitcoin's insane energy consumption, explained. Ars Technica Addendum, Condé Nast, 06 dez. 2017. Disponível em: <https://arstechnica.com/tech-policy/2017/12/bitcoins-in­sane-energy-consumption-explained/>. Acesso em: 04 fev. 2019.

299   FORTNEY, Luke. Blockchain, Explained. Investopedia, 19 dez. 2018. Disponível em: <https://www.investopedia.com/terms/b/blockchain.asp>. Acesso em: 04 fev. 2019.

300   GALDINO, Fernando. As diferenças entre blockchain e banco de dados. Blockmaster, 21 nov.

2018. Disponível em: <https://www.blockmaster.com.br/artigos/as-diferencas-entre-blockchain-e-banco-de-dados/>. Acesso em: 12 fev. 2019.

301   CHEPURNOY, Alexander; KHARIN, Vasily; MESHKOV, Dmitry. A Systematic Approach To Cryptocurrency Fees. ACR Cryptology (ePrint Archive), 2018. 12 p. Disponível em: <https://fc18.ifca.ai/bitcoin/papers/bitcoin18-final18.pdf>. Acesso em: 12 fev. 2019.

302   HERTING, Alyssa. How Much Should a Blockchain Cost? The Compelling Case for Higher Fees. Coindesk, 21 mar. 2018. Disponível em: <https://www.coindesk.com/research-pay-more-for-bit-coin-blockchain-fees>. Acesso em: 12 fev. 2019.

303   CHEPURNOY, Alexander; KHARIN, Vasily; MESHKOV, Dmitry. A Systematic Approach To Cryptocurrency Fees. ACR Cryptology (ePrint Archive), 2018. 12 p. Disponível em: <https://fc18.ifca.ai/bitcoin/papers/bitcoin18-final18.pdf>. Acesso em: 12 fev. 2019.

304   PLATT, Colin. Analysing Costs & Benefits of Public Blockchains (with Data!). Colin Platt, Medium, 14 maio 2018. Disponível em: <https://medium.com/@colin_/analysing-costs-benefits-of-public-blockchains-with-data-104ec5f7d7e0>. Acesso em: 12 fev. 2019.

305   GEDDES, Martin. Five reasons why there is no Moore's Law for networks. Geedes: Fresh Thinking, Martin Geddes Consulting, 2019. Disponível em: <http://www.martingeddes.com/think-tank/five-reasons-moores-law-networks/>. Acesso em: 12 fev. 2019.

306   PLATT, Colin. Analysing Costs & Benefits of Public Blockchains (with Data!). Colin Platt, Medium, 14 maio 2018. Disponível em: <https://medium.com/@colin_/analysing-costs-benefits-of-public-blockchains-with-data-104ec5f7d7e0>. Acesso em: 12 fev. 2019.

307   TAPSCOTT, Don; TAPSCOTT, Alex. Blockchain Revolution: Como a tecnologia por trás do Bitcoin está mudando o dinheiro, os negócios e o mundo. São Paulo: SENAI-SP, 2017. 392 p.

308   TAPSCOTT, Don; TAPSCOTT, Alex. Blockchain Revolution: Como a tecnologia por trás do Bitcoin está mudando o dinheiro, os negócios e o mundo. São Paulo: SENAI-SP, 2017. 392 p.

309   TAPSCOTT, Don; TAPSCOTT, Alex. Blockchain Revolution: Como a tecnologia por trás do Bitcoin está mudando o dinheiro, os negócios e o mundo. São Paulo: SENAI-SP, 2017. 392 p.

310   TAPSCOTT, Don; TAPSCOTT, Alex. Blockchain Revolution: Como a tecnologia por trás do Bitcoin está mudando o dinheiro, os negócios e o mundo. São Paulo: SENAI-SP, 2017. 392 p.

311   TAPSCOTT, Don; TAPSCOTT, Alex. Blockchain Revolution: Como a tecnologia por trás do Bitcoin está mudando o dinheiro, os negócios e o mundo. São Paulo: SENAI-SP, 2017. 392 p.

312   TAPSCOTT, Don; TAPSCOTT, Alex. Blockchain Revolution: Como a tecnologia por trás do Bitcoin está mudando o dinheiro, os negócios e o mundo. São Paulo: SENAI-SP, 2017. 392 p.

313   TAPSCOTT, Don; TAPSCOTT, Alex. Blockchain Revolution: Como a tecnologia por trás do Bitcoin está mudando o dinheiro, os negócios e o mundo. São Paulo: SENAI-SP, 2017. 392 p.

314   EUROPEAN UNION LAW. Directive (EU) 2016/680 of the European Parliament and of the Council of 27 April 2016. Official Journal of the European Union, 2016. Disponível em: <https://eur-lex.europa.eu/legal-content/PT/TXT/PDF/?uri=CELEX:32016L0680&from=PT>. Acesso em: 07 mar. 2019.

315   BRASIL. Lei N° 13.709, de 14 de agosto de 2018.Diário Oficial da República Federativa do Brasil, Poder Executivo, Brasília, DF, 15 ago. 2018. p. 59, col. 2. Disponível em: <http://legis.senado.leg.br/legislacao/ListaTextoSigen.action?norma=27457334&id=27457354&idBinario=27457731&mime=application/rtf>. Acesso em: 07 mar. 2019.

316   POEX. What is Proof of Existence?. Proof of Existence, 2019. Disponível em: <http://docs.proofofexistence.com/#/>. Acesso em: 09 fev. 2019.

317   TAPSCOTT, Don; TAPSCOTT, Alex. Blockchain Revolution: Como a tecnologia por trás do Bitcoin está mudando o dinheiro, os negócios e o mundo. São Paulo: SENAI-SP, 2017. 392 p.

318   DEMIRGÜÇ-KUNT, Asli [et. al]. The Global Findex Database 2017: Measuring Financial Inclusion and the Fintech Revolution. Washignton: The World Bank, 2018. Disponível em: <https://openknowledge.worldbank.org/bitstream/handle/10986/29510/9781464812590.pdf>. Acesso em: 04 dez. 2018.

319   BAUERLE, Nolan. "What is the Difference Between Public and Permissioned Blockchains?". Coindesk, 2019. Disponível em: <https://www.coindesk.com/information/what-is-the-difference-between-open-and-permissioned-blockchains>. Acesso em: 13 fev. 2019.

320   BUTERIN, Vitalik. On Public and Private Blockchain. Ethereum Foundation, 06 ago. 2015. Disponível em: <https://ethereum.github.io/blog/2015/08/07/on-public-and-private-blockchains/>. Acesso em: 04 mar. 2019.

321   B2B - Business to Business. Dicionário Financeiro, 2019. Disponível em: <https://www.diciona-riofinanceiro.com/b2b/>. Acesso em: 04 mar. 2019.

322   BLOCKCHAIN privado e público: entenda as principais diferenças. Computerworld, 01 mar. 2018. Disponível em: <https://computerworld.com.br/2018/03/01/blockchain-privado-e-publico-enten-da-principais-diferencas/>. Acesso em: 28 fev. 2019.

323   BUTERIN, Vitalik. On Public and Private Blockchain. Ethereum Foundation, 06 ago. 2015. Disponível em: <https://ethereum.github.io/blog/2015/08/07/on-public-and-private-blockchains/>. Acesso em: 04 mar. 2019.

324   SAP CLOUD PLATAFORM. Explore SAP Cloud Platform Capabilities. SAP SE, 2019. Dis-ponível em: <https://cloudplatform.sap.com/capabilities.html#2.13>. Acesso em: 28 fev. 2019.

325   SAP. Industry Blockchain Consortiums led by SAP. SAP SE, 2019. Disponível em: <https://discover.sap.com/sap-blockchain-consortium/en-us/index.html>. Acesso em: 28 fev. 2019.

326   SAP NEWS. SAP Boosts Blockchain Integration and Customer Flexibility, Launches New Industry Consortia. SAP News, SAP SE, 02 out. 2018. Disponível em: <https://news.sap.com/2018/10/sap-blockchain-integration-customer-flexibility-new-industry-consortia/>. Acesso em: 28 fev. 2019.

327   BANKCHAIN. Bankchain governance. BainkChain, 2018. Disponível em: <http://www.bankchaintech.com/governance.php>. Acesso em: 04 mar. 2019.

328   BANKCHAIN. Bankchain projects. BainkChain, 2018. Disponível em: <http://www.bankchain-tech.com/projects.php>. Acesso em: 04 mar. 2019.

329   VIRMANI, Tanvi. 18 blockchain consortia you should know about. Blockchain Blog, Medium, 20 nov. 2018. Disponível em: <https://medium.com/blockchain-blog/18-blockchain-consortia-you-should-know-about-6262b6a30ba9>. Acesso em: 04 mar. 2019.

330   SAP LEONARDO. Blockchain Applications and Services. SAP SE, 2019a. Disponível em: <https://www.sap.com/mena/products/leonardo/blockchain.html>. Acesso em: 28 fev. 2019.

331   SAP LEONARDO. Battling Bureaucracy in the Italian Alps with Blockchain. SAP SE, 2019b. Disponível em: <https://www.sap.com/mena/assetdetail/2018/02/b455d411-f27c-0010-82c7-eda71af-511fa.html>. Acesso em: 28 fev. 2019.

332   CHINA LEDGER. China Distributed General Ledger Basic Agreement Alliance. China Ledger, 2019. Disponível em: <http://chinaledger.com/>. Acesso em: 07 mar. 2019.

333   *Software* de gestão empresarial.

334   YIANNAS, Frank. Genius of Things: Blockchain and Food Safety with IBM and Walmart. You-tube, IBM Watson Internet of Things, 16 fev. 2017. Disponível em: <https://www.youtube.com/watch?re-load=9&v=MMOF0G_2H0A&feature=youtu.be>. Acesso em: 08 nov. 2018.

335   CDC. Multistate Outbreak of E. coli O157:H7 Infections Linked to Fresh Spinach (FINAL UPDATE). Centers for Disease Control and Prevention, 2018. Disponível em: <https://www.cdc.gov/ecoli/2006/spinach-10-2006.html>. Acesso em: 08 nov. 2018.

336   BAILEY, Brandon. Tainted spinach linked to Paicines Ranch: Officials say San Juan Bautista plant though failed to follow its own safety procedures. Santa Cruz Sentinel, Wayback Machine, 24 mar. 2007. Disponível em: <https://web.archive.org/web/20070930201158/http://www.santacruzsentinel.com/archive/2007/March/24/local/stories/13local.htm>. Acesso em: 08 nov. 2018.

337   A fazenda onde fora produzido o espinafre era, originalmente, local de cultivo de gado Angus, mas parte dela havia sido locada para a produção do espinafre.

338   CDC. Multistate Outbreak of E. coli O157:H7 Infections Linked to Fresh Spinach (FINAL UPDATE). Centers for Disease Control and Prevention, 2018. Disponível em: <https://www.cdc.gov/ecoli/2006/spinach-10-2006.html>. Acesso em: 08 nov. 2018.

339   MORRIS, David Paul. Spinach farmers try to grow public's confidence. MSN, WebCite, 2 out. 2006. Disponível em: <https://www.webcitation.org/5v6niujXD?url=http://www.msnbc.msn.com/id/15095551/>. Acesso em: 08 nov. 2018.

340   YIANNAS, Frank. Genius of Things: Blockchain and Food Safety with IBM and Walmart. You-

tube, IBM Watson Internet of Things, 16 fev. 2017. Disponível em: <https://www.youtube.com/watch?re-load=9&v=MMOF0G_2H0A&feature=youtu.be>. Acesso em: 08 nov. 2018.

341   BERMAN, Ana. Retail Giant Carrefour Launches Blockchain Food Tracking Platform for Poultry in Spain. Cointelegraph, 21 nov. 2018. Disponível em: <https://cointelegraph.com/news/retail-giant-car-refour-launches-blockchain-food-tracking-platform-for-poultry-in-spain>. Acesso em: 22 nov. 2018.

342   YIANNAS, Frank. Genius of Things: Blockchain and Food Safety with IBM and Walmart. You-tube, IBM Watson Internet of Things, 16 fev. 2017. Disponível em: <https://www.youtube.com/watch?re-load=9&v=MMOF0G_2H0A&feature=youtu.be>. Acesso em: 08 nov. 2018.

343   BERMAN, Ana. Retail Giant Carrefour Launches Blockchain Food Tracking Platform for Poultry in Spain. Cointelegraph, 21 nov. 2018. Disponível em: <https://cointelegraph.com/news/retail-giant-car-refour-launches-blockchain-food-tracking-platform-for-poultry-in-spain>. Acesso em: 22 nov. 2018.

344   IBM. IBM Food Trust: Solution Brief 2.0. IBM, 2018. Disponível em: https://www-<01.ibm.com/common/ssi/cgi-bin/ssialias?htmlfid=89017389USEN>. Acesso: 22 nov. 2018.

345   IBM. IBM Food Trust: Solution Brief 2.0. IBM, 2018. Disponível em: https://www-<01.ibm.com/common/ssi/cgi-bin/ssialias?htmlfid=89017389USEN>. Acesso: 22 nov. 2018.

346   MAERSK. Maersk and IBM Introduce TradeLens Blockchain Shipping Solution. The Maersk Group, 9 ago. 2018. Disponível em: <https://www.maersk.com/en/news/2018/06/29/maersk-and-ibm-in-troduce-tradelens-blockchain-shipping-solution>. Acesso em: 08 nov. 2018.

347   MAERSK. Maersk and IBM Introduce TradeLens Blockchain Shipping Solution. The Maersk Group, 9 ago. 2018. Disponível em: <https://www.maersk.com/en/news/2018/06/29/maersk-and-ibm-in-troduce-tradelens-blockchain-shipping-solution>. Acesso em: 08 nov. 2018.

348   MAERSK. Maersk and IBM Introduce TradeLens Blockchain Shipping Solution. The Maersk Group, 9 ago. 2018. Disponível em: <https://www.maersk.com/en/news/2018/06/29/maersk-and-ibm-in-troduce-tradelens-blockchain-shipping-solution>. Acesso em: 08 nov. 2018.

349   MAERSK. Maersk and IBM Introduce TradeLens Blockchain Shipping Solution. The Maersk Group, 9 ago. 2018. Disponível em: <https://www.maersk.com/en/news/2018/06/29/maersk-and-ibm-in-troduce-tradelens-blockchain-shipping-solution/>. Acesso em: 08 nov. 2018.

350   MEARIAN, Lucas. Maersk e IBM criam joint venture para levar blockchain aos sete mares. Computerworld, 16 jan. 2018. Disponível em: <https://computerworld.com.br/2018/01/16/maersk-e-ibm-criam-joint-venture-para-levar-blockchain-aos-sete-mares/>. Acesso em: 08 nov. 2018.

351   A China ocupa a primeira posição dos Estados com o maior número de pessoas conectadas à internet, com 705 milhões de usuários, e o Brasil está em quarto lugar, com 120 milhões de pessoas.

352   TAPSCOTT, Don; TAPSCOTT, Alex. Blockchain Revolution: Como a tecnologia por trás do Bitcoin está mudando o dinheiro, os negócios e o mundo. São Paulo: SENAI-SP, 2017. 392 p.

353   WHY BITCOIN Matters for Freedom. Time, 28 dez. 2018. Disponível em: <http://time.com/5486673/bitcoin-venezuela-authoritarian/>. Acesso em: 25 jan. 2019.

354   TAPSCOTT, Don; TAPSCOTT, Alex. Blockchain Revolution: Como a tecnologia por trás do Bitcoin está mudando o dinheiro, os negócios e o mundo. São Paulo: SENAI-SP, 2017. 392 p.

355   TAPSCOTT, Don; TAPSCOTT, Alex. Blockchain Revolution: Como a tecnologia por trás do Bitcoin está mudando o dinheiro, os negócios e o mundo. São Paulo: SENAI-SP, 2017. 392 p.

356   TAPSCOTT, Don; TAPSCOTT, Alex. Blockchain Revolution: Como a tecnologia por trás do Bitcoin está mudando o dinheiro, os negócios e o mundo. São Paulo: SENAI-SP, 2017. 392 p.

357   Todavia, novas soluções com uma latência mais baixa já começaram a surgir, como a Ethereum e Ripple – além de serem plataformas blockchain, oferecem um código-fonte simplificado com a promessa da mesma segurança que a blockchain tradicional.

358   TAPSCOTT, Don; TAPSCOTT, Alex. Blockchain Revolution: Como a tecnologia por trás do Bitcoin está mudando o dinheiro, os negócios e o mundo. São Paulo: SENAI-SP, 2017. 392 p.

359   TAPSCOTT, Don; TAPSCOTT, Alex. Blockchain Revolution: Como a tecnologia por trás do Bitcoin está mudando o dinheiro, os negócios e o mundo. São Paulo: SENAI-SP, 2017. 392 p.

360   CHINA LEDGER. China Distributed General Ledger Basic Agreement Alliance. China Ledger, 2019. Disponível em: <http://chinaledger.com/>. Acesso em: 07 mar. 2019.

361   DISTRIBUTED ledger technologies and blockchains: building trust with disintermediation.

European Parliament, Strasbourg, 3 out. 2018. Disponível em: <http://www.europarl.europa.eu/sides/getDoc.do?pubRef=-//EP//TEXT+TA+P8-TA-2018-0373+0+DOC+XML+V0//EN&language=EN>. Acesso em: 27 nov. 2018.

362   TAPSCOTT, Don; TAPSCOTT, Alex. Blockchain Revolution: Como a tecnologia por trás do Bitcoin está mudando o dinheiro, os negócios e o mundo. São Paulo: SENAI-SP, 2017. 392 p.

363   TAPSCOTT, Don; TAPSCOTT, Alex. Blockchain Revolution: Como a tecnologia por trás do Bitcoin está mudando o dinheiro, os negócios e o mundo. São Paulo: SENAI-SP, 2017. 392 p.

364   IEA. Energy Access Outlook 2017: Progress in electricity access is accelerating. IEA: International Energy Agency, 19 out. 2017. Disponível em: <https://www.iea.org/access2017/>. Acesso em: 17 jan. 2019.

365   DAHAN, Mariana; GELB, Alan Harold. The identity target in the post-2015 development agenda: enabling access to services for all. World Bank Group, Transport and ICT connections note, n. 19. Washington, D.C., 2015. Disponível em: <http://documents.worldbank.org/curated/en/870421467993220562/The-identity-target-in-the-post-2015-development-agenda-enabling-access-to-services-for-all>. Acesso em: 17 jan. 2019.

366   DEMIRGÜÇ-KUNT, Asli [et. al]. The Global Findex Database 2017: Measuring Financial Inclusion and the Fintech Revolution. Washignton: The World Bank, 2018. Disponível em: <https://openknowledge.worldbank.org/bitstream/handle/10986/29510/9781464812590.pdf>. Acesso em: 04 dez. 2018.

367   BANNING-LOVER, Rachel. Banking in Africa: 'We need to be innovative: mass adoption, then profit'. The Guardian, 30 jun. 2015. Disponível em: <https://www.theguardian.com/global-development-professionals-network/2015/jun/30/barclays-boss-financial-inclusion-africa>. Acesso em: 24 jan. 2019.

368   DEMIRGÜÇ-KUNT, Asli [et. al]. The Global Findex Database 2017: Measuring Financial Inclusion and the Fintech Revolution. Washignton: The World Bank, 2018. Disponível em: <https://openknowledge.worldbank.org/bitstream/handle/10986/29510/9781464812590.pdf>. Acesso em: 04 dez. 2018.

369   DEMIRGÜÇ-KUNT, Asli [et. al]. The Global Findex Database 2017: Measuring Financial Inclusion and the Fintech Revolution. Washignton: The World Bank, 2018. Disponível em: <https://openknowledge.worldbank.org/bitstream/handle/10986/29510/9781464812590.pdf>. Acesso em: 04 dez. 2018.

370   PEW RESEARCH CENTER. Cell Phones in Africa: Communication Lifeline. Pew Research Center, 15 abr. 2015. Disponível em: <http://www.pewglobal.org/2015/04/15/cell-phones-in-africa-communication-lifeline/>. Acesso em: 17 jan. 2019.

371   EASTAUGH, Sophie. The solar-powered cart that can charge 80 cell phones at once. CNN, 24 out. 2017. Disponível em: <https://edition.cnn.com/2016/08/09/africa/ared-solar-charging-kiosk-henri-nyakarundi/index.html>. Acesso em: 22 jan. 2019.

372   GSMA. Community Power from Mobile-Charging Services. Londres: GSMA, jul. 2011, p. 6. Disponível em: <https://www.gsma.com/mobilefordevelopment/wp-content/uploads/2012/07/charging_services.pdf>. Acesso em: 22 jan. 2019.

373   GSMA. Community Power from Mobile-Charging Services. Londres: GSMA, jul. 2011, p. 6. Disponível em: <https://www.gsma.com/mobilefordevelopment/wp-content/uploads/2012/07/charging_services.pdf>. Acesso em: 22 jan. 2019.

374   KAGAN, Julia. M-Pesa. Investopedia, 13 ago. 2103. Disponível em: <https://www.investopedia.com/terms/m/mpesa.asp>. Acesso em: 17 jan. 2019.

375   GALHARDI, Antonio César; BRETERNITZ, Vivaldo José. Estratégias para a Construção de uma Cashless Society – Reflexões. In: Convibra Administração – Congresso Virtual Brasileiro de Administração, 9, 2012. Disponível em: <http://www.convibra.com.br/upload/paper/2012/32/2012_32_5076.pdf>. Acesso em: 17 jan. 2019.

376   KAGAN, Julia. M-Pesa. Investopedia, 13 ago. 2103. Disponível em: <https://www.investopedia.com/terms/m/mpesa.asp>. Acesso em: 17 jan. 2019.

377   KAGAN, Julia. M-Pesa. Investopedia, 13 ago. 2103. Disponível em: <https://www.investopedia.com/terms/m/mpesa.asp>. Acesso em: 17 jan. 2019.

378   UNCTAD. Information Economy Report 2017: Digitalization, Trade and Development. Switzer-

land: United Nations Conference on Trade and Development (UNCTAD), 23 out. 2017. Disponível em: <https://unctad.org/en/PublicationsLibrary/ier2017_en.pdf>. Acesso em: 06 maio 2018.

379   DEMIRGÜÇ-KUNT, Asli [et. al]. The Global Findex Database 2017: Measuring Financial Inclusion and the Fintech Revolution. Washignton: The World Bank, 2018. Disponível em: <https://openknowledge.worldbank.org/bitstream/handle/10986/29510/9781464812590.pdf>. Acesso em: 04 dez. 2018.

380   DEMIRGÜÇ-KUNT, Asli [et. al]. The Global Findex Database 2017: Measuring Financial Inclusion and the Fintech Revolution. Washignton: The World Bank, 2018. Disponível em: <https://openknowledge.worldbank.org/bitstream/handle/10986/29510/9781464812590.pdf>. Acesso em: 04 dez. 2018.

381   DEMIRGÜÇ-KUNT, Asli [et. al]. The Global Findex Database 2017: Measuring Financial Inclusion and the Fintech Revolution. Washignton: The World Bank, 2018. Disponível em: <https://openknowledge.worldbank.org/bitstream/handle/10986/29510/9781464812590.pdf>. Acesso em: 04 dez. 2018.

382   BITPESA. BitPesa's 5th Anniversary: Celebrating 5 Years og Growth. BitPesa Blog, 19 nov. 2018. Disponível em: <https://www.bitpesa.co/blog/bitpesa-anniversary-5-years-of-growth/>. Acesso em: 25 jan. 2019.

383   BITPESA. Terms and Conditions of Service: How it Works. BitPesa, 2019. Disponível em: <https://www.bitpesa.co/terms/>. Acesso em: 25 jan. 2019.

384   COINTEXT. CoinText Launches Public Beta For Its SMS Bitcoin Cash Wallet. SMS Software Inc., 2018. Disponível em: <https://cointext.io/en/2018/03/27/cointext-launches-public-beta-for-its-sms-bitcoin-cash-wallet/>. Acesso em: 25 jan. 2019.

385   WAJSBROT, Sharon. Transfert d'argent: Orange Money fait ses premiers pas en France. Les Echos, 06 jun. 2016. Disponível em: <https://www.lesechos.fr/06/06/2016/lesechos.fr/0211002256255_transfert-d-argent---orange-money-fait-ses-premiers-pas-en-france.htm>. Acesso em: 18 jan. 2019.

386   ODI. Remittances: the huge cost to Africa in money transfer fees. ODI - Overseas Development Institute, 2014. Disponível em: <https://www.odi.org/remittances-africa>. Acesso em: 25 jan. 2019.

387   THE WORLD BANK. Record high remittances to low- and middle-income countries in 2017. The World Bank, Washignton, 23 abr. 2018. Disponível em: <https://www.worldbank.org/en/news/press-release/2018/04/23/record-high-remittances-to-low-and-middle-income-countries-in-2017>. Acesso em: 25 jan. 2019.

388   REDMAN, Jamie. Bitcoin and Weak Frequency Signals: Bypassing Network Censorship With Radio. Bitcoin.com, 07 nov. 2017. Disponível em: <https://news.bitcoin.com/bitcoin-and-weak-signals-bypass-network-censorship-with-radio/>. Acesso em: 20 dez. 2018.

389   XBT NETWORK. Burst Coin Developers Broadcasted A Transaction Via Radio Waves And A Solar-Powered System. XBT Network, 25 set. 2018. Disponível em: <https://xbt.net/blog/burst-coin-developers-broadcasted-a-transaction-via-radio-waves-and-a-solar-powered-system/>. Acesso em: 20 dez. 2018.

390   XBT NETWORK. Burst Coin Developers Broadcasted A Transaction Via Radio Waves And A Solar-Powered System. XBT Network, 25 set. 2018. Disponível em: <https://xbt.net/blog/burst-coin-developers-broadcasted-a-transaction-via-radio-waves-and-a-solar-powered-system/>. Acesso em: 20 dez. 2018.

391   A crise de refugiados venezuelanos tem sido comparada com a dos sírios pela ONU, em questão de escala, sendo assim considerada uma das piores da atualidade não só pelo número de fugitivos, que ultrapassa os três milhões, mas pelas condições financeiras e de vulnerabilidade na qual se encontram.

392   WHY BITCOIN Matters for Freedom. Time, 28 dez. 2018. Disponível em: <http://time.com/5486673/bitcoin-venezuela-authoritarian/>. Acesso em: 25 jan. 2019.

393   CUEN, Leigh. Venezuela Isn't the Crypto Use Case You Want It to Be. Coindesk, 19 dez. 2018. Disponível em: <https://www.coindesk.com/venezuela-isnt-the-crypto-use-case-you-want-it-to-be>. Acesso em: 25 jan. 2019.

394   ODI. Remittances: the huge cost to Africa in money transfer fees. ODI - Overseas Development Institute, 2014. Disponível em: <https://www.odi.org/remittances-africa>. Acesso em: 25 jan. 2019.

395   THE WORLD BANK. Record high remittances to low- and middle-income countries in 2017.

The World Bank, Washignton, 23 abr. 2018. Disponível em: <https://www.worldbank.org/en/news/press-release/2018/04/23/record-high-remittances-to-low-and-middle-income-countries-in-2017>. Acesso em: 25 jan. 2019.

396   DALE, Oliver. What is Tokenization? Democratizing Ownership & Real-World Assets on the Blockchain. Blockonomi, Education, 31 jul. 2018. Disponível em: <https://blockonomi.com/tokenization-blockchain/>. Acesso em: 08 nov. 2018.

397   JUNGES, Fabio. Blockchain, tokenização de ativos e contratos inteligentes. Livecoins: Blockchain e Criptoeconomia, 03 maio 2018. Disponível em: <https://livecoins.com.br/blockchain-tokenizacao-de-ativos-e-contratos-inteligentes/>. Acesso em: 08 nov. 2018.

398   PINHEIRO, Juliano Lima. História da Bolsa de Valores. Mercado Comum, 05 jun. 2014. Disponível em: <http://www.mercadocomum.com/site/artigo/detalhar/historia_da_bolsa_de_valores/materias-publicadas>. Acesso em: 19 nov. 2018.

399   BIANCONI, Andrea. Why Tokenization Is Still a Chimera: Expert Take. Cointelegraph, 31 jul. 2018. Disponível em: <https://cointelegraph.com/news/why-tokenization-is-still-a-chimera-expert-take>. Acesso em: 08 nov. 2018.

400   ZETA FINANCIAL. Securitization — Pros & Cons. Zeta Financial, Medium, 12 jun. 2018. Disponível em: <https://medium.com/@analytics_92512/securitization-pros-cons-2910509f5414>. Acesso em: 22 nov. 2018.

401   ZETA FINANCIAL. Securitization — Pros & Cons. Zeta Financial, Medium, 12 jun. 2018. Disponível em: <https://medium.com/@analytics_92512/securitization-pros-cons-2910509f5414>. Acesso em: 22 nov. 2018.

402   BANKEX. Paving the way from securitization to tokenization. BANKEX, 08 set. 2017. Disponível em: <https://blog.bankex.org/paving-the-way-from-securitization-to-tokenization-ac-0187ba6d48>. Acesso em: 12 nov. 2018.

403   BIANCONI, Andrea. Why Tokenization Is Still a Chimera: Expert Take. Cointelegraph, 31 jul. 2018. Disponível em: <https://cointelegraph.com/news/why-tokenization-is-still-a-chimera-expert-take>. Acesso em: 08 nov. 2018.

404   O processo era feita em quatro etapas: a coleção de ativos; a sua transferência para uma entidade legal, que emitia títulos sobre estes ativos; a emissão e venda dos títulos – esta geralmente para investidores institucionais –; e, por último, a transferência dos lucros ao originador dos ativos.

405   BANKEX. Paving the way from securitization to tokenization. BANKEX, 08 set. 2017. Disponível em: <https://blog.bankex.org/paving-the-way-from-securitization-to-tokenization-ac-0187ba6d48>. Acesso em: 12 nov. 2018.

406   BJERKE, Bjorn; THOMPSON, Charles. United States: The Transformation Of Securitisation In An Evolving Financial And Regulatory Landscape. In: The International Comparative Legal Guide to: Securitisation 2016. 9 ed. Londres: Global Legal, 2016. 450 p. Group Disponível em: <http://www.mondaq.com/unitedstates/x/489592/The+Transformation+Of+Securitisation+In+An+Evolving+Financial+And+Regulatory+Landscape>. Acesso em: 12 nov. 2018.

407   JOBST, Andreas. "What Is Securitization?". Finance and Development: A quarterly magazine of the IMF, v. 35, n. 3, set. 2008. Disponível em: <https://www.imf.org/external/pubs/ft/fandd/2008/09/basics.htm>. Acesso em: 12 nov. 2018.

408   SMARTLANDS. Why Asset Tokenization is the Strongest Cryptocurrency Trend Right Now. Smartlands Platform Foundation, 20 ago. 2018. Disponível em: <https://smartlands.io/news/why-asset-tokenization-is-the-strongest-cryptocurrency-trend-right-now/>. Acesso em: 08 nov. 2018.

409   DALE, Oliver. What is Tokenization? Democratizing Ownership & Real-World Assets on the Blockchain. Blockonomi, Education, 31 jul. 2018. Disponível em: <https://blockonomi.com/tokenization-blockchain/>. Acesso em: 08 nov. 2018.

410   DICIO. Fungível: significado de fungível. Dicionário Online de Português, 2018. Disponível em: <https://www.dicio.com.br/fungivel/>. Acesso em: 09 nov. 2018.

411   DALE, Oliver. What is Tokenization? Democratizing Ownership & Real-World Assets on the Blockchain. Blockonomi, Education, 31 jul. 2018. Disponível em: <https://blockonomi.com/tokenization-blockchain/>. Acesso em: 08 nov. 2018.

412   DALE, Oliver. What is Tokenization? Democratizing Ownership & Real-World Assets on the Blockchain. Blockonomi, Education, 31 jul. 2018. Disponível em: <https://blockonomi.com/tokeniza-

blockchain/featurethe-brooklyn-microgrid-blockchain-enabled-community-power-5783564/>. Acesso em: 20 nov. 2018.

432   BANKEX. First Blockchain-Based Public Access Clean Water System in Kenya. BANKEX Blog, 13 jun. 2018. Disponível em: <https://blog.bankex.org/first-blockchain-based-public-access-clean-water-system-in-kenya-454637af1d6d>. Acesso em: 20 nov. 2018.

433   Estabelecida na 72ª Sessão da Assembleia Geral das Nações Unidas em agosto de 2017.

434   BANKEX. First Blockchain-Based Public Access Clean Water System in Kenya. BANKEX Blog, 13 jun. 2018. Disponível em: <https://blog.bankex.org/first-blockchain-based-public-access-clean-water-system-in-kenya-454637af1d6d>. Acesso em: 20 nov. 2018.

435   BANKEX. First Blockchain-Based Public Access Clean Water System in Kenya. BANKEX Blog, 13 jun. 2018. Disponível em: <https://blog.bankex.org/first-blockchain-based-public-access-clean-water-system-in-kenya-454637af1d6d>. Acesso em: 20 nov. 2018.

436   BSIC. Leveraging the Ethereum Blockchain for Social Impact. Blockchain for Social Impact, 2018. Disponível em: <https://blockchainforsocialimpact.com/>. Acesso em: 20 nov. 2018.

437   BSIC. About. Blockchain for Social Impact, 2018. Disponível em: <https://blockchainforsocia-limpact.com/ . Acesso em: 20 nov. 2018.

438   A DigixDAO, GoldMint e a OneGram são exemplos de empresas que tokenizam o ouro. Além delas, a Orocrypt tokeniza metais preciosos armazenados e os asseguram na blockchain Ethereum, a ChainTrade compra e vende tokens de alimentos e matérias-primas, e a Smartlands funciona, também, como uma plataforma de tokens de baixo risco emitidos por outras empresas.

439   BOSANKIC, Leopold. Tokenizing assets: 60+ blockchain startups changing securitization. Researchly, 2018. Disponível em: <http://researchly.leobosankic.com/2018/06/29/blockchain-compa-nies-tokenizing-the-real-world/>. Acesso em: 13 nov. 2018.

440   BOSANKIC, Leopold. Tokenizing assets: 60+ blockchain startups changing securitization. Researchly, 2018. Disponível em: <http://researchly.leobosankic.com/2018/06/29/blockchain-compa-nies-tokenizing-the-real-world/>. Acesso em: 13 nov. 2018.

441   TOKENSTARS. Talent Scouting. TokenStars, 2018. Disponível em: <https://tokenstars.com/scouting>. Acesso em: 16 nov. 2018.

442   TOKENSTARS. Predict Sports Results and Earn Tokens. TokenStars, 2018. Disponível em: <https://tokenstars.com/predictions>. Acesso em: 16 nov. 2018.

443   MAECENAS. Participate in blockchain-based auctions of fine art. Maecenas, 2018. Disponível em: <https://www.maecenas.co/#platform>. Acesso em: 16 nov. 2018.

444   MAECENAS. Frequently Asked Questions. Maecenas, 2018. Disponível em: <https://www.maecenas.co/faq/>. Acesso em: 16 nov. 2018.

445   BOSANKIC, Leopold. Tokenizing assets: 60+ blockchain startups changing securitization. Researchly, 2018. Disponível em: <http://researchly.leobosankic.com/2018/06/29/blockchain-compa-nies-tokenizing-the-real-world/>. Acesso em: 13 nov. 2018.

446   CRYPTOKITTIES. What is CryptoKitties?. CryptoKitties, 2018. Disponível em: <https://www.cryptokitties.co/>. Acesso em: 16 nov. 2018.

447   ETHER LEGENDS. Road Map. Elementeum Games, 2018. Disponível em: <https://www.etherlegends.io/>. Acesso em: 16 nov. 2018.

448   ETHER LEGENDS. Ether Legends and the Elementeum Token (White paper). Elementeum Games, 2018. Disponível em: <https://www.etherlegends.io/documents/Ether+Legends+Trading+-Card+Game+Elementeum+White+Paper.pdf>. Acesso em: 16 nov. 2018.

449   ETHER LEGENDS. Ether Legends and the Elementeum Token (White paper). Elementeum Games, 2018. Disponível em: <https://www.etherlegends.io/documents/Ether+Legends+Trading+-Card+Game+Elementeum+White+Paper.pdf>. Acesso em: 16 nov. 2018.

450   APPTOKEN. Easy financing. Smart investment. BANKEX, 2018. Disponível em: <https://app-token.bankex.com/>. Acesso em: 19 nov. 2018.

451   FITBLOX. Get Rewarded for Being Healthy. FitBlox, 2018. Disponível em: <https://www.fitblox.io/#features>. Acesso em: 19 nov. 2018.

452   FITBLOX. Read Our Whitepaper. FitBlox, 2018. Disponível em: <https://www.fitblox.io/white-

tion-blockchain/>. Acesso em: 08 nov. 2018.

413   SMARTLANDS. Why Asset Tokenization is the Strongest Cryptocurrency Trend Right Now. Smartlands Platform Foundation, 20 ago. 2018. Disponível em: <https://smartlands.io/news/why-asset-tokenization-is-the-strongest-cryptocurrency-trend-right-now/>. Acesso em: 08 nov. 2018.

414   BLUEPAY. 5 Advantages of Tokenization. BluePay Blog, 2018. Disponível em: <https://blog.bluepay.com/5-advantages-of-tokenization>. Acesso em: 22 nov. 2018.

415   BIANCONI, Andrea. Why Tokenization Is Still a Chimera: Expert Take. Cointelegraph, 31 jul. 2018. Disponível em: <https://cointelegraph.com/news/why-tokenization-is-still-a-chimera-expert-take>. Acesso em: 08 nov. 2018.

416   XIA, Feng; YANG, Laurence T.; WANG, Lizhe; VINE, Alexey. Editorial: Internet of Things. International Journal of Communication Systems, v. 25, p. 1101-1002, 2012. Disponível em: <https://s3.amazonaws.com/academia.edu.documents/36946966/danainfo.acppwiszgmk2n0u279qu76content-server.pdf?AWSAccessKeyId=AKIAIWOWYYGZ2Y53UL3A&Expires=1542063072&Signature=U2XEoBP2k707vd2VIB4UMPGLuMc%3D&response-content-disposition=inline%3B%20filename%3DInternet_of_Things.pdf>. Acesso em: 12 nov. 2018.

417   FROM SECURITIZATION to Tokenization: At the Edge of the New Era. Bitcoinist, 22 out. 2017. Disponível em: <https://bitcoinist.com/from-securitization-to-tokenization-at-the-edge-of-the-new-era/>. Acesso em: 12 nov. 2018.

418   FROM SECURITIZATION to Tokenization: At the Edge of the New Era. Bitcoinist, 22 out. 2017. Disponível em: <https://bitcoinist.com/from-securitization-to-tokenization-at-the-edge-of-the-new-era/>. Acesso em: 12 nov. 2018.

419   BANKEX. BANKEX Proof-of-Asset Protocol: The Smart White Paper, version 0.3.1 beta. BANKEX, 19 out. 2017. Disponível em: <https://bankex.com/en/whitepaper.pdf>. Acesso em: 12 nov. 2018.

420   BANKEX DEVELOPED Plasma-like Protocol in 36 Hours at World's Largest Ethereum Hackaton in Waterloo Mentored by Vitalik Buterin. Bicoinist, 17 out. 2017. Disponível em: <https://bitcoinist.com/bankex-developed-plasma-like-protocol-36-hours-worlds-largest-ethereum-hackathon-waterloo-mentored-vitalik-buterin/>. Acesso em: 12 nov. 2018.

421   BANKEX. Plasma. BANKEX, 2018a. Disponível em: <https://bankex.com/en/technologies/plasma>. Acesso em: 12 nov. 2018.

422   BANKEX. Products. BANKEX, 2018b. Disponível em: <https://bankex.com/en/products/>. Acesso em: 12 nov. 2018.

423   BANKEX. STO Frameworks. BANKEX, 2018b. Disponível em: <https://bankex.com/en/tokenization/>. Acesso em: 12 nov. 2018.

424   BANKEX. Entertainment Tokenization. BANKEX, 2018d. Disponível em: <https://bankex.com/en/tokenization/entertainment>. Acesso em: 12 nov. 2018.

425   BANKEX. MEDIATOKEN. BANKEX, 2018e. Disponível em: <https://mediatoken.bankex.com/>. Acesso em: 19 nov. 2018.

426   BANKEX. Media Tokenization. BANKEX, 2018f. Disponível em: <https://bankex.com/en/tokenization/media>. Acesso em: 12 nov. 2018.

427   BOSANKIC, Leopold. Tokenizing assets: 60+ blockchain startups changing securitization. Researchly, 2018. Disponível em: <http://researchly.leobosankic.com/2018/06/29/blockchain-companies-tokenizing-the-real-world/>. Acesso em: 13 nov. 2018.

428   BOSANKIC, Leopold. Tokenizing assets: 60+ blockchain startups changing securitization. Researchly, 2018. Disponível em: <http://researchly.leobosankic.com/2018/06/29/blockchain-companies-tokenizing-the-real-world/>. Acesso em: 13 nov. 2018.

429   BOSANKIC, Leopold. Tokenizing assets: 60+ blockchain startups changing securitization. Researchly, 2018. Disponível em: <http://researchly.leobosankic.com/2018/06/29/blockchain-companies-tokenizing-the-real-world/>. Acesso em: 13 nov. 2018.

430   BOSANKIC, Leopold. Tokenizing assets: 60+ blockchain startups changing securitization. Researchly, 2018. Disponível em: <http://researchly.leobosankic.com/2018/06/29/blockchain-companies-tokenizing-the-real-world/>. Acesso em: 13 nov. 2018.

431   LEMPRIERE, Molly. The Brooklyn microgrid: blockchain-enabled community power. Power Technology, 11 abr. 2017. Disponível em: <https://www.power-technology.com/digital-disruption/

paper-presenation/?submissionGuid=b455da75-0bcf-45ef-a52a-ca6384894154>. Acesso em: 19 nov. 2018.

453   BOSANKIC, Leopold. Tokenizing assets: 60+ blockchain startups changing securitization. Researchly, 2018. Disponível em: <http://researchly.leobosankic.com/2018/06/29/blockchain-compa-nies-tokenizing-the-real-world/>. Acesso em: 13 nov. 2018.

454   BOSANKIC, Leopold. Tokenizing assets: 60+ blockchain startups changing securitization. Researchly, 2018. Disponível em: <http://researchly.leobosankic.com/2018/06/29/blockchain-compa-nies-tokenizing-the-real-world/>. Acesso em: 13 nov. 2018.

455   SMARTLANDS. Welcome security tokens and embrace a new era of investments. Smartlands, 2018. Disponível em: <https://smartlands.io/>. Acesso em: 19 nov. 2018.

456   DHARMA. Meet Dharma: Build borderless lending products on the blockchain. Dharma, 2018. Disponível em: <https://dharma.io/>. Acesso em: 19 nov. 2018.

457   BOSANKIC, Leopold. Tokenizing assets: 60+ blockchain startups changing securitization. Researchly, 2018. Disponível em: <http://researchly.leobosankic.com/2018/06/29/blockchain-compa-nies-tokenizing-the-real-world/>. Acesso em: 13 nov. 2018.

458   COINLOAN. Advantages for Lenders. CoinLoan, 2018a. Disponível em: <https://coinloan.io/>. Acesso em: 19 nov. 2018.

459   COINLOAN. Advantages for Borrowers. CoinLoan, 2018b. Disponível em: <https://coinloan.io/>. Acesso em: 19 nov. 2018.

460   Neste sentido, podemos citar empresas como a Stabel, Vaultbank, Cubebucks, Decentralized Capital, Carbon, Stably, TrueUSD, x8currency, AAA stablecoin, Augmint, NuShares, Steem Dollars, MinexCoin, Maker, NuBits, Tether, basecoin, DAI e a Fragments, que estão focadas na criação de stablecoins.

461   BOSANKIC, Leopold. Tokenizing assets: 60+ blockchain startups changing securitization. Researchly, 2018. Disponível em: <http://researchly.leobosankic.com/2018/06/29/blockchain-compa-nies-tokenizing-the-real-world/>. Acesso em: 13 nov. 2018.

462   HAVEN PROTOCOL. What is Haven Protocol?. Haven Protocol, 2018. Disponível em: <https://www.havenprotocol.com/>. Acesso em: 20 nov. 2018.

463   Este tipo de tokenização também é feito pela TrustToken, Jibrel Network, Crypto Credit Card, Wanchain, LATOKEN, CyberTrust, Brickblock, BlockEx, Lescovex, Omni, Metaverse ETP, Bytom, DEW, Labrys, Swarm Fund e a Proof Suite.

464   BOSANKIC, Leopold. Tokenizing assets: 60+ blockchain startups changing securitization. Researchly, 2018. Disponível em: <http://researchly.leobosankic.com/2018/06/29/blockchain-compa-nies-tokenizing-the-real-world/>. Acesso em: 13 nov. 2018.

465   BOSANKIC, Leopold. Tokenizing assets: 60+ blockchain startups changing securitization. Researchly, 2018. Disponível em: <http://researchly.leobosankic.com/2018/06/29/blockchain-compa-nies-tokenizing-the-real-world/>. Acesso em: 13 nov. 2018.

466

467   FRANKENFIELD, Jake. Initial Coin Offering (ICO). Investopedia, 20 dez. 2018. Disponível em: <https://www.investopedia.com/terms/i/initial-coin-offering-ico.asp>. Acesso em: 28 jan. 2019.

468   FRANKENFIELD, Jake. Initial Coin Offering (ICO). Investopedia, 20 dez. 2018. Disponível em: <https://www.investopedia.com/terms/i/initial-coin-offering-ico.asp>. Acesso em: 28 jan. 2019.

469   HERTING, Alyssa. Who Created Ethereum?. Coindesk, 2019. Disponível em: <https://www.coindesk.com/information/who-created-ethereum>. Acesso em: 28 jan. 2019..

470   KATALYSE. Security Tokens vs. Utility Tokens — How different are they?. CryptoDigest, 27 jul. 2018. Disponível em: <https://cryptodigestnews.com/security-tokens-vs-utility-tokens-how-different-are-they-8a439c73e616>. Acesso em: 31 jan. 2019.

471   FILECOIN. Filecoin FAQs. Protocol Labs, 2019. Disponível em: <https://filecoin.io/faqs/>. Acesso em: 31 jan. 2019.

472   HIGGINS, Stan. $257 Million: Filecoin Breaks All-Time Record for ICO Funding. Coindesk, 08 set. 2017. Disponível em: <https://www.coindesk.com/257-million-filecoin-breaks-time-record-ico-fun-ding>. Acesso em: 31 jan. 2019.

473   OMETORUWA, Toju. Security vs. Utility Tokens: The Complete Guide. CryptoPotato, 16 set. 2018. Disponível em: <https://cryptopotato.com/security-vs-utility-tokens-the-complete-guide/>. Acesso em: 28 jan. 2019.

474   COINTELEGRAPH. ICO News. Cointelegraph, 28 jan. 2019. Disponível em: <https://cointele-graph.com/tags/ico>. Acesso em: 28 jan. 2019.

475   FRANKENFIELD, Jake. Initial Coin Offering (ICO). Investopedia, 20 dez. 2018. Disponível em: <https://www.investopedia.com/terms/i/initial-coin-offering-ico.asp>. Acesso em: 28 jan. 2019.

476   SÁ, Victor. O que é ICO?. Portal do Bitcoin, 01 maio 2017. Disponível em: <https://portaldobit-coin.com/o-que-e-ico/>. Acesso em: 28 jan. 2019.

477   FRANKENFIELD, Jake. Initial Coin Offering (ICO). Investopedia, 20 dez. 2018. Disponível em: <https://www.investopedia.com/terms/i/initial-coin-offering-ico.asp>. Acesso em: 28 jan. 2019.

478   FRANKENFIELD, Jake. Initial Coin Offering (ICO). Investopedia, 20 dez. 2018. Disponível em: <https://www.investopedia.com/terms/i/initial-coin-offering-ico.asp>. Acesso em: 28 jan. 2019.

479   DIEMERS, Daniel [et. al.]. Initial Coin Offerings: A strategic perspective. PwC and Crypto Val-ley, 28 jun. 2018. 11 p. Disponível em: <https://cryptovalley.swiss/wp-content/uploads/20180628_PwC-S-CVA-ICO-Report_EN.pdf>. Acesso em: 29 jan. 2019.

480   TOP ICO LIST. Past ICOs. Top ICO List, 2019a. Disponível em: <https://topicolist.com/past-icos/>. Acesso em: 28 jan. 2019.

481   TOP ICO LIST. ICO List of Best New Initial Coin Offerings for Cryptocurrency Investors: How to find the best ICOs and blockchain projects?. Top ICO List, 2019b. Disponível em: <https://topicolist.com/>. Acesso em: 28 jan. 2019.

482   FRANKENFIELD, Jake. Initial Coin Offering (ICO). Investopedia, 20 dez. 2018. Disponível em: <https://www.investopedia.com/terms/i/initial-coin-offering-ico.asp>. Acesso em: 28 jan. 2019.

483   PEOPLE'S BANK OF CHINA. Always work hard to prevent ICO and virtual currency trading risks. Xangai, 18 set. 2018. Disponível em: <http://shanghai.pbc.gov.cn/fzhshanghai/113571/3629984/index.html>. Acesso em: 28 jan. 2019.

484   DALE, Oliver. What is the Howey Test & How Does it Relate to ICOs & Cryptocurrency?.Blockonomi, 27 abr. 2018. Disponível em: <https://blockonomi.com/howey-test/>. Acesso em: 28 jan. 2019.

485   FINDLAW. What Is the Howey Test?. Thomson Reuters, 2019a. Disponível em: <https://consumer.findlaw.com/securities-law/what-is-the-howey-test.html>. Acesso em: 28 jan. 2019.

486   DALE, Oliver. What is the Howey Test & How Does it Relate to ICOs & Cryptocurrency?.Blockonomi, 27 abr. 2018. Disponível em: <https://blockonomi.com/howey-test/>. Acesso em: 28 jan. 2019.

487   FINDLAW. What Is the Howey Test?. Thomson Reuters, 2019a. Disponível em: <https://consumer.findlaw.com/securities-law/what-is-the-howey-test.html>. Acesso em: 28 jan. 2019.

488   DALE, Oliver. What is the Howey Test & How Does it Relate to ICOs & Cryptocurrency?.Blockonomi, 27 abr. 2018. Disponível em: <https://blockonomi.com/howey-test/>. Acesso em: 28 jan. 2019.

489   KATALYSE. Security Tokens vs. Utility Tokens—How different are they?. CryptoDigest, 27 jul. 2018. Disponível em: <https://cryptodigestnews.com/security-tokens-vs-utility-tokens-how-different-are-they-8a439c73e616>. Acesso em: 31 jan. 2019.

490   OMETORUWA, Toju. Security vs. Utility Tokens: The Complete Guide. CryptoPotato, 16 set. 2018. Disponível em: <https://cryptopotato.com/security-vs-utility-tokens-the-complete-guide/>. Acesso em: 28 jan. 2019.

491   SCHERER, Marcelo. STO: o que é e quais as diferenças em relação ao ICO. Kraft Consulting, 16 ago. 2018. Disponível em: <https://www.kraft.consulting/blog/criptomoedas/sto-o-que-quais-diferen-cas-ico/>. Acesso em: 29 jan. 2019.

492   BLOCKGEEKS. What are Security Tokens?. Blockgeeks, 2019. Disponível em: <https://blockgeeks.com/guides/security-tokens/>. Acesso em: 28 jan. 2019.

493   FINDLAW. What Is the Howey Test?. Thomson Reuters, 2019a. Disponível em: <https://consumer.findlaw.com/securities-law/what-is-the-howey-test.html>. Acesso em: 28 jan. 2019.

494   FINDLAW. Blue Sky Laws: What Are They?. Thomson Reuters, 2019b. Disponível em: <https://smallbusiness.findlaw.com/business-finances/did-you-know-facts-about-blue-sky-laws.html>. Acesso em: 28 jan. 2019.

495   FINDLAW. What Is the Howey Test?. Thomson Reuters, 2019a. Disponível em: <https://consu-mer.findlaw.com/securities-law/what-is-the-howey-test.html>. Acesso em: 28 jan. 2019.

496   DIEMERS, Daniel [et. al.]. Initial Coin Offerings: A strategic perspective. PwC and Crypto Val-ley, 28 jun. 2018. 11 p. Disponível em: <https://cryptovalley.swiss/wp-content/uploads/20180628_PwC-S-CVA-ICO-Report_EN.pdf>. Acesso em: 29 jan. 2019.

497   BLOCKGEEKS. What are Security Tokens?. Blockgeeks, 2019. Disponível em: <https://blockgeeks.com/guides/security-tokens/>. Acesso em: 28 jan. 2019.

498   CAPITOL RECORDS, LLC, Plaintiff, VERSUS REDIGI INC., Defendant. United States District Court, Southern District of New York, 30 mar. 2013. Disponível em: <https://cases.justia.com/federal/district-courts/new-york/nysdce/1:2012cv00095/390216/109/0.pdf?ts=1376363388>. Acesso em: 23 nov. 2018.

499   CAPITOL RECORDS, LLC, Plaintiff, VERSUS REDIGI INC., Defendant. United States District Court, Southern District of New York, 30 mar. 2013. Disponível em: <https://cases.justia.com/federal/district-courts/new-york/nysdce/1:2012cv00095/390216/109/0.pdf?ts=1376363388>. Acesso em: 23 nov. 2018.

500   CAPITOL RECORDS, LLC, Plaintiff, VERSUS REDIGI INC., Defendant. United States District Court, Southern District of New York, 30 mar. 2013. Disponível em: <https://cases.justia.com/federal/district-courts/new-york/nysdce/1:2012cv00095/390216/109/0.pdf?ts=1376363388>. Acesso em: 23 nov. 2018.

501   CAPITOL RECORDS, LLC, Plaintiff, VERSUS REDIGI INC., Defendant. United States District Court, Southern District of New York, 30 mar. 2013. Disponível em: <https://cases.justia.com/federal/district-courts/new-york/nysdce/1:2012cv00095/390216/109/0.pdf?ts=1376363388>. Acesso em: 23 nov. 2018.

502   DAVIS, Wendy. Libraries, Law Professors Back ReDigi In Fight Over 'Used' Music. MediaPost, Policy Blog, 16 fev. 2017. Disponível em: <https://www.mediapost.com/publications/article/295370/libra-ries-law-professors-back-redigi-in-fight-ove.html>. Acesso em: 26 nov. 2018.

503   GARDNER, Eriq. Appeals Court Grapples With Digital Files, and the Business of Selling "Used" Songs. The Hollywood Reporter, 22 ago. 2017. Disponível em: <https://www.hollywoodreporter.com/thr-esq/appeals-court-grapples-digital-files-business-selling-used-songs-1031629>. Acesso em: 26 nov. 2018.

504   GARDNER, Eriq. Appeals Court Grapples With Digital Files, and the Business of Selling "Used" Songs. The Hollywood Reporter, 22 ago. 2017. Disponível em: <https://www.hollywoodreporter.com/thr-esq/appeals-court-grapples-digital-files-business-selling-used-songs-1031629>. Acesso em: 26 nov. 2018.

505   NEUBURGER, Jeffrey. Blockchain as a Content Distribution Technology: Copyright Issues Abound. Proskauer, 14 maio 2018. Disponível em: <https://www.blockchainandthelaw.com/2018/05/blockchain-as-a-content-distribution-technology-copyright-issues-abound/>. Acesso em: 19 nov. 2018.

506   ORAM, Andy. Peer-to-Peer: Harnessing the Power of Disruptive Technologies. Sebastopol, Califórnia: O'Reilly Media, 2001. 450 p.

507   APERTUS. Apertus 0.3.17-beta: Features. Apertus, 2016. Disponível em: <http://apertus.io/>. Acesso em: 23 nov. 2018.

508   Aquelas consideradas compatíveis com a da plataforma.

509   APERTUS. Apertus 0.3.17-beta: Features. Apertus, 2016. Disponível em: <http://apertus.io/>. Acesso em: 23 nov. 2018.

510   Para além do registro, este projeto também traz recursos de pesquisa com um sistema simples de votação e filtragens, onde são feitas associações entre conteúdos e arquivos executáveis a fontes passíveis de verificação.

511   O nome da empresa, inclusive, que é a palavra alemã para "âmbar", indica a sua missão em preservar e proteger elementos, que podem ser desde criações artísticas e científicas até a identidade dos computadores.

512   No caso da Bernstein, o serviço de registro está intimamente relacionado ao de armaze-namento oferecido, uma vez que sua certificação em blockchain só é possível quando o arquivo foi disponibilizado em sua completude. Por isso, o cliente precisa necessariamente carregar o conteúdo na plataforma.

513   BERNSTEIN. Intellectual property for the digital age. Bernstein, 2018. Disponível em: <https://www.bernstein.io/>. Acesso em: 19 nov. 2018.

514   IPFS. IPFS is the Distributed Web. IPFS, 2018. Disponível em: <https://ipfs.io/>. Acesso em: 23 nov. 2018.

515   LOW, Eugene; WONG, Deanna. The big picture on IP litigation in China. LimeGreen IP News, 27 maio 2016. Disponível em: <https://www.limegreenipnews.com/2016/05/the-big-picture-on-ip-litigation-in-china/>. Acesso em: 27 nov. 2018.

516   Somente em 2015, o país teve o registro de 123.493 casos civis envolvendo a proteção de propriedade intelectual, de acordo com o Supremo Tribunal Popular. Destes casos, 109.386 foram levados à primeira instância e 101.324 foram julgados, o que evidencia que estes casos começam a se acumular, principalmente porque o número de processos cresceu 6% somente entre 2014 e 2015. Processos envolvendo marcas comerciais (trademarks) e patentes de tecnologia também são numerosos no país e, de 2014 para 2015, o aumento dos casos disputas por patentes e revisões de processos fora de 20,3%.

517   BARULLI, Marco. Bernstein and UniTrust partnership for IP protection in China. Bernstein Blog, 1 out. 2017. Disponível em: <https://www.bernstein.io/blog/2017/10/1/bernstein-unitrust-partnership-ip-protection-china>. Acesso em: 27 nov. 2018.

518   RIVIÈRE, Jean-Maxime. Blockchain technology and IP – investigating benefits and acceptance in governmentsand legislations. Junior Management Science, v. 3, n. 1, 2018. p. 1-15. Disponível em: <https://jums.ub.uni-muenchen.de/JMS/article/view/5006/3167>. Acesso em: 27 nov. 2018.

519   BERNSTEIN. Intellectual property for the digital age. Bernstein, 2018. Disponível em: <https://www.bernstein.io/>. Acesso em: 19 nov. 2018.

520   BERNSTEIN. Intellectual property for the digital age. Bernstein, 2018. Disponível em: <https://www.bernstein.io/>. Acesso em: 19 nov. 2018.

521   DISTRIBUTED ledger technologies and blockchains: building trust with disintermediation. European Parliament, Strasbourg, 3 out. 2018. Disponível em: <http://www.europarl.europa.eu/sides/getDoc.do?pubRef=-//EP//TEXT+TA+P8-TA-2018-0373+0+DOC+XML+V0//EN&language=EN>. Acesso em: 27 nov. 2018.

522   STEEMIT. Your voice is worth something. Steemit Beta, 2018. Disponível em: <https://steemit.com/>. Acesso em: 24 nov. 2018.

523   DTUBE "What is DTube?". DTube, 2018. Disponível em: <https://about.d.tube/>. Acesso em: 23 nov. 2018.

524   Somente os usuários podem censurar o conteúdo através de votações e avaliações negativas dos vídeos.

525   TAPSCOTT, Don; TAPSCOTT, Alex. Blockchain Revolution: Como a tecnologia por trás do Bitcoin está mudando o dinheiro, os negócios e o mundo. São Paulo: SENAI-SP, 2017. 392 p.

526   Os acordos firmados com a tecnologia dos contratos inteligentes contam com a avaliação pontual das condições firmadas pelo próprio contrato, sem a necessidade do conhecimento de noções de igualdade e justiça.

527   AST, Federico; SEWRJUGIN, Alejandro. The Crowdjury, a Crowdsourced Judicial System for the Collaboration Era. Crowdjury, Medium, 10 nov. 2015. Disponível em: <https://medium.com/the-crowdjury/the-crowdjury-a-crowdsourced-court-system-for-the-collaboration-era-66da002750d8>. Acesso em: 27 nov. 2018.

528   CROUDSOURCING WEEK. What is Crowdsourcing?. Crowdsourcing Week, 2018. Disponível em: <https://crowdsourcingweek.com/what-is-crowdsourcing/>. Acesso em: 29 nov. 2018.

529   RESNIK, Judith. Bring Back Bentham: "Open Courts", "Terror Trials," and Public Sphere(s). Faculty Scholarship Series: Yale Law School Faculty Scholarship. Paper 3856, 90 p. 2011. Disponível em: <https://digitalcommons.law.yale.edu/cgi/viewcontent.cgi?article=4877&context=fss_papers>. Acesso em: 28 nov. 2018.

530   AST, Federico; SEWRJUGIN, Alejandro. The Crowdjury, a Crowdsourced Judicial System for the Collaboration Era. Crowdjury, Medium, 10 nov. 2015. Disponível em: <https://medium.com/the-crowdjury/the-crowdjury-a-crowdsourced-court-system-for-the-collaboration-era-66da002750d8>. Acesso em: 27 nov. 2018.

531   BRABHAM, Daren C. Crowdsourcing as a Model for Problem Solving: An Introduction and Cases. Convergence: The International Journal of Research into New Media Technologies, v. 14, n. 1, p. 75-90. 2008. Disponível em: <http://sistemas-humano-computacionais.wdfiles.com/local--files/capitulo%3Aredes-sociais/Crowdsourcing-Problem-solving.pdf>. Acesso em: 28 nov. 2018.

532   AST, Federico; SEWRJUGIN, Alejandro. The Crowdjury, a Crowdsourced Judicial System for the Collaboration Era. Crowdjury, Medium, 10 nov. 2015. Disponível em: <https://medium.com/the-crowdjury/the-crowdjury-a-crowdsourced-court-system-for-the-collaboration-era-66da002750d8>. Acesso em: 27 nov. 2018.

533   Na época, se o réu fosse declarado culpado, poderia escolher sua própria punição.

534   AST, Federico; SEWRJUGIN, Alejandro. The Crowdjury, a Crowdsourced Judicial System for the Collaboration Era. Crowdjury, Medium, 10 nov. 2015. Disponível em: <https://medium.com/the-crowdjury/the-crowdjury-a-crowdsourced-court-system-for-the-collaboration-era-66da002750d8>. Acesso em: 27 nov. 2018.

535   AST, Federico; SEWRJUGIN, Alejandro. The Crowdjury, a Crowdsourced Judicial System for the Collaboration Era. Crowdjury, Medium, 10 nov. 2015. Disponível em: <https://medium.com/the-crowdjury/the-crowdjury-a-crowdsourced-court-system-for-the-collaboration-era-66da002750d8>. Acesso em: 27 nov. 2018.

536   VIOLA, Alexandre. "O que é arbitragem?". Justto, 2018. Disponível em: <https://justto.com.br/o-que-e-arbitragem/>. Acesso em: 30 nov. 2018.

537   DEFENSORIA PÚBLICA DE MATO GROSSO. Saiba a diferença entre mediação, conciliação e arbitragem. JusBrasil, 2011. Disponível em: <https://dp-mt.jusbrasil.com.br/noticias/3116206/saiba-a-diferenca-entre-mediacao-conciliacao-e-arbitragem>. Acesso em: 03 dez. 2018.

538   VIOLA, Alexandre. "O que é arbitragem?". Justto, 2018. Disponível em: <https://justto.com.br/o-que-e-arbitragem/>. Acesso em: 30 nov. 2018.

539   ARAÚJO, Adriano Alves de. «Você sabe o que é conciliação e o que é mediação?". JusBrasil, 2016. Disponível em: <https://alvesaraujoadv.jusbrasil.com.br/artigos/445723984/voce-sabe-o-que-e-conciliacao-e-o-que-e-mediacao>. Acesso em: 03 dez. 2018.

540   TJSC. "Mediação e Conciliação, qual a diferença?". Poder Judiciário de Santa Catarina, 2018. Disponível em: <https://www.tjsc.jus.br/web/conciliacao-e-mediacao/quer-conciliar?inheritRedirect=true>. Acesso em: 03 dez. 2018.

541   CNJ. "O que é conciliação?". Conselho Nacional de Justiça, Brasil, 2018. Disponível em: <http://www.cnj.jus.br/programas-e-acoes/conciliacao-e-mediacao-portal-da-conciliacao/perguntas-frequentes/85617-o-que-e-conciliacao>. Acesso em: 03 dez. 2018.

542   DEFENSORIA PÚBLICA DE MATO GROSSO. Saiba a diferença entre mediação, conciliação e arbitragem. JusBrasil, 2011. Disponível em: <https://dp-mt.jusbrasil.com.br/noticias/3116206/saiba-a-diferenca-entre-mediacao-conciliacao-e-arbitragem>. Acesso em: 03 dez. 2018.

543   KLEROS. The Blockchain Dispute Resolution Layer. Kleros, 2018a. Disponível em: <https://kleros.io/>. Acesso em: 05 dez. 2018.

544   KLEROS. Short Paper v1.0.6. Kleros, 2018b. Disponível em: <https://kleros.io/assets/whitepaper.pdf>. Acesso em: 05 dez. 2018.

545   Esta metodologia determina que há uma tendência, natural ou por relevância, das pessoas coordenarem seus comportamentos quando não há comunicação entre eles. Todavia, quando ela existe, muitos não fornecem razões para que acreditem que o que estão dizendo é verdade.

546   AST, Federico; LESAEGE, Clément. Kleros: Frequently Asked Questions about Peer-to-Peer Justice. Kleros, Medium, 2018. Disponível em: <https://medium.com/kleros/kleros-frequently-asked-questions-about-peer-to-peer-justice-5a921cb76abe>. Acesso em: 05 dez. 2018.

547   AST, Federico; LESAEGE, Clément. Kleros: Frequently Asked Questions about Peer-to-Peer Justice. Kleros, Medium, 2018. Disponível em: <https://medium.com/kleros/kleros-frequently-asked-questions-about-peer-to-peer-justice-5a921cb76abe>. Acesso em: 05 dez. 2018.

548   AST, Federico; LESAEGE, Clément. Kleros: Frequently Asked Questions about Peer-to-Peer Justice. Kleros, Medium, 2018. Disponível em: <https://medium.com/kleros/kleros-frequently-asked-questions-about-peer-to-peer-justice-5a921cb76abe>. Acesso em: 05 dez. 2018.

549   "O QUE É ESCROW?". Dicionário Financeiro, 7 Graus, 2018. Disponível em: <https://www.

dicionariofinanceiro.com/escrow/>. Acesso em: 06 dez. 2018.

550   MARQUES FILHO, Vicente de Paula; GIMENES, Amanda Goda. A ação de depósito e o contrato de escrow nas operações de fusões e aquisições. CONPEDI: Conselho Nacional de Pesquisa e Pós-Graduação em Direito, 2015. Disponível em: <http://www.publicadireito.com.br/artigos/?cod=4206e38996fae402>. Acesso em: 06 dez 2018.

551   "O QUE É ESCROW?". Dicionário Financeiro, 7 Graus, 2018. Disponível em: <https://www.dicionariofinanceiro.com/escrow/>. Acesso em: 06 dez. 2018.

552   BITRATED. Frequently Asked Questions: Trades & Payments. Bitrated, 2018. Disponível em: <https://www.bitrated.com/faq>. Acesso em: 04 dez. 2018.

553   BITRATED. Frequently Asked Questions: Trades & Payments. Bitrated, 2018. Disponível em: <https://www.bitrated.com/faq>. Acesso em: 04 dez. 2018.

554   MICHAELIS. Democracia. Michaelis - Dicionário Brasileiro da Língua Portuguesa, Ed. Melhoramentos, 2019. Disponível em: <https://michaelis.uol.com.br/moderno-portugues/busca/portugues-brasileiro/democrACIA/>. Acesso em: 04 fev. 2019.

555   DALE, Oliver. What Is a DAO? Decentralized Autonomous Organizations & the Ethereum Hack. Blockonomi, 03 jul. 2018. Disponível em: <https://blockonomi.com/what-is-a-dao/>. Acesso em: 31 jan. 2019.

556   DALE, Oliver. What Is a DAO? Decentralized Autonomous Organizations & the Ethereum Hack. Blockonomi, 03 jul. 2018. Disponível em: <https://blockonomi.com/what-is-a-dao/>. Acesso em: 31 jan. 2019.

557   RESNIK, Judith. Bring Back Bentham: "Open Courts", "Terror Trials," and Public Sphere(s). Faculty Scholarship Series: Yale Law School Faculty Scholarship. Paper 3856, 90 p. 2011. Disponível em: <https://digitalcommons.law.yale.edu/cgi/viewcontent.cgi?article=4877&context=fss_papers>. Acesso em: 28 nov. 2018.

558   RESNIK, Judith. Bring Back Bentham: "Open Courts", "Terror Trials," and Public Sphere(s). Faculty Scholarship Series: Yale Law School Faculty Scholarship. Paper 3856, 90 p. 2011. Disponível em: <https://digitalcommons.law.yale.edu/cgi/viewcontent.cgi?article=4877&context=fss_papers>. Acesso em: 28 nov. 2018.

559   CROUDSOURCING WEEK. What is Crowdsourcing?. Crowdsourcing Week, 2018. Disponível em: <https://crowdsourcingweek.com/what-is-crowdsourcing/>. Acesso em: 29 nov. 2018.

560   Mobilização coletiva que reúne, dentro do contexto virtual, um grupo de indivíduos para realizar algum objetivo.

561   BRABHAM, Daren C. Crowdsourcing as a Model for Problem Solving: An Introduction and Cases. Convergence: The International Journal of Research into New Media Technologies, v. 14, n. 1, p. 75-90. 2008. Disponível em: <http://sistemas-humano-computacionais.wdfiles.com/local--files/capitulo%3Aredes-sociais/Crowdsourcing-Problem-solving.pdf>. Acesso em: 28 nov. 2018.

562   MÉXICOLEAKS. Méxicoleaks: Cómo funciona. Méxicoleaks, 2019. Disponível em: <https://mexicoleaks.mx/#como-funciona>. Acesso em: 01 fev. 2019.

563   GLOBALEAKS. GlobaLeaks é um programa livre e de código aberto, concebido para garantir a segurança e a anonimidade das iniciativas de whistleblowing desenvolvidas pelo Centro Hermes para Transparência e Direitos Humanos Digitais. Hermes Center for Transparency and Digital Human Rights, 2019. Disponível em: <https://www.globaleaks.org/pt-br/>. Acesso em: 01 fev. 2019.

564   I PAID A BRIBE. About I Paid A Bribe. Janaagraha Centre for Citizenship and Democracy, 2019. Disponível em: <http://www.ipaidabribe.com/about-us#gsc.tab=0>. Acesso em: 01 fev. 2019.

565   BUNTINX, Jean-Pierre. Blockchain Technology is Today's Best Defense Against Database Leaks. Bitcoin.com, 29 dez. 2015. Disponível em: <https://news.bitcoin.com/blockchain-technology-todays-best-defense-database-leaks/>. Acesso em: 01 fev. 2019.

566   POLLOCK, Darryn. Who Created the Story of Sierra Leone's Blockchain Election?. Cointelegraph, 29 mar. 2018. Disponível em: <https://cointelegraph.com/news/sierra-leones-fake-blockchain-election-hasnt-damaged-the-technologys-reputation>. Acesso em: 01 fev. 2019.

567   BARRY, Jaime Yaya. Sierra Leone Hopes Election Can Move Nation Past Its Misfortunes. The New York Times, 06 mar. 2018. Disponível em: <https://www.nytimes.com/2018/03/06/world/africa/sier-

ra-leone-presidential-election.html>. Acesso em: 01 fev. 2019.

568   BASSOTTO, Lucas. Como seria o uso de blockchain em eleições?. Cointimes, 24 set. 2018. Disponível em: <https://cointimes.com.br/uso-de-blockchain-em-eleicoes/>. Acesso em: 01 fev. 2019.

569   Trata-se de um procedimento bastante complexo, mas não impossível de ser realizado.

570   BASSOTTO, Lucas. Como seria o uso de blockchain em eleições?. Cointimes, 24 set. 2018. Disponível em: <https://cointimes.com.br/uso-de-blockchain-em-eleicoes/>. Acesso em: 01 fev. 2019.

571   DISTRIBUTED ledger technologies and blockchains: building trust with disintermediation. European Parliament, Strasbourg, 3 out. 2018. Disponível em: <http://www.europarl.europa.eu/sides/getDoc.do?pubRef=-//EP//TEXT+TA+P8-TA-2018-0373+0+DOC+XML+V0//EN&language=EN>. Acesso em: 27 nov. 2018.

572   BLOCKCHAIN pode revolucionar sistema eleitoral brasileiro. CanalTech, 24 out. 2018. Disponível em: <https://canaltech.com.br/blockchain/blockchain-pode-revolucionar-sistema-eleitoral-bra-sileiro-125522/>. Acesso em: 01 fev. 2019.

573   MONTEIRO, João. Blockchain pode ser usada para tornar eleições mais seguras. IP News, 31 ago. 2017. Disponível em: <https://ipnews.com.br/blockchain-pode-ser-usado-para-tornar-eleicoes-mais-seguras/>. Acesso em: 01 fev. 2019.

574   MARQUES, Diego. Japão apresenta seu primeiro sistema de votação Blockchain. Guia do Bitcoin, 03 set. 2018. Disponível em: <https://guiadobitcoin.com.br/japao-sistema-votacao-blockchain/>. Acesso em: 01 fev. 2019.

575   LINVER, Henry. Blockchain e eleições: a experiência japonesa, suíça e norte-americana. Cointelegraph, 06 set. 2018. Disponível em: <https://br.cointelegraph.com/news/blockchain-and-elec-tions-the-japanese-swiss-and-american-experience>. Acesso em: 01 fev. 2019.

576   ÉPOCA NEGÓCIOS ONLINE. Coreia do Sul vai desenvolver sistema de voto baseado em blockchain. Época Negócios, 28 nov. 2018. Disponível em: <https://epocanegocios.globo.com/Tecno-logia/noticia/2018/11/coreia-do-sul-vai-desenvolver-sistema-de-voto-baseado-em-blockchain.html>. Acesso em: 01 fev. 2019.

577   SWANEPOEL, Marcus. "Money is not going to be the same...". In: STEVENSON, Sam. Money is going to CHANGE: Bitcoin could pave way for NEW FINANCIAL ORDER, expert predicts. Express: Home of the Daily and Sunday Express, 24 out. 2018. Disponível em: <https://www.express.co.uk/finance/city/1035599/bitcoin-news-cryptocurrency-news-ethereum-ripple-luno-banking-system>. Acesso em: 25 out. 2018.

578   REABILITAÇÃO de marcas: como as empresas podem recuperar uma imagem desgasta-da. Wharton School: University of Pennsylvania, 05 out. 2005. Disponível em: <http://www.knowled-geatwharton.com.br/article/reabilitacao-de-marcas-como-as-empresas-podem-recuperar-uma-ima-gem-desgastada/>. Acesso em: 09 abril 2019.

579   BISWAS, Soutik. Bhopal trial: Eight convicted over India gas disaster. BBC News, 07 jun. 2010. Disponível em: <http://news.bbc.co.uk/2/hi/south_asia/8725140.stm>. Acesso em: 09 abril 2019.

580   MANDAVILLI, Apoorva. The World's Worst Industrial Disaster Is Still Unfolding. The Atlantic, 10 jul. 2018. Disponível em: <https://www.theatlantic.com/science/archive/2018/07/the-worlds-worst-indus-trial-disaster-is-still-unfolding/560726/>. Acesso em: 09 abril 2019.

581   ELLIOT, Stuart. "How Now, Dow?". The New York Times, 26 jun. 2006. Disponível em: <https://www.nytimes.com/2006/06/26/business/media/26adco-column.html>. Acesso em: 09 abril 2019.

582   GRBIC, Jovana. Selling Science Smartly: Dow Human Element Campaign. ScriptPhD, 18 fev. 2010. Disponível em: <http://scriptphd.com/advertising/2010/02/18/selling-science-smartly-dow-human-element-campaign/>. Acesso em: 09 abril 2019.

583   GODDARD, Emily. Bhopal disaster victims may never get compensation following Dow-DuPont merger, fears UN official. The Independent, 14 set. 2017. Disponível em: <https://www.independent.co.uk/news/business/news/bhopal-disaster-victims-dow-dupont-merger-un-india-official-gas-leak-chemi-cal-industrial-a7946346.html>. Acesso em: 09 abril 2019.

584   GARNER, Bennett. "What's a Sybil Attack & How Do Blockchains Mitigate Them?". CoinCen-tral, 31 ago. 2018. Disponível em: <https://coincentral.com/sybil-attack-blockchain/>. Acesso em: 09 abril 2019.

585   MAYER, Jane. How Russia Helped Swing the Election for Trump. The New Yorker, 24 set.

2019. Disponível em: <https://www.newyorker.com/magazine/2018/10/01/how-russia-helped-to-swing-the-election-for-trump>. Acesso em: 09 abril 2019.

586   TAPSCOTT, Don; TAPSCOTT, Alex. Blockchain Revolution: Como a tecnologia por trás do Bitcoin está mudando o dinheiro, os negócios e o mundo. São Paulo: SENAI-SP, 2017. 392 p.

587   BUCK, John. Oráculos Blockchain, Explicado. Cointelegraph, 18 out. 2017. Disponível em: <https://br.cointelegraph.com/explained/blockchain-oracles-explained>. Acesso em: 10 abril 2019.

588   EUROPEAN UNION LAW. Directive (EU) 2016/680 of the European Parliament and of the Council of 27 April 2016. Official Journal of the European Union, 2016. Disponível em: <https://eur-lex.europa.eu/legal-content/PT/TXT/PDF/?uri=CELEX:32016L0680&from=PT>. Acesso em: 07 mar. 2019.

589   EUROPEAN COMMISSION. Questions and Answers - Data protection reform package. European Commission: Press releases database, Bruxelas, 24 maio 2017. Disponível em: <http://europa.eu/rapid/press-release_MEMO-17-1441_en.htm>. Acesso em: 10 abr. 2019.

590   EUROPEAN COMMISSION. Questions and Answers - Data protection reform package. European Commission: Press releases database, Bruxelas, 24 maio 2017. Disponível em: <http://europa.eu/rapid/press-release_MEMO-17-1441_en.htm>. Acesso em: 10 abr. 2019.

591   EUROPEAN COMMISSION. Questions and Answers - Data protection reform package. European Commission: Press releases database, Bruxelas, 24 maio 2017. Disponível em: <http://europa.eu/rapid/press-release_MEMO-17-1441_en.htm>. Acesso em: 10 abr. 2019.

592   EUROPEAN COMMISSION. Questions and Answers - Data protection reform package. European Commission: Press releases database, Bruxelas, 24 maio 2017. Disponível em: <http://europa.eu/rapid/press-release_MEMO-17-1441_en.htm>. Acesso em: 10 abr. 2019.

593   BRASIL. Lei Nº 13.709, de 14 de agosto de 2018.Diário Oficial da República Federativa do Brasil, Poder Executivo, Brasília, DF, 15 ago. 2018. p. 59, col. 2. Disponível em: <http://legis.senado.leg.br/legislacao/ListaTextoSigen.action?norma=27457334&id=27457354&idBinario=27457731&mime=application/rtf>. Acesso em: 07 mar. 2019.

594   BRASIL. Lei Nº 13.709, de 14 de agosto de 2018.Diário Oficial da República Federativa do Brasil, Poder Executivo, Brasília, DF, 15 ago. 2018. p. 59, col. 2. Disponível em: <http://legis.senado.leg.br/legislacao/ListaTextoSigen.action?norma=27457334&id=27457354&idBinario=27457731&mime=application/rtf>. Acesso em: 07 mar. 2019.

595   MPDFT ajuíza ação contra o Banco Inter por vazamento de dados pessoais. MPDFT: Ministério Público do Distrito Federal e Territórios, 31 jul. 2018. Disponível em: <http://www.mpdft.mp.br/portal/index.php/comunicacao-menu/sala-de-imprensa/noticias/noticias-2018/10211-mpdft-ajuiza-acao-contra-o-banco-inter-por-vazamento-de-dados-pessoais>. Acesso em: 10 abril 2019.

596   ANDRADE, Vitor Morais de; HENRIQUE, Lygia Maria M. Molina. Vazamento de dados: uma preocupação da Lei Geral de Proteção de Dados. Migalhas, 21 mar. 2019. Disponível em: <https://www.migalhas.com.br/dePeso/16,MI298452,101048-Vazamento+de+dados+uma+preocupacao+da+Lei+Geral+de+Protecao+de+Dados>. Acesso em: 11 br. 2019.

597   DOW JONES NEWSWIRES. Altaba, ex-Yahoo, é multada por vazamento de dados de usuários. Valor Econômico, 24 abr. 2018. Disponível em: <https://www.valor.com.br/empresas/5479553/altaba-ex-yahoo-e-multada-por-vazamento-de-dados-de-usuarios>. Acesso em: 11 abr. 2019.

598   YAHOO propõe US$ 50 milhões para indenizar vítimas do maior vazamento de dados da história. O Globo, 24 nov. 2018. Disponível em: <https://oglobo.globo.com/economia/tecnologia/yahoo-propoe-us-50-milhoes-para-indenizar-vitimas-do-maior-vazamento-de-dados-da-historia-23181780>. Acesso em: 11 abr. 2019.

599   VAZAMENTO de dados rende mais R$ 4,5 milhões em multas contra Uber. Convergência Digital, 27 nov. 2018. Disponível em: <http://www.convergenciadigital.com.br/cgi/cgilua.exe/sys/start.htm?UserActiveTemplate=site&infoid=49568&sid=18>. Acesso em: 11 abr. 2019.

600   FRANÇA multa Google em US$ 57 milhões por falta de proteção de dados de usuários. Revista Consultor Jurídico, 21 jan. 2019. Disponível em: <https://www.conjur.com.br/2019-jan-21/franca-multa-google-us-57-milhoes-falta-protecao-dados>. Acesso em: 11 abr. 2019.

601   GDPR ASSOCIATES. Understanding GDPR Fines: Breaking down the Penalties, Fines and Liabilities. The GDPR Group, 2019. Disponível em: <https://www.gdpr.associates/what-is-gdpr/understanding-gdpr-fines/>. Acesso em: 11 abri. 2019.

602   MIGUEL, Rafa de. Julian Assange, cofundador do Wikileaks, é preso em Londres após

Equador retirar asilo diplomático. Londres: El País, 12 abr. 2019. Disponível em: <https://brasil.elpais.com/brasil/2019/04/11/internacional/1554975440_843068.html>. Acesso em: 12 abr. 2019.

603   ONU pede julgamento justo para fundador do WikiLeaks preso em Londres. O Globo, 12 abr. 2019. Disponível em: <https://oglobo.globo.com/mundo/onu-pede-julgamento-justo-para-fundador-do-wikileaks-preso-em-londres-1-23594271>. Acesso em: 12 abr. 2019.

604   ONU pede julgamento justo para fundador do WikiLeaks preso em Londres. O Globo, 12 abr. 2019. Disponível em: <https://oglobo.globo.com/mundo/onu-pede-julgamento-justo-para-fundador-do-wikileaks-preso-em-londres-1-23594271>. Acesso em: 12 abr. 2019.

605   POPPER, Nathaniel. The Can't-Lose Way for Your Business to Pop: Add Bitcoin to Its Name. The New York Times, 21 dez. 2017. Disponível em: <https://www.nytimes.com/2017/12/21/technology/bitcoin-blockchain-stock-market.html>. Acesso em: 12 fev. 2019.

Foto: Caminho do Filósofo, Kyoto, Japão

Antonio Hoffert é economista com ênfase em gestão de projetos de tecnologia. É autor de um plano de Desenvolvimento Econômico Sustentável para o Governo Brasileiro e do White Paper do BRLT o primeiro token estável para o Real. Hoffert foi um dos pioneiros na estruturação de serviços financeiros baseados em Blockchain da América Latina. É professor no MBA de Aplicações em Blockchain do IGTI e presta consultoria corporativa em levantamento de casos de uso à implementação de sistemas piloto. Suas palestras embasaram líderes mundiais como os governantes de Dubai, Chile, indústrias multinacionais, bancos e alunos de instituições acadêmicas como o MIT.

www.ingramcontent.com/pod-product-compliance
Lightning Source LLC
Chambersburg PA
CBHW030004190526
45157CB00014B/421